S i?

Bağımlılık mı?

Çeviren

Güliz Akyüz

Kişisel Gelişim: 58
1. Baskı: Okyanus Yayın 1997
Genişletilmiş 3. Baskı: Kasım 2012
ISBN: 978-605-384-347-4
Yayıncı Sertifika No: 16238

Sevgi mi? Bağımlılık mı?

Yazar: Brenda Schaeffer
Çeviri: Güliz Akyüz
Yayın Yönetmeni: Ender Haluk Derince
Görsel Yönetmen: Faruk Derince
Yayın Koordinatörü: Alev Aksakal
Yayına Hazırlayan: Erol Şahnacı
İç Tasarım: Tuğçe Gülen
Baskı: Melisa Matbaacılık
Matbaa Sertifika No: 12088
Çifte Havuzlar Yolu
Acar Sitesi No: 4
Davutpaşa/İSTANBUL

YAKAMOZ KİTAP / SONSUZ KİTAP
Gürsel Mah. Alaybey Sk. No: 7/1 Kağıthane/İSTANBUL
Tel: 0212 222 72 25 Faks: 0212 222 72 35
www.yakamoz.com.tr / info@yakamoz.com.tr
www.facebook.com/yakamozkitap
www.twitter.com/yakamozkitap

Sevgi mi?
Bağımlılık mı?

YAZAR HAKKINDA

Psikolog, yazar ve konuşmacı kimliklerinin yanı sıra Brenda Schaeffer, sırlarınızı söylemekten çekinmeyeceğiniz yakın bir dosttur. Sıcak, bilgili ve mütevazı olarak tanınan yazar, tecrübesi ve muzipliğiyle aklın ruh ve içtenliğini çevresine yansıtır. Günlük zorlukların bizleri sadece daha iyi bir hayata hazırlamanın gereği olduğunu düşünen Schaeffer, ikna edici ve şefkatli tarzıyla yüzlerce insanın en yakın dostu hâline gelmiştir. Çok satanlar listesine giren ve beş dilde yayınlanan "*Sevgi mi? Bağımlılık mı?*" adlı kitabının yanı sıra yayınlanan diğer kitapları şunlardır: *Sevgi ya da Bağımlılık? Erken Cinsellik, Aşk Deneyimlerinin Gücü ve Tehlikesi; Aşkın Yolu: Vücut, Ego, Ruh ve Canın Birleşimi; Önce Kendini Sonra Başkasını Sev: Ruhsal ve Duygusal Bağımlı Dünyada Sevgi ve Gücü Dengelemek;* Sağlıklı İlişkiler Serisi. Yazar kitaplarında, karmaşık konuları ve bunlara yönelik pratik çözüm önerilerini okuyucuların anlayabileceği bir dille verir. Birçok ulusal televizyon, radyo ve haber programlarına konuk olan Schaeffer'ın deneyimi, bilgisi ve samimiyeti onun istisnai bir konuşmacı ve eğitmen olarak tanınmasını sağlamıştır.

Dr. Schaeffer, diplomalı bir psikolog olmasının yanı sıra sertifikalı bağımlılık uzmanıdır ve ruhsal psikoloji alanında doktora yapmıştır. Çocuk gelişimi, cinsel bağımlılık ve travma alanında geniş bir eğitim ve sayısız deneyime sahiptir. Yazar, SASH (Cinsel Sağlık Geliştirme Derneği) bünyesinde altı yıl boyunca yönetim kurulunda hizmet vermiştir, Uluslararası Etkileşimsel Analiz Kurumunun ve Uluslararası Enneagram Eğitimcileri Kurumu'nun üyesidir. Halen Minneapolis, Minnesota'da serbest hekimlik yapmaktadır. Diğer yayınları arasında İçsel Yansımalar-Meditasyon CD'si ve Eğitici Ebeveynlik-Gelişim çizelgesi yer almaktadır.

Dr. Schaeffer, geniş bir konu yelpazesinde uluslararası eğitimler vermekte, özel danışmalık hizmeti sunmakta; eğitim, workshop, konuşma ve röportajlara katılmaktadır. Kendisine ulaşabileceğiniz irtibat bilgileri aşağıdadır:

E-mail: brenda@brendaschaeffer.com
Web: www.loveaddiction.com / www.itsallaboutlove.com

Editörün Notu

Bu kitapta yer alan hikâyelerde gerçek olaylardan ve kişilerden esinlenilmiştir. Kişilerden alınan izin doğrultusunda otobiyografileri kullanılmıştır. Kullanılan isimler ve bazı belirleyici olaylar gizlilik gerekçesiyle yazar tarafından değiştirilmiştir. Gerçek kişi ve olaylarla olabilecek benzerlikler tesadüfidir.

Bu kitap, sağlık uzmanlarına alternatif çözümler sunmak niyetinde değildir.

Kitabımın bu üçüncü baskısını; dostluğu, bilgeliği ve zekâsıyla beni derinden etkileyen Dr. Barton Knapp'e, sağlıklı sevgiyi bulabileceklerini umarak çocuklarım Heidi ve Gordy'ye, hiç bitmeyen destek ve şefkatine şükranlarımı sunarak babam Ralph Furtman'a, beni her hâlimle kabul eden annem Bernice Furtman'a ithaf ediyorum. Ruhlarının hak ettikleri huzuru bulmalarını diliyorum.

İyi bir kitap esnek ve uysaldır. Üzerinde tartışılabilir, zorlanabilir, değeri yükseltilebilir. Fikirler için bir çarpışma alanıdır ve en azından yeni bir tartışmanın alevlenmesine tanıklık ya da hazırlığına yardım eder. Zihinleri harekete geçmeye iter. Dengeli ve verimli bir hayatın en önemli öğesi olmasa bile ihtiyaç olan düşünce ve eylemlerin başlamasına yardımcı olur.

NORMAN COUSINS, *Human Options'ın yazarı*

TEŞEKKÜR

Bir kitap, yazarın zihninde yaratıcı bir düşünce olarak başlar. Bu düşünceden yayımlamaya kadar geçen süreç çok uzun ve zorludur. Bu yolda en başından beri bana destek olan kişilere minnetlerimi sunmak isterim. Bana yazmam için cesaret veren Muriel James, Jean Clarke ve Patricia Dunn'a; kardeşim Michael Furtman, Dr. Bart Knapp ve Lynnell Mickelsen'a ilk baskıdaki yaratıcı eleştirileri için teşekkür ederim. Dürüst yorumları ve beni cesaretlendirdikleri için onlara minnettarım. Pam Miller'a yaratıcı düzeltmeleri için teşekkür ederim. Kitabı yazıya döken yardımcım Nancy Barrett'a olağanüstü cümle düzenlemeleri ve okunabilir el yazısı bölümler için özellikle çok teşekkür ederim. Dağıtımcım Vicky Lansky'ye cesaret verici desteği ve sekreterim Jan Johannes'e uzun çalışma saatlerinden dolayı teşekkür ederim.

Bana inanan ve ilk baskının çıkması için beni yüreklendiren Hazelden'dan Jim Heaslip, Beth Milligan ve Pat Benson'a sonsuz minnetimi bir borç bilirim. Ayrıca editörlerden Judy Delaney ve Brian Lynch'e de çok teşekkür ederim.

Fred W. Hutchinson'a manevi rehberlik ve desteğinden dolayı teşekkür ederim. Bu kitabı yazarken sevgi dolu desteklerini esirgemeyen çocuklarım Heidi ve Gordy'ye özel olarak teşekkürlerimi sunarım.

İkinci baskıya fikirleriyle katkıda bulunanlara da teşekkürlerimi sunmak isterim: Peter R. Richards, Patrick Carnes, Jennifer Schneider, Sally Stevens, Christina Storbeck, Mark Laaser, Helen Palmer, Jacquelyn Small, Bart Knapp, Homer Mittelstadt, Barry McKee, Jerry Buckanaga ve Linda Star Wolf'a yürekten teşekkürler. Hazelden editörleri Steve Lehman ve Dan Odegard'a teşekkürler.

Üçüncü baskının editörü Cathy Broberg'e özenli çalışması ve eskiyle yeniyi, orijinalini bozmadan bir araya getirme yeteneğinden dolayı teşekkür ederim.

Hepsinin yanında köpeğim, dostum Sage'e, kitabımı yazdığım süre boyunca masamın altında bekleyip, beklenmedik zamanlarda beni ormanda yürüyüşe çıkarmaya ısrar ettiği için ve doğaya, yazmama yardım eden berrak güneşi için teşekkür ederim.

Yıllar boyunca bana kalplerini açan tüm kadın ve erkeklere teşekkür ederim. Önce kalplerini açıp sonra kapayanlara da teşekkür ederim, bunda alınacak büyük dersler var çünkü.

Belki de en çok, bu kitaptaki teoriyi bulmamı sağlayan ve hikâyelerini paylaşmama izin veren hastalarıma teşekkür etmem gerekiyor. Teşekkür ederim.

İçindekiler

ÖNSÖZ

Kitabımın üçüncü baskısını sizlere sunmaktan heyecan duyuyorum. İlk iki baskıdaki bilgilerden hiçbirisi geçerliliğini yitirmiş değil, ancak bunlara ekleyecek çok fazla taze ve yeni bilgi var. Bazı yönlerden bu kitap tamamen yeni, bağımlı sevgi üzerindeki araştırmalar her geçen gün gelişmeye ve yeni sevgi kalıpları ortaya çıkmaya devam ettiği sürece de böyle olmalıdır. Beyin üzerindeki yeni araştırma ve görüntüleme yöntemleri bağlılık, çekim ve cinsel dürtülerimizin benzersiz olduğunu ve içimizdeki karanlık tarafları iyileştirmeye yardımcı olabileceklerini göstermektedir. Teknoloji, iyi ya da kötü yönde olsun; sevgi, seks ve aşk alışkanlıklarımızı değiştirdi. Ve yapılan bilimsel araştırmalar, dünyayı döndüren şeyin gerçekten de sevgi olduğunu kanıtlamaktadır.

Bu kitap, 1987 yılında ilk defa basıldığında sevgi, aşk ve seks bağımlılığı düşüncesi çok yeni ve tartışmalı bir konuydu. Bu bağımlılıklardan dolayı acı çeken insanların gidebileceği ve ciddiye alınacağı çok az sayıda merkez vardı. Bazı uzmanlar ve terapistler seks, aşk ve sevgi süreçlerinin nasıl olup da bağımlılık yapan maddeler gibi ele alınabildiklerini tartıştılar.

Günümüzde bu bağımlılıklar çok daha ciddi bir şekilde ele alınıyor ve artık birçok profesyonel yatılı tedavi merkezi ve terapi grupları oluşturuldu. İşte artan bu ilgiden dolayı seks bağımlılığıyla ilgili kitapların sayısı artmakta ve bu bağımlılık iyi tanınır hâle gelmektedir.

Geçtiğimiz yirmi yıl zarfında sevgi bağımlılığı çalışmaları ve bu doğrultuda benim konuyla ilgili bilgi ve deneyimim de arttı. Bağımlı sevgi üzerine ilk dersimi 1980'li yılların başında verdim. Yerel bir tedavi merkezi beni akşam eğitimine çağırmıştı. Son derece soğuk bir akşamdı ve tipi vardı. Nerdeyse eğitimi iptal etmeyi bile düşünmüş ancak birkaç kişi bile olsa birilerinin eğitime gitmiş olma ihtimalini düşünerek bundan vazgeçmiştim. Eğitim yapılacak yere vardığımda salonun tıklım tıklım dolu olduğunu görmüş ve çok şaşırmıştım. O akşamki sunumumun konusu, "Sevgi ve Diğer Bağımlılıklar"dı.

Bu kitabın ilk baskısı, temelini işte bu eğitimden aldı. Dinlemeye gelen kişilerin sayısı göz önünde bulundurulduğunda ilk eğitimin bu kadar başarılı olması beni bile çok şaşırtmıştı. İnsanlar bana, onlar için önemli olan bir şeyden bahsettiğimi söylüyorlardı. Her ne kadar profesyoneller bu olguları o dönem hâlen daha kabullenmiyor olsalar da, okuyucular sevgiyi bağımlılık olarak anlayabiliyordu çünkü bunu yaşıyorlardı.

Kitabın ilk iki baskısında, insanların ilişkilerinde yaşadığı birçok sorunu tartışabilmek üzere sevgi bağımlılığı ifadesi kullanıldı. Yıllar geçtikçe okuyucularım ve terapiye gelen hastalarım bana bu ifade altında aslında farklı bağımlılıkların yer aldığını gösterdi. Farkında olmadan üç bağımlılığı işaret ediyordum: Sevgi, aşk ve seks bağımlılığı. Kitabın bu gelişmeleri yakalamasının zamanı gelmişti. İşte bu üçüncü baskıda bu üç bağımlılık tipini bir yelpaze olarak kullandım. Sevgi bağımlılığı, diğer insanlarla geliştirdiğimiz bağı işaret etmektedir. İlk iki baskıda yazdıklarım daha çok bunları anlatıyor. Aşk bağımlılığı, âşık olmanın yarattığı duygulara olan sağlıksız bağımızı ve seks bağımlılığıysa, sekse olan kontrol edilemez bağlılığı anlatır. Bu baskı üçüne de değinmektedir.

Sevgili okuyucum; senin için dileğim, bu kitabın kendine ya da sevdiğin insanlara seks, sevgi ve aşk armağanlarının tadını çıkarıp bunları korumaya yardımcı olacak yeni bir anlayış getirmesidir. Eğer bunu yapabilirsen, ben de üstüme düşen görevi yapmışım demektir.

GİRİŞ

Dünyanın her yerinde insanlar, daha anlamlı ilişkiler kurabilmek için mücadele veriyor. Zayıf olduklarından onları utandıran ya da cinsel bağımlılığın sağlıklı ve olağan bir durum olduğunu vurgulayan kültürel alışkanlıkları değiştirmeye çalışan erkekler tanıdım. Kültürümüzün finansal kaygılarla ön plana çıkardığı sağlıksız bağımlılıklara, romantik hayallere ve seksi, tüketim maddesi olarak gören yapıya dikkat çekmeye çalışan kadınlar gördüm. Seyahatlerim boyunca dünyanın her yerinde farklı kültürden insanlardan onlarca ilişki hikâyeleri dinledim. Ve gördüm ki kadınlarla erkeklerin sağlıklı, olgun, bağımsız bir sevgiyle; zorlayıcı, bağımlı ve olgun olmayan sevgi arasında kafaları karışmış. Ailesi, arkadaşları ve eşi, toplum ve kültürel gruplar yüzünden sevgilerini gizli tutmak zorunda kalan birçok insan tanıdım. Ne yazık ki insanlar istedikleri hâlde içten ilişkiler kurmaktan korkuyorlar. Sonuç ise yalnızlık, soyutlanma, acı, şiddet ve daha fazla ihanet.

Şimdi kendimize soralım, bu sevgi mi bağımlılık mı? Sanırım cevap, ikisinden de biraz olacak. Bu kitap çocukları, annesi babası, arkadaşları, eşleri ya da sevgilileriyle, önemli sevgi ilişkileri geliştirmek isteyen herkes için yazıldı. Uyarı işaretlerini fark etmek için sevgi bağımlısı olmanıza gerek yok. Bağımlı sevgi içinde, heteroseksüel ya da homoseksüel olması fark etmez, hem erkeği hem kadını, hem bekârları hem de çiftleri barındıran bir kavramdır. Bunların bazıları; bağımlılar, birbirlerini destekleyen ilişki yaşayanlar ve sevgiden kaçınanlardır. Bağımlı sevgi, romantik haz ya da cinsel bağımlılık içerebilir ya da içermeyebilir.

Şüphe yok ki bir sevgi ilişkisi bazen iyi hissettirirken bazen kötü hissettirir. Genellikle insan bunun sebebini anlayamaz. Konuyla ilgili derin bilgiler içeren kitaplara rağmen sevgi bağımlılığı büyük bir sır olarak kalır ve cevap bekleyen sorular artar: Neden bu tür çekimler yaşarız? Büyük kayıplarına rağmen, neden ısrarla bir ilişki istemeye devam ederiz? Bizi sorumluluk almaktan korkutan ve alıkoyan güç nedir? İlişkiyi sürdürmemizin sebepleri doğru mu yoksa yanlış mı? Sevgi hayatımız, neden bu kadar önemli bir hâl alıyor? Âşık mıyım yoksa bu bir bağımlılık mı? İşte tüm bu evrensel sorular bir cevabı hak etmektedir.

Bir psikoterapist olarak benden, insanların duygusal acılarını dindirmem istenir. Sürekli olarak sevginin ne kadar temel bir ihtiyaç olduğunu hatırlatırım hastalarıma. Sevdiğimiz bir kişi öldüğünde ya da bir ilişki sonlandığında, kadere rağmen kararlı bir şekilde sevmeye devam edecekmiş gibi görünürüz. Peki neden? Gizemli bir içsel ihtiyacı karşılamak için mi? Günlük hayatın stresinden kaçmak için sevgiyi mi kullanırız? Ruhların bağlanması için daha derin bir ihtiyaca mı cevap veririz böylelikle? Yoksa bu tehlikeli hayatta güvenebileceğimiz tek şeyin derin sevgi olduğunu bildiğimiz için mi?

Sorun şu ki sevgi ilişkileri sevginin doğasından kaynaklanmaz. Gerçek sevgi, hayat verendir. Sınır tanımayan, büyütücü ve besleyici bir sevgidir. Yaralamaz, iyileştirir. Problem, temelinde güven ihlali olan korkudan kaynaklanır. Bu gibi durumlar bir daha sevmeyi zorlaştırır ve insanları tedbirli olmaya iter. Sonuç ise; ilişkide içtenlikten çok bir dramın yaşanmasıdır. Sıkıntılı bir ilişki yaşamak, boynunda ya da başındaki bir ağrıdan dolayı acı çekmeye benzer. Bu şekilde hastalandığımızda kendimizi kaybederiz. Acımıza yoğunlaştığımızdan dolayı hayattaki yaratıcı enerjimiz sekteye uğrar. Bu acıyı rahatlamak için hızlı çözümler geliştiririz ve kendimiz dışındaki madde, insan ya da durumlara yöneliriz. Ve bu durumda genellikle saplantı hastalığı ya da bağımlılık ortaya çıkar. Buradaki bağımlılık bir insana ya da romantik bir hazza olduğunda, bu durum bağımlı sevgiye dönüşebilir.

Neredeyse herkesin bağımlılığa yatkınlığı vardır. Alkol ya da madde bağımlısı olabiliriz ve bunlar için günümüzde çok iyi tedavi programları mevcut. Bunların yanında hayatımızı zorlaştıracak başka bağımlılıklar da vardır ancak bunlar genellikle fark edilmezler. Bu gibi bağımlılıkların arasında yemek, spor, para harcama, şeker, seks, video oyunları, iş, internet, televizyon, sevgi objeleri, aşk, drama, acı, kronik hastalık ve hatta din vardır. Belki bunların içinde sizde de olan bir bağımlılığı fark etmişsinizdir. Bizler, ailelerimizin yaşadığından çok daha fazla deneyim elde edebileceğimiz bir zamanda yaşıyoruz. Alıp değerlendirebileceğimiz bilgiden çok daha fazlasının istilası altındayız. Daha fazla talep edecek şeyimiz var. Her gün daha tehditkâr haberler duyuyoruz ve korkularımız artıyor. Ve tüm bu kargaşanın ortasında mükemmel olmasa da sevgi ilişkileri yaşamaya çalışıyoruz. Şunu söylemeliyim ki bir sevgi ilişkisi, yüz parçalı bir yapbozsa ve biz bu parçalardan yüzde yirmi ya da otuzluk kısmına sahipsek, şanslıyız demektir. Unutmayalım ki, etrafımızda olup biten her şey elimizdeki bu parçaların gün geçtikçe azalmasına sebep olmaktadır.

Bu kitabın amacı, bağımlı sevginin anlaşılmasına yardımcı olmaktır. Bağımlı sevgi nedir ve ne değildir, nasıl tanımlanır ve daha da önemlisi bu durumdan nasıl kurtulunur. Sağlıklı sevginin özelliklerini tanımanıza yardımcı olması ve hayatı daha dolu yaşamanız konusunda sizi özgürleştirmesi açısından umut verici bir kitaptır. Bu kitaptan öğreneceğiniz gibi, gerçek sevgi, bağımlılık ya da aşk ve sekse bağlanmak değildir. Bu gibi durumlar çok acı ve ıstırap çekilmesi sonucunda ortaya çıkar. Seks, sevgi ve aşk insan olmanın en harika yönlerindendir.

Bunları ifade ederken akıllı olmalıyız. Bu kitap, belirli sorunları tedavi etme amacı gütmemektedir. Ama artan farkındalık sayesinde ilişki problemlerini duyarlı ve kalıcı sonuçlarla çözmeye başlayabiliriz.

Bu kitap sayesinde, elinizdeki yapboz parçalarına birkaç parça daha ekleyebilmeyi umut ediyorum.

I. Bölüm

Bağımlı Sevgi Gerçeği

Kimseye kendinizi sevdirmeye kalkmayın, yapılması gereken tek şey, sadece kendinizi sevilmeye bırakmaktır.

Platon

1

Sevginin Gücü

Sağlıklı Sevgi

Bizi büyüleyen tüm gizemler içinde en rağbet edileni aşk olmalıdır şüphesiz. *Sevme Sanatı* adlı kitabında Amerika doğumlu Alman psikanalist Erich Fromm, sevgi için sarf edilen birçok çabanın, kişinin bireysel potansiyelini ve kişiliğini aktif bir şekilde geliştirmeye çalışmadığı takdirde başarısızlığa uğrayacağını söyler. Fromm sevgiyi; ilgi, saygı, sorumluluk ve bilgi gerektiren bir zenginlik ifadesi olarak tanımlar ve şöyle der: "Kişinin sahip olduğu sevme kapasitesinden doğarak sevilen kişinin gelişme ve mutluluğuna yardımcı olma yolunda süregelen bir çabadır."[1] Sağlıklı olarak nitelendirilen sevgiyle ilişkilendirdiğimiz kavramlar çoğu kez sevgi, ilgi, değer verme, güven, kabullenme, karşılıksız verme, haz ve incinebilirliktir.

Sevgi içimizde doğan ve dışarıya yayılan bir durumdur. Enerjidir, koşulsuzdur, yayılgandır ve belirli herhangi bir şeye ihtiyacı yoktur. Sevgi herkese açıktır. Dış görünüşünüz, inancınız, işiniz, cinsiyet tercihiniz, evli veya bekâr olmanız ya da bir ilişkiniz olması onu ilgilendirmez. Prens ya da yoksul, günahkâr ya da aziz onun için hiç fark etmez. Din ondan bahsetse de o hiçbir dogmanın içine gizlenmez. Aslında hepimiz sevginin hizmetindeyiz. Dikkat edecek olursanız insana dair birçok acı verici son bu sorumluluğun reddedilmesinden veya dirençle karşılanmasından ötürü meydana gelir.

Sevginin gücünü, duygusallık ya da fiziksel sevgiyle karıştırmamak gerekir çünkü bunlardan çok daha büyüktür. Tıpkı yemek gibi hepimizi besler. *Nitekim sevgi en masrafsız sağlık sigortası poliçesi ve en ucuz ilaçtır. Ve bu sağladıkları hiç tükenmez.* Sevginin, bağışıklık sistemini güçlendirdiği, hayat beklentilerini yükselttiği, depresyonu azalttığı, haz dolu nesillerin doğmasına araç olduğu; dinginlik, emniyet ve güven hislerini arttırdığı kanıtlanmıştır. Ve bu kitaptan öğreneceğiniz gibi, sevgi adı altında yaşadığımız tüm diğer duyguların, sağlığımız için ne denli tehlikeli olduklarıyla ilgili her geçen gün büyüyen bilimsel bir gerçek bulunmaktadır.

Kimileri sevgiyi son dinî tecrübe olarak tanımlamıştır. Bu, bir ilişki içerisinde olmanın sunduğu ebedi güzellikten zevk almaktır. Sevgi, acılarımızdan kaçmaya çalışmadan, her şeyi haz dolu bir kalple yapmaktır. Derin sevgi içerisinde huşu, gizem, şükran, keder, coşku, kendinden geçme, zarafet, ışıltı ve kutsallık barındırır. Duygular ölçülerin ötesinde bir taşkınlık içindedir. Sevgiden ilham alan kişi, ekseriya yüce bir karakter sergiler ve erdemleri gelişir. Bir annenin yeni doğmuş çocuğuna olan sevgisine, âşıklara, can dostunun ölümünden acı duyan bir kişiye, yavru kedilerin doğumunu coşkuyla karşılayan bir çocuğa tanıklık etmektir. İnsanlar birbirlerine sevgi dolu bir şekilde bağlandıklarında karmaşa ve kuşku çoğaldığında bile, her şey olması gerektiği şekildeymiş gibi görünür. İçtenlik derin olduğunda içimizden bir şey bize "İşte bu" der. Sevgi mevcutken başka hiçbir söze gerek yoktur.[2]

Derin sevgi ortaklığı düşüncesinin ilk ipuçları yirminci yüzyılın başlarında görülmüştür. Karşılıklı hissedilen flört ya da çok güçlü sevgi, bir günah gibi ele alınmak yerine ruhtan yayılan bir sevgi olarak görüldü. Tutku, acı çekmek demekti. Eros, merhamet duygusundan doğan, komşunun komşuya duyduğu evrensel ruhani sevginin uzun zamandır arzulanan fiziksel bir birleşme bekleyişinin çok derin kişisel bir aşk ilişkisine dönüşmüş hâlidir. Bu derin deneyim, herhangi fiziksel bir birleşmenin önünde gelir. Bu sevgide dokunma ve cinsellik kutsaldır.[3] Bu deneyim, keyif ya da güçlü bir seks tatminiyle tamamen zıtlık içerisindedir. Bu tür tatminlerde haz birincil hedeftir. Sağlıklı sevgide hisler, anlamlı bir sevgi ilişkisinin parçasıymışçasına onurlandırılır ve bu hislere saygı duyulur. İlişkilere taşıdığımız bir tane daha esasi sevgi vardır, bu da şefkattir. Şefkatli bir insan kalbiyle görür ve hisseder, kendi ve başkaları için iyi şeyler diler. Şefkat bizden, ilişkilerimizde korkuyla değil, sevgiyle karar vermemizi ister. Yaraları iyileştirir ve zor zamanlarda kendimizi güvende hissetmemizi sağlar.

Sevgi aslında kalpten doğmasıyla deneyimlenir. Açık yürekli, sıcakkanlı insanların yanında duygusuz bir kalbe sahip hatta sanki bir kalbi yokmuş gibi görünen kişiler tanırız. İki insan birlikte olduğunda kalpleri sürekli bir diyalog hâlindedir. Kalplerimiz bir enerji alanı yaratır ve sevgi ya da korku olsun bu alanda ne varsa etrafımızdaki kişileri derinden etkiler. Birçok ruhani öğreti kalbin kişisel ve manevi deneyimlerimizde nasıl bir köprü oluşturduğu üzerinde durur. Charlotte Kasl'ın söylediği gibi: "Sevgiyi peşinden koşarak bulamayız, sadece kalplerimizi açmamız, onu içimizde bulmamıza yetecektir."[4]

Ama öğreneceğimiz üzere birçok kırık kalp var ve iyileşmemiş bir kalp insanı, hazza, aşk macerasına ya da sekse duyulan sağlıksız bağımlılıklara karşı savunmasız bırakır. Ve bu "sevgi bağımlılığı" olarak adlandırılır. Kalbi iki farklı tipte hissiyata sahip olarak düşünün. Alt seviyedeki hisler, başkalarına sunduğumuz sevgideki koşulları yöneten acı ve incinmelerdir. Ama hissettiğimiz bu koşullar nadiren tatmin edilebilir ve bunun sonucunda kendimizi bir kez daha yalnız, izole olmuş, endişeli, kıskanç, kalbi kırılmış, terk edilmiş, ihanete uğramış, öfkeli, güvensiz, nefret dolu, samimiyetsiz ya da duygusuz hissederiz. Kaynağına inerek bu duyguları iyileştirmeye başladığımızda, hepimizin sahip olduğu özümüzdeki derin koşulsuz sevgiye bizi götürecek, kalbin üst seviyesindeki duyguları hissetmeye başlarız. İşte bu gerçekleştiğinde kendimizi iyi hissetmek için artık ilişkilere bağımlı olmamıza gerek kalmaz. Sevgi adı altında birilerine uzanmak, paylaşmak, kucaklamak, vermek, beslenmek isteriz. Ve doğal hâliyle Eros ortaya çıkar.

Bir ilişki içerisinde, otomatik olarak sevgi hissedileceğini varsaymak doğru değildir. Sevgi ve ilişki bir ve aynı şeyler değildir. İlişkiler, derin sevgiye sahip olup onu deneyimleyebilmemiz için bize tarafsız bir yer açar. Kimi ilişkiler zehirli ve değersizdir. İlişkilerde ortaya çıkan hemen her problem, karmaşık sevgi hissinden kaynaklanan problemlerdir. Sevgi kendi başına bir problem teşkil etmez ama yanlış anlaşılabilir, reddedilebilir, deforme edilebilir, saptırılabilir ya da ihanet edilebilir ki tüm bu faktörler bağımlı sevgiye yol açar.

Deneyimlediğimiz ilk sevgi ilişkisi ebeveynlerimizle yaşadığımızdır. İdeal olarak bir ebeveyn sevgisi koşulsuz olarak çocuğun değerini ve hayatını onaylar. Anne ve baba çocuğun ihtiyaçlarını karşılamaya ve çocuğa, "Hayatta olmak çok güzel! Kendim olmak çok güzel! Diğerleriyle olmak çok güzel! Sevgi müthiş bir duygu!" hissiyatını vermeye hazırdır.

Bağımlılık

"*Sevgi ve Bağımlılık*" kitabının yazarları Stanton Peele ve Archie Brodsky, bağımlılığı, yeni ve baş döndürücü bir deneyimin etkisinde olan ve bunun uğrunda kendini reddetme zorunluluğu hisseden karışık bir durum olarak tanımlar.[5] Sübjektif deneyimlerimizi etkileyecek ya da öteleyecek herhangi bir aktivite, bağımlılık gücüne sahiptir. Uzmanlar bağımlı sevgi biyolojisi üzerinde araştırmalarına devam ettikçe, klinik teşhislere yönelik ortak davranışlara ulaşırlar.

Uzmanlar bağımlılığın üç elementten oluştuğunu bulmuştur: takıntı veya kaygı, kontrol dışı olma hissi ve muhalif fiziksel ya da psikolojik sonuçlara rağmen gerçekleşen davranışlar. Bu faktörler arasında yer alabilecek diğer iki element ise hoşgörü (aynı etkiyi elde etmek için bağımlı olunan objeden giderek artan bir miktara ihtiyaç duyma) ve geri çekilme belirtileridir. Bu özelliklerin ortaya koyduğu şudur ki; bağımlı olma durumunu ortaya çıkaran, bağımlı olunan objenin tüketilen ya da deneyimlenen miktarıyla ilişkili olmaktan çok, bu bağımlılığın kişinin hayatını nasıl etkilediğidir. Belirtilen bu davranışları vurgulayan mevcut standartları kullanarak seks, sevgi ve aşkın nasıl bağımlı davranışlar olarak nitelendirildiklerini anlayabiliriz.[6]

Birçok araştırmacı bağımlılık sürecinde (örneğin seks, kumar ve para harcama gibi) ortaya çıkan keyif duygusunun madde bağımlılığındakiyle (alkol ve uyuşturucu gibi) aynı olduğunu göstermiştir. Harvey Milkman ve Stanley Sunderwirth'e göre, "Herhangi bir cisim ya da faaliyetten bağımsız olarak; tahrik olma, doyum ve fantezi deneyiminde psikolojik olarak bağımlı hâle gelebiliriz." Sevgi barındıran herhangi bir aktivite beyni, kimyasında değişiklikler yaratacak bu üç duygudan herhangi birini uyandırabilir: Tahrik olma, doyum ve fantezi. Bu demek oluyor ki nörokimyasal olarak zayıfız.

Hayatı tam anlamıyla yaşayabilmemiz için beynimiz bu üç haz duygusunu doğal bir şekilde bize sağlar. Bu üç safha sadece başlangıç safhalarını anlayabildiğimiz yüzlerce beyin kimyasalı aracılığıyla kontrol edilir. Bu kimyasallar olmadan kendi insani doğamıza değer biçebilme yeteneğimiz olamazdı. Örneğin feniletilamin (PEA), uyarıcı hâller ortaya çıkaran bir nörokimyasaldır, bizi uyanık tutar ve harekete geçirir. Huzursuzluk durumları da nörokimyasalların etkisiyle ortaya çıkar ki bunlar temel insani ihtiyaçlarımızı belirlememize yardımcı olur ve böylelikle huzursuzluktan kurtulmak için tatmin ve rahatlama arayışına gireriz. Kimyasal olarak kontrol altında olan doygunluk hisleri bize durmamız gereken zamanı söyler ve vücutlarımızın iç dengeyi ya da dengeyi bulmasını sağlar. Bunun yanında zengin bir fantezi dünyası için diğer kimyasallara da gerek vardır. Bu kendiliğinden tahrik olan uyarılma durumu, karşılaşılacak birçok güzel seçenekten büyük zevk alabilmek için bize yardımcı olur ve bu şekilde bir sanat eseri karşısında eğlenip bir gündoğumunu deneyimleyebilir ve büyük bir tutku hissederek bir şarkı yazabiliriz. Memnuniyet, yaratıcı tutku, seksüel uyarılma, tüm bunların hepsinin nörokimyasal eşleri bulunur.

Bağımlılık, bu haz alanlarıyla ve "iyi hissetme" kimyasallarından biriyle ya da daha fazlasıyla ilişkilidir. Kimisi tahrik olma ve heyecanı o kadar çok arzular ki tehlikeli, riskli ve uyarıcı olan herhangi bir şeye kendini kaptırır. Örneğin, dürtüsel olarak kumar oynamak, ahlak dışı ilişkilere girmek, hızlı araba kullanmak, dramatik ilişkiler içerisine girmek gibi. Diğerleri ise zengin bir fantezi hayatını seçer ve kısa bir zamanda bunun içerisinde kaybolurlar. Mistik kaygı, romantik keyif, aşk objeleri ve aşk dramlarının hepsi nörokimyasal kibrimize dokunulduğu veya artırıldığı anlamına gelir. Diğerleri hâlen daha "çok fazla hisseder" ve bu doğrultuda acıyı, stresi ve korkuyu uyuşturmak için bir yatıştırıcıya ihtiyaç duyar. Zihnin afyonu olan endorfinler acıyı dindiren ve kaygıyı azaltan nörokimyasallardır. Sakinleşmenin çarelerini arayan kişiler aşırı yemek yerler ya da idrak durumlarının değişmesini sağlayacak yeni romantik aşk ilişkilerinin peşinde koşarlar. Sevgi bağımlısı bir ilişki aynı zamanda bir doyum hissi ortaya çıkarır. Birden fazla nörokimyasalın bir araya gelmesiyle ortaya çıkacak faydayı elde etmenin en etkili yollarından biri; acıya engel olacak, fantezileri yaşamaya olanak tanıyacak ve tam anlamıyla yaşamı hissettirecek bir aşk ilişkisi içine girmektir.[8] Buradaki sorun, kendi beyin kimyamızdan doğan bu faydaların bağımlılık yaratabileceğidir.

Amacımız doğrultusunda bağımlılığı üç yönüyle tanıtacağız: 1- Bilinçsiz bir hâl alan istemsiz bir huy olarak; 2- Seçeneklerimiz dışında zorlayıcı bir ritüel olarak; ve 3- Psikolojik ya da fiziksel madde bağımlılığı ki bu da genellikle madde ortadan kaldırıldığı durumda belirtilerdeki çözülme ya da yoğunluk olarak tanımlanır. Bağımlılık yapan maddeye yoğunlaşıldığında kişinin hayatıyla ilgili normal, sosyal, iş, eğlence, duygusal, manevi ve fiziksel beklentileri önünde bir engel olabileceği görülür. Bu odaklanmadan, istismar ya da acıyı az veya belirgin bir şekilde inkâr etme ortaya çıkar. Bağımlılık; tahrik, fantezi ve doyum için olan normal insani eğilimlerimizin zararlı fakat doğal bir sonucudur.

Fiziksel ve duygusal ihtiyaçlarımız doğal haklardır. Buna rağmen bazen ihtiyaçlarımızı karşılamak diğer önemli hayat meşguliyetlerinden daha fazla zaman ve ilgi gerektirdiğinde ihtiyaçlarımız bağımlılık hâlini alır. Genellikle bağımlılıkla ilişkilendirdiğimiz kelimeler *saplantılı, aşırı, yıkıcı, kompülsif, alışılmış, tutkun ve bağımlı* kelimeleridir. Ve eğer düşünecek olursanız bu kelimelerden bazıları aşk ilişkileri veya seks alışkanlıklarımız için de rahatça kullanılabilir. Bu, sevginin sürekli doyurulması gereken bir alışkanlık olduğu anlamına mı gelir? Hayır, hiç de böyle değil. Sevgiyi deneyimleme ihtiyacımız gerçektir, amacımız sağlıksız bağımlılık öğelerini tespit edip yaşadığımız sevginin dışında bırakmak ve sağlıklı sevgiyi tutmaktır. Sevgi ilişkileri beyaz ya da siyah, ya hep ya hiç değildir ama tüm bu öğeleri barındırır. Birçok sevgi ilişkisi hem sevgi bağımlılığı hem de sağlıklı bağlılık özelliklerini taşır gibi durur. Sağlıklı ve sağlıksız bağımlılıklar vardır.

Sahip olduğumuz birçok alışkanlıklarımız ve davranış biçimleri bağımlı davranışlarla aynı karakteri gösterebilir, oysa bu davranışların sağlıksız olduğu anlamına gelmez. İhtiyacımız olduğunu düşündüğümüz birçok şeye biyolojik kurtuluş ya da duygusal güvenlik için ihtiyaç duyarız ve bu sebepten dikkate almamıza değerdir. Yiyeceğe, barınağa, fiziksel dokunuşa ve fiziksel uyarılmanın diğer formlarına, farkındalık ve ait olma hissine ihtiyaç duyarız. Gerçekten ihtiyacımız olduğunu düşündüğümüz birçok başka şey sadece çok büyük isteklerdir, bunlar olmadan da hayatta kalabiliriz. Örneğin, bir eve ihtiyacımız olduğu hâlde üç araçlık garajı olan bir eve ihtiyacımız bulunmamaktadır.

Sevgiyi düşündüğümüzde ihtiyaç konusu daha karmaşık bir hâl alır. Son zamanlarda insanların, hayatta kalmak için sevgiye ihtiyaç olmadığını söylediklerini duyuyorum. Ve aslında bu doğru, başkalarına muhtaç olan yeni doğmuş bir bebek bile fiziksel olarak hayatta kalabilmek için sevgiye ihtiyaç duymaz; bebeğin ihtiyacı olan ilgi ve bakımdır ki bunlar sayesinde vücudunun sinir sistemi harekete geçer ve büyümeyi tetikler. Fiziksel açıdan yeterli bakım sağlanan, manevi açıdan nötr olarak dokunulan bir bebek, çok hassas bakım yapılan bir bebek gibi hayatta kalacaktır. Fakat az temas edilen ya da hiç dokunulmayan bir bebek hastalanabilir, depresif olabilir hatta daha da kötüsü zihnen özürlü olabilir ya da ölebilir.

Dolayısıyla en basit hâliyle belirtilecek olursa biyolojik olarak hayatta kalmak için sevgiye ihtiyacımız yoktur. Ancak çocukluğumuzda sevgi deneyiminden yoksun kalırsak, sağlıklı tam bir insan olma unsurları maalesef eksik kalmış demektir. İnsan sevgisiz yaşayabilir ancak kendine güven, başkalarını sevme, hatta hayatı sevme konularında yani sağlıklı ve bağımlı olmayan sevgi ilişkileri için gerekli malzemelerin gelişmesinde zorluk yaşar.

Evet, insan sevgisiz yaşayabilir ancak rastladığım kendini ya da başkalarını sevmede zorluk yaşayanlar, genellikle bağlanma, besleyici aile ilgisi ya da bir çocuk olarak koşulsuz sevgiden mahrum kalan kişilerdir. Koşulsuz sevgi çocuğa şu mesajı verir: "Ne olursan ol seni seviyorum; söylediklerin, düşündüklerin ya da yaptıkların her zaman hoşuma gitmese bile." He ne kadar davranışlarda çocuğu koruyan taraflar olsa da koşulsuz sevgi her zaman çocuğun karakterinin koşulsuz olarak kabul edilmesini barındırır.

Sevgi ilişkileri, bize ne şekilde hizmet ettiklerine göre iyi ya da kötü olarak ayrılır. Burada göz önünde bulundurmamız gereken sorular şunlardır: Bağımlı sevgi gerçekten var mı? Bağımlı sevgi nedir? Sevgi nasıl bağımlı hâle gelir? Bu kadar harika bir şey nasıl olur da bu kadar kötü hissettiren bir şey hâline gelir? Bu sevgi mi? Yoksa bağımlılık mı? Sağlıklı bir ilişki nedir?

Bağımlı Sevgi

Bir psikoterapist olarak araştırmalarım bana, bağımlı sevginin tatmin edilmemiş ihtiyaçların doyurulması, korku ya da manevi acıdan korunma, travmadan kurtulma, sorunları çözme ve dengeyi koruma yolundaki mücadelede, kişinin kendi dışındaki bir objeye veya kişiye duyduğu güven olduğunu göstermiştir. Buradaki çelişki, bağımlı sevginin, kendi hayatlarımızın kontrolünü kazanma yolundaki çabamıza rağmen, kendi dışımızda bir şeye veya kişiye kişisel gücün verilmesiyle kontrolden çıkmamızdır. Sonrasında bu verilen uğraş başka kişilere, romantik illüzyonlara ya da sekse karşı sağlıksız bir bağımlılık olarak sonuçlanır. Genellikle "yeterince elde edememek" ya da "yeterli olamamak" gibi hislerle bağlantılıdır. Birçoğumuz için bunun sebebi çocukluğumuzdaki ihtiyaçlarımızın düzenli bir şekilde karşılanmamasıdır. Bağımlı sevgi, sürekli artan güvenlik, hissiyat, güç, kişilik, aidiyet ve amaçlarımızdan doğan açlığımızın doyurulması yolunda bilinçsiz bir girişimdir. Bağımlı sevgi duygusal ya da cinsel bir bileşen içerebilir veya içermeyebilir. Gündelik haberlerden aşırı durumlardaki seks, sevgi ve aşk bağımlılıklarının tehlikeli hatta ölümcül olabildiğini duyuyoruz. Ana haberlerin tümü adam öldürme, intihar, gizli takip, tecavüz, ensest ilişki, HIV/AIDS ve aile içi şiddet vakalarından oluşuyor. Bağımlı sevginin sınırları toplum tarafından kabul görmeyen bir insana, duygusal bir duruma ya da bir seks biçimine olan sağlıksız bağımlılıktan, yine aynı toplum tarafından tenkit edilen ancak bununla beraber hiçbir zaman ortaya çıkarılmayan şiddet ve tecavüze kadar genişler. Bütün bunların aynı sorunun dereceleri olduğunu bilmek önemlidir. Tüm bu sıradan ya da sıra dışı durumlara değineceğiz.

Bağımlı Sevginin Üç Tipi

Bağımlı sevgi ilişkilerinin ve bunlardan özellikle aşk bağımlılığı ve seks bağımlılığının tohumları, bir kısmımızın çocukluklarımızda sevdiğimiz insanlar tarafından açık veya gizli olarak suiistimal edilmemizle psikolojik olarak atılır. Sağlıklı olarak başlayan bir bağımlılık sağlıksız bir hâle dönüşür. Sevgi, aşk ve seks bağımlılıklarının kökleri birbirlerine çok benzer ve genellikle örtüşür ancak bağımlı hâle gelme süreçleri hepsinde kendine özeldir.

Bir kişinin sevgi hedefi, o kişinin duygusal ve cinsel arzularının da hedefi hâline geldiğinde, bağlı olunan obje ya da kişinin geri çekilmesi ya da geri çekilme tehdidi oluşturması durumunda, kişi mantıkdışı davranışlarla sonuçlanan derin duygular hisseder. Eğer kurbanını şehrin her köşesinde takip eden eski bir sevgilinin ya da yasak bir seks serüveninde basılan bir politikacının başrolünde olduğu günlük dramları takip eden milyonlarca kişiyi göz önünde bulunduracak olursak, böyle bir dramın içinde olmak nasıl bir duygudur hayal edebiliriz. Sevgi; alkol ve kokain kadar vazgeçilmesi zor bir nörokimyasal ilaç hâline dönüşebilir. Sevginin bitmesiyle ortaya çıkan kontrol dışı davranışların sayı ve çeşitliliği oldukça fazladır. Oysa bağımlı sevgideki zorluk, geçmişteki işlevsiz davranışlarımızın bizi, şimdi ve gelecekte sevmekten veya ilişki kurmaktan alıkoymasıdır. Bundan dolayı sevgi ve bağımlılığın arasındaki genellikle belirsiz olan sınırda bu iki kavramın net bir tanımını yapmamız şarttır.

Sevgi Bağımlılığı

Sevgi bağımlılığı sevgi odaklı sağlıksız bir bağımlılıktır. İçinde bulunduğumuz pasif bir hâldir. Bu hâl içerisinde kişisel problemlerimizi direkt olarak çözemez, ihtiyacımız olan şeyleri isteyemeyiz ancak başkalarıyla hareket etmeye çalışarak ilgi elde edip böylelikle sorunlarımızla ilgilenilmesini sağlamış oluruz. *Duygusal eksiklerimiz için başkalarıyla ilgileniriz ya da başkalarının eksiklerinde kendi ihtiyaçlarımızı karşılayabilmek için onları kontrol etmeye çalışırız.* Ne şekilde bir oyun sergilendiğinin hiç önemi yok; korku, acı ve huzursuzluklarımızı gidermek için başkalarını ararız ve bu süreç boyunca istismar edici davranışlara izin verir ya da neden oluruz. Burada bahsedilen "başkaları"ndan kasıt, bilinçsiz olarak yolumuzun kesiştiği, hayatımızdaki herhangi önemli bir insan olabilir: Çocuk, ebeveyn, arkadaş, patron, eş ya da sevgili gibi. Bağımlı sevginin anahtar öğesi; hayatımızdaki bu önemli kişinin bizi tasvip etmediği, aynı fikirde olmadığı, bizden uzaklaştığı ya da bizi tehdit ettiği durumlarda ne hissettiğimizdir. Sevgi objesi bizi terk ettiği ya da terk etmekle tehdit ettiği durumlarda işlevsiz davranışlarda artış meydana gelir.

Aşk Bağımlılığı

Aşk bağımlılığı, sevgi bağımlılığı hedefinin aynı zamanda aşkın da hedefi olduğu durumlarda oluşur. Bu obje/kişi ilişkideki eş olabileceği gibi sadece aşk bağımlısının fantezilerinde yaşayan biri de olabilir. Dengelenme ise, hayatı bir aşk romanındaki gibi fantezilerle dolu bir şekilde yaşamak ya da yeni bir aşkın heyecanına doğru yönelmekle gerçekleşir. Her iki durumda da aşkın çekim safhasında yaşanan sarhoş edici hislerin akışı Psikiyatrist Doktor Dorothy Tennov tarafından "takıntılı" olarak adlandırılan bir safhadır ki bu durum gerçek yaşantıya alternatif olabilecek bir ilaca dönüşebilir.[9] Genellikle takıntılı kişinin romantik aşk hedefini gizlice takip etmesiyle sonuçlanan dramatik bir takıntı hâlini alır. Aşk bağımlısı gerçek ya da hayali olan romantik ilişkiye tam anlamıyla kendini kaptırmanın arayışı içindedir. Aşk coşkusunun gücü, ilişkinin yeniliğine ya da bir kişinin varlığına bağımlı olduğundan, aşk bağımlılığı genellikle kurban/takipçi melodramıyla tatmin edilir.

Seks Bağımlılığı

Cinsel aşkın gücü insan deneyimlerinde dengede değildir. Yazar ve seks bağımlılığı uzmanı Mark Laaser'e göre normal seks isteğinin, dinî veya ailevi yapılardan dolayı çarpıtılmış, bastırılmış ya da yasaklanmış olması durumunda bu sıradan istek seks bağımlılığı hâlini alabilir. Laaser seks bağımlılığını şu şekilde tanımlar: "Olumsuz sonuçlar doğuran her türlü kontrol dışı cinsel aktivitenin içine girdiği bir hastalıktır."[10] Obsesif kompülsif cinsel davranışlar gözetim dışı kaldığında kişinin kendisini, eşini ve ailesini sıkıntıya ve umutsuzluğa düşürür.

Seks bağımlılığı alanında bir öncü olan Patrick Carnes, bu bağımlılığın seksin herhangi bir ahlaki, sosyal ya da psikolojik bağlamda iyi ya da kötü olmasıyla ilgili bir durum olmadığını vurgular. Bağımlı olma durumunu belirleyen seksin kendisi değil, daha çok ona eşlik eden davranışlardır. Carnes'e göre başkalarını istismar eden cinsel davranışlar yani tek taraflı davranışlar kişileri nesnelleştirir, tatmin edici değildir, utanma içerir ya da korkuya dayanır. İşte tüm bunlar seks bağımlılığının varlığına işaret eder.[11]

Bağımlı Sevgi: Anna'nın Hikâyesi

Psikoterapist olarak hastalarımın mevcut sevgi ilişkilerinin, daha önceki sevgi deneyimlerinin ve özellikle çocukluk döneminde ebeveynleriyle olan ilişkilerinin gölgesinde olduğunu biliyorum.

Anna'nın hikâyesi bize çocukluk travmalarının birçok yetişkin ilişkisini, güçlü ve görünmeyen hayaletler gibi nasıl askıda tuttuğunu gösteriyor. Anna'nın hikâyesi bir gerçeği çok canlı olarak gözler önüne seriyor: Sevmek için cinsel çekim, aşk ve ilişki uyumundan çok daha fazlası gerekir.

Anna, 32 yaşında dört çocuk annesi çekici ve akıllı bir kadındı. Terapiye kronik bunalım ve depresyon için geldi. Yaşadığı melankolinin sebebi, müdürü olan elli yaşındaki Andrew'a karşı duyduğu sorunlu ve düzensiz hislerdi. Anna Andrew'u seviyordu ancak Andrew'un son dönemde ortaya çıkan garip duygusal ve cinsel zorlamalarından üzüntü duyuyordu. Nedenini bilmediği hâlde gittikçe Andrew'un gücü altına girdiğini ve onu reddedemeyeceğini hissediyordu. Tek bildiği ona ayak uydurmak zorunda olduğu ve böylelikle onu depresif bir ruh hâline girmekten koruması gerektiğiydi. Anna, Andrew'a duyduğu sevgiyi itiraf ediyor ancak genellikle Andrew'un mevki olarak kendisinden üstün olduğu iş yerinde gerçekleşen cinsel zorlamalarını sevmiyordu. Onunla olan bağının ikisinin de evliliklerini tehdit ettiğini, bu ilişkinin sağlıksız olduğunu biliyordu ama konu Andrew olduğunda ortaya çıkan duygusal acizliğini ve onu neden kontrol edemediğini çözemiyordu.

Bir akşam Anna perişan bir vaziyette beni aradı. Birkaç gün önce iş konuları dışında Andrew'ı kesinlikle aramayacağına yemin etmişti. Ama şimdi, Andrew onu aramış yalvararak yanına gitmesi gerektiğini söylemişti. Acı ve özlem dolu bir ıstırap içerisindeki Anna ise, onu bu hâlde bırakmaması gerektiğine kendini ikna etmişti.

"Kendimi onu görmeye mecbur hissediyorum" diyerek açıkladı durumunu. "Vücudum acı içerisinde, kontrolsüz bir şekilde titriyorum, parçalara ayrıldığımı hissediyorum, onu göremezsem hastalanıp delirebilirim. Lütfen bana yardım et, kendimi çok çaresiz hissediyorum!"

Ona şunu sordum: "Anna, onu görmezsen ne olacağını düşünüyorsun?"

"Bilmiyorum ama gerçekten de çok korkunç bir şey olacakmış gibi hissediyorum ve korkuyorum" dedi. "Ve bütün bunlar bana çok saçma geliyor."

Anna'ya kötü bir şey olmayacağı yönünde güvence verdim. Biraz sakinleşti ve o an için krizi geçti. Bu olaydan kısa bir süre sonra bir terapi seansında Anna Andrew'u görmeme konusundaki kararını yineledi: "Onu görmeyeceğim." Vücudu titredi ve terledi.

"Neden bu kadar korkuyorsun?" diye sordum.

Açıklamakta zorlandı. "Delice göründüğünü biliyorum. Andrew'u görmezsem ve terk edersem ona kötü bir şey olacağından korkuyorum. Belki o kadar çok üzülecek ki kendine bir şey yapacak. Bana ihtiyacı olduğunu hissediyorum!"

"Andrew için korkuyorsun" dedim. "Ama Anna kendin için hissettiğin korku nedir? Üzgün ve korku içerisinde olan sensin. Bu ilişkiyi bitirmekten seni alıkoyan ne? Bu adama neden bu kadar bağlısın?"

Bu sorunun cevabı o kadar da kolay gelmedi ama bir sonraki terapi seansında Anna çocukluğuyla ilgili konuşmaya başladığında anlattığı hikâye, o an içinde bulunduğu duruma dair birçok ipucunu barındırıyordu. Anna'nın Andrew için hissettiği korku aslında aşina olduğu bir korkuydu, Andrew'a çok benzeyen bir erkek olan babasına karşı hissettiği korkuyla aynıydı. Anna'nın, ruhsal hasta ve saldırgan annesinden kaçmak için bir sığınak olarak gördüğü babası, onda çelişkili hislere sebep olmuştu. Kibar ve hassas bir insan olmasına rağmen küçük Anna üstünde cinsel zorlamalar da dâhil olmak üzere birçok baskıda bulunmuştu. Annesi Anna'yı ihmal edip ona şiddet uygularken babası ona korkunç bir bedel karşılığında ilgi ve koruma sunmuştu.

Anna, babasının ona ihtiyacı olduğu yönünde gittikçe güçlenen bir hisle büyümüştü, babası onsuz yapamazdı ve o babasına mutluluk vermek durumundaydı. Yetişkinliğinde ortaya çıkan depresyonun büyük bir kısmı perişan hâlde geçirdiği çocukluğundan kaynaklanıyordu. Anna'nın bir ensest kurbanı olarak hissettiği acı ve suçluluk onun aseksüel bir yetişkin olmasına yol açmış ama cinsel istekleri arttığında çoğu zaman kuvvetle bastırdığı arzu ve hislerini kontrol edemiyordu. Bir kişinin cinsel hisleri var diye, her zaman sadece bunlara göre hareket etmesi gerekmediğinin farkına varamamıştı.

"Neden babanın duygusal hislerini ve cinsel ihtiyaçlarını karşılamak zorunda hissettin kendini?" diye sordum bir seansta.

"Babam beni annemden koruyabileceğine güvendiğim tek insandı" diye cevapladı Anna. Annesi tarafından maruz kaldığı duygusal ve psikolojik istismarla ilişkilendiriyordu durumu. "Babam benim koruyucumdu; beni gerçekten sevdi" dedi.

Her ne kadar babası onu cinsel yönden kullanmış olsa da onun iyi hissetmesini sağlamak Anna'ya sevilmeye değer bir insan olduğu hissini veriyordu. Onu, babasının hizmetçisi gibi davrandığı zamanlarda nasıl hissettiğini anlatması yönünde zorladım. Aylar geçtikçe Anna'nın babası ve annesi tarafından hor kullanılmış ilk sevgi deneyimi trajedisi yavaşça açığa çıktı. Anna'nın babasına olan sevgisini, ensest ilişki yüzünden duyduğu şiddetli ıstırap ve suçluluk duygusundan ayıramadığı açıktı. Sonuç ise babasıyla ve sevgi kavramıyla ilgili duygusal çalkantıydı.

Bir seans esnasında Anna şöyle dedi: "Babamı etrafımda tutmam gerekiyordu ve bunu başarabilmek için onu mutlu etmem gerektiğine inanıyordum. Eğer tersi olursa beni ya reddeder ya da terk ederdi. Çocukluğumdan beri bunun benim için tek anlamı vardı: Ölüm! Onunla işbirliği yapıp onu mutlu etmekten başka ne seçeneğim vardı?"

İşte konu buydu, cinsel yönden istismar etmiş olmasına rağmen bir başka kişinin varlığı ve onun tarafından kabul görmek onun derinlerinde yatan inancıydı ve bu, Anna için hayatın kendisi demekti. Aslında bir yere kadar doğruluk payı vardı: Çocuk Anna korunmaya muhtaçtı! Bu inancı Andrew'la olan mevcut yetişkin takıntısının da içine işlemişti ve onun zorlamaları karşısında hissettiği panik ve çaresizliğinin büyük bir kısmını açıklıyordu.

Anna, Andrew olmadan yaşamını devam ettirebileceğinin bilincindeydi. Bilinçaltında ise onun onayı olmadan sevilmeye değer bir kadın olmadığına, hayatının bir amaç ve anlamı kalmayacağına inanıyordu. Çocuk mantığıyla, bir ilişkiye ihtiyacı olduğuna aksi takdirde akli dengesini ve sonuç olarak da hayatını kaybedeceğine ikna olmuştu. Tüm bu bilgiler doğrultusunda terapideki amacımız tarihin tekerrür etmesini önlemekti.

Terapi sayesinde Anna, Andrew tarzında erkeklere olan eğilimi de dâhil olmak üzere birçok yetişkin duygusuna hükmeden eski iç benliğini yani o zamanki bağımlı ve korkmuş çocuğu keşfetmeye başladı. Korkmasına sebep olan tüm o güçlü bilinçsiz inanç ve travmatik anları bir bir anlayıp onlarla mücadele etti.

"Yani artık dört ya da beş yaşında küçük bir kız değilsin, büyüdün. Öyle değil mi?" diye sordum.

"Evet bu doğru, ama ben hep böyle hissettim. Bu insanla birlikte olduğumda kendimi genellikle dört beş yaşında gibi hissediyorum."

"Peki kaç yaşındasın?"

"Otuz iki yaşındayım."

"Ne biliyorsun peki? Bu insana seni koruması için mi ihtiyacın var?" diyerek onu zorladım.

Biraz düşündükten sonra cevapladı: "Hayır."

"Bu insana kendini sevilmeye değer bir varlık olarak görmek için mi ihtiyacın var?"

Duraksadı ve şöyle cevapladı: "Emin değilim, kendimi pek de sevilmeye değer hissetmediğim doğru."

"Seni seven başka birini tanıyor musun?"

"Evet, beni sevdiğini bildiğim başka kişiler var."

"Peki bu adam hayatın tek anlamı mı senin için?"

Duraksayarak cevapladı: "Hayır."

"Hayatta kalmak için bu insana ihtiyacın var mı?"

Kafasını iki yana salladı, "Hayır."

Bu sorular korkularını ve bunları artıran düşünceleri şimdilik netleştirmesine yardımcı oldu. Daha derine inen travma çalışmalarıyla yavaşça çocukluğunda ona anlamlı gelen korku ve davranışların artık onun üzerinde güçlerinin kalmadığını anladı ve şahsi muhakeme duygusunu geri kazandı. İşte bu noktadan sonra Andrew ile başa çıkıp ona artık kendini okşatmayacağını ya da onun tarafından taciz edilmeye izin vermeyeceğini söyledi. Onunla ilişkisine bir son vererek evlilik problemleri başta olmak üzere enerjisini işine ve ailesine yöneltti. Andrew, Anna gibi bayan iş arkadaşlarına karşı cinsel eğiliminden dolayı tedavi gördü.

Birçok kişiden daha sorunlu geçen çocukluğundan dolayı güvensizlikleri çok derinlere inen Anna; sevgiye muhtaç, ona cinsel anlamda bağımlı ve tacizci erkeklere karşı saplantıya dönüşebilecek bir eğilimi olduğunun her zaman farkında olmak zorundadır. Ancak bu gibi zor bir durumla başa çıkmayı ve davranışının altında yatan nedenleri açık bir şekilde ortaya koymayı becerdi. Bu hiç de göz ardı edilmeyecek bir başarıydı.

Sevgi ve Bilinçsiz Zihin

Anna'nın durumu biraz uç bir örnek gibi gözükse de bu gibi olaylar aslında sık rastlanan olaylardır. Nitekim aile yapısı Anna'nınkilere benzeyen kişilerde ensest ilişki psikolojik olarak hiç bitmez ve bunun sebep olduğu psikolojik çıkarımlar çocuğun ileriki hayatında çok zorlu ve şiddetli olabilir. Bu gibi durumlar bazen duygusal ensest olarak nitelendirilir. Çocuk sürekli olarak ebeveynlerinin duygularıyla ilgilenmek durumunda kalır. Davet bazen açık bazense üstü kapalıdır. Bu gizli iğfali çocuk genellikle anne baba sevgisiyle karıştırır.[12] Davet karşı cinsteki ebeveynden geldiğinde bu gizli ensesttir. Bu durumda ebeveyn, çocuktan eşinin alternatifi olmasını ister. Böyle bir partnerlik çocuğun rolünü tersine çevirir ve ileride bağımlı sevgi ilişkilerine ve gerçek mahremiyetin doğasıyla ilgili karmaşık duygulara kapılmasına sebep olur.

Takıntılı ve çoğunlukla bağımlı sevgi olarak adlandıracağımız yıkıcı ilişkilerin arkasında bu tipte bir bağımlılığın çok önemli bir amaca hizmet ettiği inancı gizlidir. Bağımlı sevgi, bilinçsiz zihin için çok anlamlıdır; kendini kurtarmak için bağımlı sevgiyi bir gereklilik olarak görür. Ve bağımlı sevgiye sahip kişi için patolojik bir ilişki bile normal ve gerekli görünür. Korkularımızı ve bağımlı sevgiyi kullanma şekillerimizi anladığımızda bunlar üzerimizdeki mevcut güçlerini kaybederler.

Bağımlı sevgi bencil ve ben kökenlidir. Çocuk Anna, babasını karşılıksız olarak değil, ihtiyaçlarını karşıladığı için seviyordu. Kendisine olan güvenini ve hayatını elinde tutabilmek için babasının ilgi ve kabulüne ihtiyacı olduğuna kendini inandırmıştı. Her ne kadar bu düşünce çocukluğunda bir anlam taşımış olsa da artık bir yetişkin olan Anna, kendini sevilmeye değer ve canlı hissedebilmek için babası gibi başka birine ihtiyaç duymuyordu. Özgür, açık ve eşit bir şekilde sevebilme yetisi, kendine özgü özellikleri ve yetenekleri vardı. Anna'nın Andrew'a karşı takıntısında benmerkezcilik olduğu açıktı, onun kabulü olmadan sahip olduğu azıcık kendine güveni kaybedecek, umutsuzluğun derinlerine sürüklenecek ve belki de ölecekti.

Bağımlı sevginin yoğunluğu, bir kişinin çocukluğu boyunca doyurulmamış ihtiyaçlarıyla doğru orantılıdır. Derin bağımlı sevgiye genellikle eksik özgüven eşlik eder. Daha önce belirtildiği üzere bu gibi bir saplantı bize büyük bir çelişkiyle kendini gösterir: Bu tür bir sevginin içine hayatlarımızın kontrolünü geri kazanma amacıyla düşeriz ve böylelikle kontrolü kendimiz dışındaki güçlerin eline veririz. Kontrolü bu şekilde isteyerek başkalarına vermek korkudan kaynaklanır, bu korkunun ise çeşitleri vardır: Acı çekmekten korkma, mahrum kalmaktan korkma, hayal kırıklığına uğramaktan korkma, yalnız kalmaktan korkma, hastalanmaktan ya da delirmekten korkma ve ölmekten korkma.

Bağımlı aşk yaşayanlar genellikle, bağımlı ilişkilerinin korkularını gidereceği hayaline sarılırlar. Bağımlı sevginin insanlar üzerindeki bu gücünü ve neden kolayca bırakılamadığının karmaşık nedenlerini keşfedeceğiz. Anna gibi birçok insan tekrar tekrar bu tip ilişkilerin içine sıkışıp kalır. Peki, insanlar bağımlı sevgiye nasıl sürüklenir? Bağımlı sevginin tohumları biyolojimizin, sosyal eğitimimizin, teknolojik alışkanlıklarımızın, manevi arayışlarımızın ve psikolojik inançlarımızın derinlerinde yatar. Sırayla bunların hepsini öğreneceğiz.

Şunu kavrayacaksınız ki bağımlı sevgi yaşayan her birey, kendi bireysel yolunu izleyerek bu ilişkinin içine girmiştir. Bağımlı sevginin kurbanları için ne anlam ifade ettiğinin anlaşılması, böyle bir ilişkiden kurtularak olgun sevgi ve aidiyet duygularına giden yolun bulunması için gereklidir. Bulmacaya geri dönecek olursak, çok iyi hissettiren bir şey nasıl olur da bu kadar kötü hissettirmeye başlar?

Anna ve Andrew'un hikâyesinde, Anna ilişkiden doğan romantik coşkunun bağımlısıydı. Diğer taraftan Andrew, cinselliğe ve bunun kendisi için doğurduğu güce bağımlıydı. Ancak romantik ve cinsel coşkunun altında hem Anna hem de Andrew kendilerine ihtiyaç duyulmasını özlüyorlardı ki bu bağımlı sevgi olarak adlandırılır.

İleriki bölümlerde anlatılacak hikâyeler sayesinde sevgi, seks ve aşk bağımlılığının her birini ayırt edebileceksiniz. Terapist olarak geçirdiğim yıllar beni tek bir sonuca ulaştırdı, o da şu: Bir seks ya da aşk bağımlılığının altında, tamamen tedavi edilmesi gereken bağımlı bir sevgi sorunu vardır. Ama biz onu fark edene kadar o bizim yaşadığımız sevgileri tahrip etmeye devam eder.

2

Bağımlı Sevginin Kökleri

Biyolojinin Rolü

Birisi için özel olma arzusundan doğan diğer insanlara yakın olma ihtiyacı içimize o kadar derin bir şekilde işlemiştir ki bu, biyolojik bir durum olarak nitelendirilebilir.

Bağlanma Biyolojisi

Antropolojist Helen Fisher, düzenli cinsellik ve üremenin korunmasını garanti altına almak amacıyla duygusal bağlanmanın insanlık tarihinde nasıl geliştiğini açıklar. Evrimsel süreç içerisinde kadının istekli olduğu dönemlerin azalması, bağlanmanın kritik bir hâl almasına yol açtı. Yumurtlamanın gizli kalmasından dolayı kadınlar sekse sürekli heves duyar hâle geldiler. Daha çok çocuk doğurmaya başladılar ve erkeklerden daha fazla duygusal destek ve psikolojik yardım istemeye başladılar. Erkek ve kadınlar birbirlerine karşılıklı iyiliklerde bulunmaya, iş bölümü yapmaya ve ilişki bağını kuvvetlendirmeye başladılar. Böylelikle kısa zamanda kadın erkek eşleşmesi üremenin daha ötesine geçti. Kadınlar iyi avcı olan, güçlü ve çocuklarının büyümesini temin edecek erkekler aramaya başladılar. Erkekler ise genetik olarak soylarının devamını garanti altına almak için sekse en yatkın kadınları seçtiler.

Sonuç olarak duygusal bağlanma, sadece seks partneri bulmak ve üremenin devamını sağlamak amaçlarının ötesine geçti. Hem kadınlar hem de erkekler kendilerini memnun eden, koruyan şeylere değer vermeye başladılar. Bebekler anneleriyle uyuyan erkeğe bağlanmaya başladı. Bireysel ilişkiler ve aile yapısı kurulmaya başladı. Bu süreçte, insanların birbirleriyle kurdukları bu bağlara yönelik karmaşık kurallar gelişti. Kurallarla birlikte, ilişki kurma ve onu korumak için bizi yöneten vazgeçilemez insani duygular ortaya çıktı. Bu birçok kural ve duygunun insani yönümüzün harika göstergeleri olduğu doğrudur. Arzulamak, paylaşmak, korumak, beslemek, sevgi duymak ve organik bir uyum içerisinde yaşamak ise sağlıklı sevginin vazgeçilmez göstergeleridir. Eş olma ve cinsel bağ ile birlikte başka farklı duygular da ortaya çıktı. Soyunun devamını isteyen erkek kıskanç ve tahakküm edici bir hâle geldi. Erkeği olmadan kendisinin ve çocuklarının hayatta kalamayacağını düşünen kadın ilk defa terk edilme korkusunu tecrübe etti.

Yukarıda belirtilen ilk korku ve alışkanlıklar gibi ilişkileri yöneten birçok duygusal davranış, bugünkü ilişkilerde de devam etmek üzere hayatımızda yerini aldı. Hâlâ flört ediyoruz, hâlâ aşk ilişkilerinin başında delicesine âşık olup, bağlanıp, ilişki bittiğinde ise üzüntü duyuyoruz. Karmaşık ve kıskanç olduğumuzda kendimizi suçlu hissediyor, aldatıldığımızda kinci oluyoruz. Erkekler hâlâ eşlerinin sadakatsizliğinden endişe ediyor, kadınlarsa terk edilme konusunda üzüntü duyuyorlar. Artık seksi garanti altına almak ya da çocuklarımızın hayatta kalmasını sağlamak için bağlanmaya ihtiyacımız yok ama hâlâ daha bu şekilde davranmaya devam ediyoruz. Peki neden? İnsan olmak görünüşte, başkalarına bağlanmayı arzulamak gibidir. Geçmişteki diğer davranış kalıpları gibi ki bunlara örnek olarak yüksekten düşmek, yüksekten, kapalı yerlerden ve karanlıktan korkmak verilebilir, yalnız kalmaktan duyulan korku, panik ve umutsuzluğa yol açar. Bizi insan yapan ve diğerleriyle duygusal birleşmeler oluşturmamız yönünde bizi zorlayan düzen hiç şüphe yok ki devam edecektir.[1]

Demek ki bağ kurma arzumuz içgüdüsel olarak tanımlanabilir. Psikiyatrist John Bowlby, hayvan psikoloğu Konrad Lorenz ve Harry Harlow'un yeni doğmuş kuş ve maymunlara yönelik çalışmalarından esinlenerek kurmuş olduğu bağlanma teorisinde, ebeveyn sevgisini evrensel bir sıraya koyar. Yeni doğmuş hayvanların büyük çoğunluğu onlara birincil ilgi verene sevgi dolu bir bağlanma sergilerler ki bu genellikle anneleridir. Bu ilgi verenden ayrıldıklarında bebekler endişeli ve depresif hâle gelirler. Biyolojik açıdan bu çok anlamlıdır; vahşi ortamda, yeni doğmuş bir hayvan zayıftır ve kolaylıkla bir avcının yemeği olabilir ya da açlıktan ölebilir. Bowlby ayrıca şunu da belirtir: "Sevilen insanın kaybedilmesine karşı yapılan standart hareket, önce gideni geri getirmeye çalışmak, sonrasında ise kötülemektir. Ancak bunlar otomatik hareketlerse, kaybedilenin geri kazanılma ihtimali olup olmadığı değerlendirilmeden bu hareketler tüm kayıplar için uygulanırlar."[2]

Nörolog Daniel Amen, birine bağlandığımız zaman, bağlanılan bu kişinin aslında duygusal beynimizdeki sinir bağlamlarında ve nöronlarında yaşamaya başladığını söyler. Ve bu insan artık orada yer almadığında, beyin yönünü kaybederek bu kayıp kişiyi ölesiye aramaya koyulur. Beyindeki bu aşırı hareketlilik kendimizi iyi hissettirecek kimyasalların az miktarda üretilmesine sebep olarak; depresyonu, iştah kaybını, takıntıyı ve hatta fiziksel acıyı ortaya çıkarır. Nörolojik bir karmaşa hâline dönüşürüz.[3]

Çekim Biyolojisi

Sevgiyi kimyasal bileşenlerine ayırmak, büyü ve gizeminin bir kısmını dışarıda bırakmak gibi görünebilir ama ancak bu şekilde davranarak sağlıklı bağ ve bağımlı sevgi arasındaki farkı belirleyebiliriz. Nörokimyasal araştırmalar, duygusal durumda belirgin değişikliklere sebep olan herhangi bir şeyin takıntı hâline dönüşebileceğini göstermektedir.[4] Beyin fonksiyonlarını etkileyen üç yüzden fazla kimyasal olduğunu ve bunlardan yaklaşık yüz tanesinin ne şekilde çalıştığını biliyoruz. Bunların bir kısmı sevgi yaşantımızla ilgilidir ve demek oluyor ki sevgi ilişkilerinin beynimizde ürettiği kimyasal sarhoşluğa ve hazza bağımlı hâle gelebiliriz. Bu yoğun sarhoşluğun, endorfin ve birçok başka duygusal uyarıcının nörolojik boşalımıyla ilişkili olduğu artık kanıtlandı. Michael Liebowitz "Aşkın Kimyası" adlı eserinde PEA adında belli bir nörokimyasaldan bahseder ve bunun anfetaminlerin yarattığına benzer yüksek derecede uyarıcı niteliğe sahip olduğunu belirtir. Zaman içinde ve sevilen objenin olmadığı durumlarda yoğun etkisi azalır. Ama bu kaygılanacak bir durum değildir, çünkü bizim, kimyasallarımızı harekete geçirmek için sevginin bazı karanlık taraflarını kullanmak gibi başka metotlarımız var, hatta bu yollar sadece bununla da sınırlı değildir. Örneğin korku, biyolojik açıdan isteği artırır, bunun yanında boşanma davalarında yer alan kişilerde de yüksek miktarda PEA maddesinin varlığına rastlanmıştır.[5] Bunlar genellikle sevgi ilişkilerinde yer alan duygular olan tehlike, korku, heyecan ve öfke öncesindeki yüksek riskin yarattığı his ve kimyasal sarhoşluğu birbiriyle ilişkilendiren kanıtlardır ve destekleyici başka kanıtlar da vardır.

Alkol ve diğer ilaç bağımlılıklarında vücudumuza dışarıdan giren bu maddeler beyindeki haz üreten kimyasallarla etkileşime geçer. Bağımlı sevgide hazzı yaratmak için kimyasalları harekete geçirmek üzere farkında olmadan sevgi, seks ya da aşk objelerini kullanırız. Bizim için bu dengeyi sağlamak imkânsız olduğundan dolayı, genellikle bir çöküş yaşarız (ne de olsa diğer insanların davranışları her zaman bizim nörokimyasal arzularımıza uymuyor) ve hayal kırıklığı, depresyon, endişe, ümitsizlik ya da güçsüzlük duygularına kapılırız. Eski dengemize geri dönebilmek için tekrar aynı şeye yöneliriz. Ya da sevgi objesi/kişisi dengemizi bulmamızı sağlamazsa, bu insanın bizi tamamladığı yönünde takıntılı bir fantezi yaratırız ya da kendimizi heyecan, korku veya melodramla doyuma ulaştırırız ki işte bu bağımlı sevgiyi açıklar.

Seven Beyin

Konu, sevgi ilişkisi kurmak olduğunda birbirinden farklı ve bağımlı üç beyin devresinin çalışmaya başladığını belirten bir teori vardır. Bu üç beyin sistemi karşılıklı hislere ve Dr. Helen Fisher'ın tutku, çekim ve bağlanma olarak tanımladığı davranışlara sahiptir. Amaçlarımız doğrultusunda ben bu üçüne *cinsel haz, romantik çekim* ve *duygusal bağlanma* diyeceğim. Bunlardan her birinin büyük beyinde kendine ait yerleri ve onlara eşlik eden duyguları koruyan, kendilerine has kimyasalları vardır.[6] Beynimiz, yaşadığımız sevgi ilişkilerimizde belirli dönemlerde ihtiyaç duyulan kimyasal karışımların üretildiği bir fabrika gibidir.

Bu modele göre eşleşme oyununu tamamlamak için ilk olarak cinsel birleşme için hissedilen şiddetli arzuyu yani tutkuyu deneyimlemek zorundayız. *Cinsel haz* ya da libido, bizi cinsel olarak arzu edilene karşı heyecanlandırır. Öncelikli olarak bu durum testosteron, östrojen ve bunların yanında nitrik oksit, feromon ve diğer uyarıcı kimyasalları üreten yumurtalıklar tarafından kontrol edilir. Cinsel olarak yöneldiğimiz birçok kişi olduğunu farz edersek, ikinci beyin sistemi olan *romantik çekim,* oyun alanını daraltmak üzere bize yardım etmek için faaliyete geçer. İşte bu noktada potansiyel bir eşle şehvetli bir bağı istemeye başlarız. Karşılıksız sevgi, kimyasal bir kokteyl tarafından ortaya çıkar ki bu karışım şöyledir: Ödül ve motivasyon kimyasalı dopamin, adrenalini artıran kimyasallar epinefrin ve norepinefrin, sevgi kimyasalları PEA ve doğadan gelen antidepresan serotonin.[7] Bu oldukça inatçı ve kontrolü zor olan bir kimyasal deneyimdir.

Keyif hâlinden ayrılmayı istemediğimiz hâlde sevgi ilişkisinin üçüncü safhasına ilerlemek zorundayız ki bu *duygusal bağlanma* evresidir. Üçüncü beyin sistemimiz, sorumluluğu teşvik eden daha derin ve uzun süreli sevgiye olanak tanır. Eğer doğru eş ile berabersek, bir noktadan sonra aşktaki doyum noktası biyokimyasal olarak daha sakin ve güvenli bir hisse dönüşür, bu da sevgi içindeki büyümenin devamını sağlayacak güven duygusunu yaratır. Bu durumda zevk ve heyecana daha az bağımlı bir hâle geliriz ve bu duyguları rahatlıkla terk edebiliriz. Heyecan yaratan kimyasallar azalırken bağ yaratan kimyasallar olan oksitosin ve vazopresin (kan basıncını yükselten bir hormondur) ortaya çıkarak bizi sarılmaya, dokunmaya, sevgi göstermeye ve söz vermeye iter.

Diğer hormonların aksine oksitosin hem fiziksel hem de duygusal davranışlarla harekete geçer. Basit bir bakış, gülümseme, jest, zengin bir fantezi ya da bir anı hormonal olarak yumuşak kasları uyarmaya ve yakınlaşmaya yardımcı olacak rahatlamış bir vücudu sağlayacak sinirleri duyarlı hâle getirmeye yeter. İki kişi arasında ortak bir kimyasal yaşam doğar ve "yakın olmak güvenli bir şey" duygusunu deneyimlemelerini sağlar. Karışık kültürden insanların bulunduğu bir grup üzerinde yapılan araştırmalar sonucunda kadınların %91'inin erkeklerin ise %86'sının âşık olmadan evlenmeye karşı oldukları tespit edilmiştir. Araştırma ayrıca grubun çoğunluğunun, üç beyin sisteminin de birlikte çalıştığı tek eşliliği ya da arka arkaya gelen tek eşli ilişkileri tercih ettiğini göstermiştir.[8]

Peki, bu modelin bağımlı sevgiyle ilişkisi nedir? Bu beyin devreleri, duygular ile birlikte tam bir sevgi ilişkisi içinde çalışırken diğer taraftan *bağımsız bir şekilde* kendi görevlerini de yerine getirebilirler. Bu kitaptaki hikâyelerin bize anlattığı gibi bir kişiye bağlıyken bir başkası aklınızı alabilir ve rahatlıkla bir üçüncüyle de cinsel ilişki kurabilirsiniz. Evet, aşk hayatımızı bölümlere ayırabiliriz. *Üçlü beyin sistemi teorisi cinsellik, aşk ve sevgi bağımlılıklarının neden ve nasıl ayrı ayrı veya birlikte tecrübe edilebildiğini açıklar.* Kimisi cinselliğin ürettiği yüksek haz kimyasalına bağımlıdır ve bu onların seçtikleri "bağımlılık maddesi" hâline gelir. Diğer kişiler ise delicesine âşık olmaktan duyulan yoğun mutluluğun giderek azaldığını keşfederek depresif ve huzursuz bir duruma düşerler. Bundan dolayı da bir aşk ilişkisinden diğerine atlarlar. İlerleyen bölümlerde konuşacağımız birçok sebepten dolayı gerçekten özel bir bağ kuramayıp, gerçek sevgi gibi görünen ama aslında gerçek sevgi olmayan sevgi bağımlılığını seçen insanlar da vardır. Bir ya da birkaç farklı ilişkide bu bağımlılıkların birden fazlasını aynı anda yaşabiliriz.

Kadın ve Erkek Beyinleri

Araştırma kadın ve erkek beyinlerinin büyük ölçüde farklılıklar taşıdığını kanıtlamaktadır. Babadan alınan Y kromozomu, erkek vücut ve beyninin gelişiminde dramatik farklılıklar ortaya çıkarır. Bir erkek ilk testosteron patlamasını ana rahmindeyken, bir diğerini ise ilk ergenlik çağında alır. Yetişkinliğin ilk yıllarında bir erkeğin bir kadından yirmi kat daha fazla testosteronu vardır ve bu da ona beynin cinsellik ile ilgili olan kısmının gelişmesinde avantaj sağlar. Testosteron erkekliğin temel ihtiyacı olmasının yanı sıra asabiyet, öfke dalgaları, kontrol ihtiyacı ve risk almayla da yakın bağı vardır.

X kromozomunu babalarından aldıklarından dolayı kadınların gelişimi çok farklıdır. Başlangıçtan itibaren kadın beyni ilişkileri teşvik eder, yeni doğmuş kız çocukları gülümsemeye, iletişim kurmaya, daha çok meyilli olmakla birlikte güvende olma duygusuyla ve insanlarla daha çok ilgilenirler. Yetişkin bir kadın beyninin duygusal hafıza bölümü bir erkeğinkinden daha geniştir. Bu yüzden bir kadın için ilk öpücüğünü aldığı günü, çalan şarkıyı ve sevgilisinin ona geçen hafta ne söz verdiğini hatırlaması daha kolaydır. Ve çalışmalar gösteriyor ki bir kadının kadın olmasını sağlayan ostrojen hormonu kadınların daha dengeli bir hayat yaşamalarını, kendi içlerinde ve beynin iki yarısı arasında ilişki kurmalarını sağlar. Beynin sol tarafı analitik, mantıklı, detaycı ve plan kurup uygulamada iyidir. Beynin sağ tarafı yaratıcı, sezgisel, büyük resmi gören, bir problem olduğunda bunu fark eden ve hangi problemin ciddi bir şekilde ele alınması gerektiğini bilendir. Erkekler daha çok beyinlerinin sol tarafını kullanmaya yatkınken, kadınlar beyinlerinin her iki tarafını da kullanabilir ve bu sebepten dolayı da birçok işi aynı anda yapmakta ve iletişim kurmada daha başarılı olurlar.

İlişkideki problemi ilk fark eden genellikle bir kadındır, erkek ise bu problemi hızlı ve mantıksal bir açıdan çözen taraf olmayı tercih eder. Eğer bir şey uygulanabilir gözükmüyorsa erkek genellikle vaktini bunun üstünde harcamaz. Çoğu kez çiftler terapiye geldiklerinde kadın duyulmak ve anlaşılmak ister, erkek ise A noktasından Z noktasına nasıl gideceğini, bunun ne kadar vakit alacağını ve ona ne kadara mal olacağını bilmek ister.

Beyin taramaları, özellikle duygusal ve bağlanma durumlarında genellikle kadın beyninin çok aktif olduğunu, erkek beyninin ise bu durumlarda durgun ve beynin daha alt kısımlarındaki ilk bölgelerde daha aktif olduğunu göstermektedir. İnsan beynindeki cinsiyet farklılıklarını araştıran uzman Ruben Gur tarafından yapılan çalışmaya göre bir erkek dinlenirken, beyninin %70'i kendini kapatır. Bir kadın dinlenirken ise beyninin %90'ı aktiftir. Kadın konuşmak istediğinde erkek dinlenmek ya da ilgisini çekecek başka şeyler aramak ister. Kadınlar daha vasıflı, iletişim kuran, ilişkilerle ilgili konuşmak isteyen tarafken erkek yeni ve heyecan verici şeyler arzular. Kadınlar aile içi aktivitelerle mutlu olup dışarıda aranan heyecanları bırakabilirken, erkekler kendilerini yalnız ve sıkılmış hissederek dışarıdaki uyarıcıları arayabilirler.[9] Sağlıklı ilişkileri beslemek için bu biyolojik farkları anlamamız, karşı çıkmak yerine bunlarla birlikte hareket etmemiz ve erkeğin erkek gibi kadının da kadın gibi sevmesine izin vermemiz gerekir.

İhtiyaçların Biyolojisi

Fiziksel olarak, iç denge için çabalarız. Yeni doğmuş bebekler; açlık, susuzluk, sıcaklık, soğuk, doymak ve kaşıntı gibi fiziksel his ve özlemlerle yaşamsal ihtiyaçlarını tanımlar. Bebekler başka birinden gelecek yatıştırıcı bir karşılık alana kadar rahatsızlık hisseder ve ağlar. İhtiyaçları karşılandığı zaman bir sonraki ihtiyaç kendini gösterene kadar kendilerini rahat ve dengeli hissederler. Hayat onlar için güzeldir, kendilerini iyi ve ilgi görmüş hissederler. Kendilerine, diğerlerine ve hayata karşı güveni deneyimlerler. Emniyet duygusu gelişir. Olması gereken ideal durumu aşağıdaki şemada görebilirsiniz.

İHTİYAÇ ⇨	DUYGU ⇨	EYLEM ⇨	YANIT ⇨	DENGE
	Acı ihtiyacını gösterir. (Açlık)	Diğerlerine ulaşır. (Bebek ağlar)	Doyuma ulaşır. (Bebek beslenir)	Kendine, diğerlerine hayata güven; olgun sevginin ilk temeli (mutlu hisseder)

Bazen, birçok sebepten dolayı ebeveyn ilgisi yetersiz kalır, ihtiyaçlar karşılanmaz ve rahatsızlık artar. İhtiyaçlarımızın arttığı her an, anne babamız orada olamaz. Bazen onlardan ayrı kalırız ve bize garip gelen insanlar tarafından ilgi görürüz. Yeni doğmuş bebekler, belirli ihtiyaçları karşılanmazsa öleceklerini içgüdüsel olarak bilir gibidirler. Bu gibi durumlarda panik ortaya çıkar. Ve durum şu şekle döner:

İHTİYAÇ ⇨	DUYGU ⇨	EYLEM ⇨	YANIT YOK ⇨	RAHATLAMA YOK
	Acı ihtiyacını gösterir. (Açlık)	Diğerlerine ulaşır. (Bebek ağlar)	Rahatsızlık artar; panik hissedilir, duygu bastırılır.	Kendine, diğerlerine ve hayata karşı güvensizlik. Bağımlı sevgiye doğru ilk temel

Bu gibi korku dolu anların hatırlanması sinir sistemimize kaydedilir ve bir daha bu şekilde yardım alamadığımız bir panik durumunu yaşamak istemeyiz. Aynı şekilde yetişkinler de bilinçsizce, bazı zaruri ihtiyaçları karşılanmadığı takdirde acı çekeceklerini ve hatta öleceklerini düşünürler. Bu nedenle biri bizi reddettiği ya da terk ettiği zaman genellikle mantık dışı olan yoğun bir korku ve panik baş gösterir. Umutsuzluğa düşen yetişkinler artık kendilerine bakabileceklerini ve birçok problemi kendi başlarına çözebileceklerini unutmuş bir hâl sergilerler. Düşünme kapasitemizden dolayı ihtiyaçlarımızı idrak etme, ihtiyaçlarımızın karşılanması için sorun çözme ya da ihtiyaçlarımızı kendimizin karşılaması gibi yeteneklere sahibiz. Genellikle ihtiyaç olarak kabul ettiğimiz şey aslında o olmadan da hayatımızı devam ettirebileceğimiz bir istektir sadece.

Şimdi yetişkinlerin sorun çözme modelini görelim.

İHTİYAÇ ⇨ ya da İSTEK	DUYGU ⇨ ya da HİSSETME	DÜŞÜNME ⇨ ya da PROBLEM ÇÖZME	EYLEME ⇨ GEÇMEK/ İLETİŞİM	RAHATLAMA ya da ÜZÜNTÜ
	Acı ihtiyacını gösterir.	Ne hissediyorum ve neden? Bu bir istek mi yoksa ihtiyaç mı? Gerçekçi ve olabilecek bir şey mi? Bekleyebilir mi? Kendimi ve diğerlerini göz önünde bulundurarak onu nasıl isteyebilirim? Ne yapmam gerekir? Onu elde edemezsem ne yaparım?	Yap ya da bırak	İhtiyaç karşılandı ya da karşılanmadı

Normal, sağlıklı bir yetişkinin sorun karşısındaki tepkilerini gösteren yukarıdaki grafik, terapi için gereklidir. Çünkü terapideki amaç insanların ihtiyaç ve arzularını anlamalarına yardımcı olmaktır ki ancak bu şekilde duygusal rahatlama ya da denge kazanmak üzere harekete geçebilirler. Maalesef birçoğumuz acıyı reddetmeyi ya da problem çözme seçeneklerini sınırlamayı öğrendik ve bundan dolayı mantıklı şekilde hareket edemeyerek fiziksel ve duygusal olarak rahatsız hissetmeye devam ettik. Mantıklı bir şekilde tepki vermek yerine içimizdeki çocuk tarafından panik yapmaya, bizi tamamlayıp denge duygusunu sağlamasını arzulayarak başka birine tutunmaya yönlendirildik. Bazen neye ihtiyacımız olduğunun farkında olmayız çünkü ihtiyaçlarımızı belirleyen rahatsızlık duygusunu ve hislerimizi durdurmayı öğrendik. Bazen kendimizi rahatsız hissederiz ancak neye ihtiyacımız olduğunu bulamayız. Bazen bu gibi duyguları hisseder ve sebeplerini saptayabiliriz ancak bu rahatsız durumda bekler ve harekete geçemeyiz. Ve bazen arzularımızı tatmin etmenin yolu yoktur ve kaybettiklerimiz için acı çekerek dengemizi geri kazanmaya çalışırız. Bazen çektiğimiz acı o kadar derin olur ki kalp kırıklığından öleceğimizi zannederiz. Sevgi paradoksu neşeyi ve üzüntüyü birlikte benimsemeye hazır olmaktır.

Kültürün Rolü

Birdenbire sevgi bağımlısı hâline gelmeyiz. Öğrenmiş olduğumuz ve bizi bağımlılığa taşıyan sevgi, aşk ve seks hakkındaki yanlış fikirleri, nasıl ve nerede öğrendiğimizin bilincine varabilmek için, içinde yaşadığımız kültürün bize ne öğrettiğini irdelememiz gerekir. Mesajlar hem belirsiz hem de aşikâr olup çok rastlanan türde ve serttir. Bu mesajlar genellikle derin bir şekilde özümsenip genç yaşlardan itibaren bilinçsizce kabul edilmiş olan durumlardır.

Bir imaj ve sahiplik dünyasında yaşıyoruz. Ne kadar iyi göründüğümüz, ne kadar paramız olduğu ve hatta yanımızdaki kişiyle değerimiz belirlenir. Çok üzücü ancak, kendimize dışarıda mutluluk ve sevgi aramak için giyinip kuşanıyoruz. İçinde bulunduğumuz toplumun cinsellik, aşk ve sevgi için olan takıntıları, kültürümüzdeki tüm görüşlerin içine işler. Internet, filmler ve televizyon, reklamlar, şarkı sözleri ve hatta roman, şiir, drama ve resim dallarındaki büyük eserler. Buna Hollywood'da Madison Avenue'den Disneyworld'e kadar tüm yol boyunca tanık olabilirsiniz. Her gün birçok çeşitli şekilde toplum bizi bağımlı ilişkiler aramak yolunda yüreklendirir. Kültürümüz, başka bir insan ya da seks olmadan yaşayamayacağımızı söyleyen bir bağımlılığı güçlendirip abartır ve bunun modelini çizer. Sevdiğimiz zaman doğal olarak kendimizi tutkulu ve romantik hissederiz ve özel birine bağlanmayı arzularız. Ancak tüm bunlar bağımsızlık ve kendi değerimizin sağlıklı bir şekilde farkında olunmasıyla dengelenmelidir.

Tüm bunların yanında seksi devamlı teşvik eden bir kültürde yaşıyoruz. Televizyon, dergi ve filmlerde cinsel içerikli fotoğraf ve konulara oldukça fazla rastlanıyor. Seks ne sıklıkta; beden, kalp ve ruhun bir arada olduğu duygusal ve ruhsal derin bir birliktelikle bağlantılı tutuluyor? Çok nadir. Kültürümüzde kontrol dışı cinsel davranışlara yönelik yalanlamalar şaşırtıcı oranlarda. Negatif sosyal sonuçlarına rağmen cinsel zorlama genellikle övülen bir davranış. Sonuç ise AIDS'ten ölen insanlar; sayısı her geçen gün artan tecavüz vakaları, toplum tarafından kınanan ve hatta cinsel yönden uygunsuz ve yasadışı davranışlarından dolayı haklarında dava açılan iş adamları; istenmeyen hamilelikler, kaybedilen işler, hapis cezaları ve dağılan yuvalar. Yüksek mevkilerde çalışan insanlar tarafından yapılan cinsel istismar sanki bir salgın hâlini aldı. Bu bağımlılığın toplumumuza bedeli maddi olmaktan çok daha fazla. Manevi, duygusal ve ilişki hayatlarımız da bu durumdan etkileniyor.

Toplumumuz bizi istediğimizi elde etmede başarılı olmak

üzere eğitiyor ancak diğerlerini, bize istediklerimizi vermeleri için kontrol edemeyiz. İstediğimiz zaman ya kendimizi tedirgin hissederiz ya da istediğimizi alırız. Kanıt olarak sadece haberleri izlememiz yeterli. Sadece bir haber programında birçok dramatik hikâye duyabilirsiniz: "Genç kadın, tacize maruz kaldığı ilişkisini bitirdi ve korkunç bir şekilde öldürüldü."; "Genel müdür cinsel tacizle suçlanıyor."; "Öğrencilerine cinsel tacizde bulunan öğretmen tutuklandı."; "Profesyonel sporcunun eşi ev içi şiddet suçlamasında bulundu."; "Bakan seks pazarlığında yakalandı."

Zaman zaman sevgi yaşantımızı kontrol etme girişimimizden dolayı suçluyuz aslında. İlişkilerimizin sınırlarını nasıl benimseyeceğimizi öğrenmek zorundayız ve bu kontrol girişimine kalkışmamalıyız, başkalarını kontrol etme isteği bağımlı sevginin en büyük suçlarındandır. Kadın ve erkek aynı şeylere ihtiyaç duyar; ait olma, yakın olma ve sevginin doyurulmasının deneyimlenmesi ihtiyacı. Fiziksel, duygusal ve ruhsal birleşme tecrübesine ihtiyaç duyarlar. Hem kadın hem de erkek sevgi ilişkilerinde acı çeker. Şimdiki hikâyemiz, kültürel çarpıklıklardan dolayı bir erkeğin çektiği acıyı bize gösterecek.

Rick'in Hikâyesi

Genç ve başarılı bir iş adamı olan Rick, terapiye gönülsüz olarak başladı. Kendini duygusal açıdan bozuk bir ilişkiden kurtarmaya çalışmanın acısı içerisindeydi. Onu terapiye getiren, ayrılıktan doğan endişe nöbetleriydi. İlişkisinin bozuk olduğunun ve gerçek sevginin ne olduğunu bilmediğinin farkında olacak kadar akıllı biriydi ama her endişe hissettiğinde ona kötü davranan eski partnerine koşmaya zorunlu hissediyordu kendini. Çok yoğun bir cinsel ilişkileri vardı ve bu çekim onun için ilişkiyi bitirmeyi daha zor bir hâle getiriyordu. Partneri toplum tarafından "güzel ve duygusal" olarak tanımlanan kadın tarifine uyuyordu ancak Rick onun sahte ve duygusuz yönünü görmüştü. Rick'e yalan söylemiş, onu yedekte tutmuş ve onu cinsel olarak aldatmıştı. Rick'in günlüğünden şöyle bir bölüm alıntı yaptım:

"İtiraf ediyorum ki bir kadın fiziksel olarak bana ne kadar çok keyif veriyorsa, sevginin boyutunu da buna paralel olarak düşündüm. Bir kadının benimle seks yapmaya duyduğu güçlü arzuyu bana olan sevgisiyle karıştırdım. Erkekler kendi aralarında konuşurken bu geleneği desteklerler. Hepsi yeni sevgilimin ateşli ve çekici olup olmadığı hakkında yorumlar yapar. Çok nadir olarak bu kişinin iyi özelliklerinin ne olduğunu ve işini sorarlar. Hâlen daha onun ilgi alanlarından çok, görünüşü ve cinsel yetileri ile daha çok ilgilidirler. Tüm bunlar büyük ölçüde medya ve reklamlar tarafından destekleniyor: Güvenilmez erkekler ve çekici kadınlar. Doğrusu kadınlara nelerin cazip gösterildiğini görmek için kadın dergileri alırım bazen. Açıkçası erkek dergilerinden çok daha kötü bunlar. Aşk maceraları, çok eşlilik, yalan, aldatma ve boşanma bunların hepsi de çekici bir şekilde sunuluyor. Erkek ve kadınlara satılan tüm bu çöpler varken normal, dürüst ve sağlıklı bir ilişki kurmayı nasıl olur da düşünebiliriz? Belki de medyayı bu kadar ciddiye alan benim. Tüm bunların beynimize girip orada bir yerde depolandığını düşünüyorum. Eğer bunu göz ardı edersek (ki bunu yapabilmek çok fazla enerji gerektirir) içeride olduğu yerde kalır ve genel davranışlarımızı şekillendirmeye yardım eder."

Aile Rol Modelleri

Ailelerimiz de bizi bağımlı ilişkilere itebilir. Her ne kadar etkileri aslında çok belirsiz ve sözsüz olsa da çok güçlü ve yaygındır. Çok genç olduğumuz yaşlardan itibaren yetişkinlerin ilişkilerde ne şekilde davrandığını gözlemleriz. Belirli jestler, koku, mizaç, giysiler ve tavırlara ne şekilde cevap vereceğimizi bu şekilde öğrendik. Düzen ve karışık yaşam stillerine alışkın hâle geldik. Ve ailelerimizde öncelikli olarak sevgi, güç, kadın ve erkek olmanın tanımlarını öğrendik. Bu tanımlamalar beynimize yerleşir ve yetişkin olduğumuzda asla sorgulanamayacak evrensel doğrular olarak şekil alırlar. Bu tanımlamalardan yola çıkarak, dışarıda üstlendiğimiz rolleri ve bu rolleri oynarken kullandığımız temel gücü geliştiririz.

Bu ilk tecrübeler kimi ve nasıl seveceğimizi anlamada bize yardım eden bir "sevgi haritası" oluşturur. Ancak bu haritanın bizi tekrar ve tekrar çıkmaz sonlara sürükleyebileceğini anlamamız uzun sürmez. Genellikle kendimize model aldığımız kişi sağlıklı sevgi ilişkisi, sağlıklı cinsellik, problem çözme, bireysellik ve bağımsızlığın önemi hakkında bilgiye sahip değildir. Birçokları, çocukların ebeveynleri gibi inançlara sahip olması, onlar gibi davranması beklenen kapalı aile yapısını sahiptir. Bir erkeğin bana söylediğine göre, "Ailemin bana verdiği mesaj denenmiş ve doğru olanı takip etmemdi. Bu bağımlı hâle gelmek ve soğuk kadınlar aramak demek oluyordu. Kurallara göre oynadım ve hâlen daha bir ilişkiyi ne şekilde yürütebileceğimi bilmiyorum."

Teknolojinin Rolü

Modern teknoloji inanılmaz başarılar için bir imkân olarak düşünülebilir. Günümüzde, günün yirmi dört saati cep telefonlarımız yanımızda, mail ya da anlık mesajlaşma ile sürekli iletişim hâlindeyiz. İnternette, seks de dâhil olmak üzere akla gelebilecek herhangi bir şeyi görsel olarak arayabilir, sohbet odalarında romantik ilgi alanlarımızdan bahsederek iletişim kurabilir ve kendimize bu ortamda bir hayat arkadaşı arayabiliriz. Ve bunların birçoğu kendi özel dünyamız içinde yapılabilecek şeylerdir. Işık hızındaki bu bilgi alışverişinin beyin kimyası evrimini, seks, sevgi ve aşkın geleceğini ne şekilde etkileyeceği henüz belirlenmiş değildir.

Birçoğu için internet kolaylıkla seks, sevgi ve aşk davranışlarını negatif etkileyen çılgın bir dünya hâline gelebilir. Utangaç ve depresyonda olan ya da çok sıkılmış bir kişi için sanal bağlantılar elde edilmesi çok kolay ve arkasına saklanılabilecek şeylerdir. Bu şekilde fantezi dünyası gerçek dünyanın yerini alır. Sanal aşk ilişkileri çok hücum edilen ve bağımlılık yaratan bir hâle gelmiştir. İnternette saatlerce sohbet etmek; kolay bir ilişki kurma, aniden bitme ve romantik fantezinin keyfi, mahvedici olabilecek, depresyona ve intihara sürükleyecek bir kullan at döngüsü yaratır. Sanal ilişkiler de genellikle yüz yüze ilişkiler kadar duygusal yük ve acı taşır. Bu sebepten dolayı etkisi küçümsenmemelidir. Ve ayrıca işin içinde seks de vardır.

İnternet, fantezi ve gerçek arasındaki uçurumun daha da büyüdüğü bir yerdir. Son dönem araştırmaları gösteriyor ki sanal seks bağımlılarının online seks materyalleriyle harcadıkları zaman haftada on beş ve yirmi beş saat arasındadır. Aynı araştırma, internetin doğası gereği bir cazibe yarattığını ve normal şartlarda problemli bir cinsel davranış sergilemeyecek kişilerin bile bundan faydalanarak zorlayıcı online cinsel davranışlar sergilediklerine işaret ediyor.[10]

Pornografiye internette her yerden ulaşılabilir. Siz aramasanız bile o gelip sizi bulur. Normal bir merak, yaşıtların baskısı ve insanların internette geçirdiği onca zaman, cinsel içerikli görsellerin yer aldığı pop-uplarla gelen istenilmeyen mailler ve bunlara bir doz da olgunlaşmamış dürtü kontrolü, kendine güven eksikliği, utangaçlık ya da zihinde dönen herhangi başka bir şeyin eklenmesiyle, işte cinsel görsellere duyulan dürtüsel ihtiyaç reçetesi hazır.

İnternetteki ziyaret ve ticaret için kurulmuş sitelerin %60'dan fazlası cinsel amaçlar içeriyor.[11] 2001 yılında basılmış olan Patrick Carnes'in temel teşkil edecek eseri *"Gölgelerin Dışında"* günümüzde internette yüz bin pornografik sitenin olduğunu ve her gün yaklaşık iki yüz yeni sitenin bunlara eklendiğinin tahmin edildiğini belirtiyor.[12] Problem ne internetin kendisi ne de pornografi. Problem daha çok, sanal seksin ne şekilde ve daha ne kadar zaman kullanılacağı. Cinsel imajlar beynin bir bölümüne dokunarak hep daha fazla tahrik edici imajlara yönelik arzuyu kuvvetlendirir. Bununla ilgili olarak tanıdığım bir kişi internetteki pornografiyi sürekli kullanarak altı hafta gibi kısa bir sürede bağımlı hâle geldi. Başka bir geniş kapsamlı araştırma, boşanmalardaki en büyük etkenlerden birinin sanal seks olduğunu gösteriyor. Bu araştırmaya katılan çiftlerden %68'i ilişki içindeki sekse ilgilerini kaybettiklerini belirtmektedir.[13]

Sanal seks üç formda ortaya çıkar: Fotoğraf ve video olarak pornografik içeriğin paylaşılması, sohbet odaları ve interaktif internet sitelerinden canlı iletişim, pornografik yazılım ve dosyaların indirilmesi. Bu üç formdan hangisinin kullanıldığının bir önemi olmamakla birlikte sanal seks dünyası; izolasyon, aşırı fantezi, insanları nesnelleştirmek ve ilişki problemlerine sebep olur. Bazıları için etkisi kısa bir sürede artarak yükselir ve kendine bağımlı hâle getirir.

Sanal seks bir motora benzer. Gizlidir, yeterli güce sahiptir ve kolayca ulaşılabilir. Bu gizlilik kullanıcıyı normalden daha açık ve cesur bir şekilde iletişim kurması konusunda cesaretlendirir.[14] İçe dönük bir kadın gece sanal âlemde, çekingen olmayan bir kadın hâlini alır. Bastırılmış ve mütevazı bir adam Don Juan'a dönüşür. Her iki davranış şekli de anında tatmin edilen ve eninde sonunda bağımlısı olunan bir keyif hâli ortaya çıkarır.

Peki ya, seks veya aşk ilişkisi yaşamak üzere evli olan insanlar için yapılmış sitelere ne demeli? Baştaki çekim bir fantezi ihtiyacını karşılamak ya da biraz heyecan yaşamak için olabilir ancak bağımlılık özelliği kişiyi internette ya da internet dışında seksüel serüvenlerin içine çeker. Seks için internette tanışan ancak bunu uzun süreli ilişkiye dönüştüren ve bu sebepten dolayı çocuklarını ve eşini kaybetme riskini yaşayan birçok kadın ve erkek tanıdım. Hastalarımdan biri olan Jennifer bana şunu söylemişti: "Kulağa delice geldiğini biliyorum ama internetten birine âşık oldum ve bu insanı şahsen tanımaya ve onunla seks yapmaya kendimi mecbur hissediyorum. Aslında durumun, seksten öte kendimi özel ve arzulanan bir kadın gibi hissetmek olduğunu biliyorum. Korkarım bu ilişkiye kendimi o kadar kaptırdım ki onunla tanışma dürtümün gerçekleşmesine izin vereceğim. Bu duruma daha önce de birçok kez düştüğümden dolayı kendim için korkuyorum."

Tüm faydalarının yanında teknoloji, sevgi hayatımızda sorunlar yaratabilir; dürtüsel seks ve aşk tüketimi, cinsel ya da fiziksel tacizle sonuçlanan yüksek haz odaklı ilişki ihtiyacı ve partnerlerimizden gerçeküstü beklentilerin gelişmesi bu sorunlardan sadece birkaçıdır. Diğer bir nokta ise ihtiyacımız olan direkt insani ilişkilerin azalabileceğidir.

Bunlara rağmen internetin seks ve aşka yönelik pozitif bir tarafı vardır. Doğum kontrolü, zevk alamama sorunu, cinsel yollarla bulaşan hastalıklar, seks mitleri, aşk önerileri, seks önerileri, kişisel sağlık ve daha birçok başka konuyla ilgili çok fazla sayıda site bulmak çok kolaydır. Bunlara ek olarak kişinin potansiyel partnerini bulabileceği, aynı ilgi alanlarına sahip kişiler için özel sohbet grupları vardır ki şahsen bunların birçok sağlıklı ilişkiyi başlattığına tanık oldum.

Ruhsal Arayışın Rolü

Birçokları ruhsal doğamızı deneyimlemenin biz insanların yaşayacağı birçok deneyimden çok daha derin olduğunu söyler. Hayatımızda bir rolü olabilecek olsa da belirli bir dine mensup olmak zorunda değiliz. Manevi arayış, insanı dünyevi ve maddi ihtiyaçların ötesine taşıyan, yaşamın anlam ve amacını oldukça kişisel ve derin bir şekilde araştırmaya yönelten bir yoldur. Ruhumuz büyümeye devam ediyor. Tıpkı ot saplarının güneşe doğru uzanmak için ağır toprağı itmesi gibi. Biz de huşu, mucize ve sırrı kısaca Tanrı'yla bir olmayı deneyimlemeyi istemeye devam ederiz. Bir şey veya bir kişiyle özel olarak ilgilendiğimizde, bu kişiye ya da şeye karşı büyüyen bir sevgiyi deneyimleriz.

Ruhsal arayışlar, mutlu olmak için kendi dışımızdaki bir şeyi aramamıza gerek olmadığı konusunda bize yol gösterir. Sevgi ilişkilerini mutluluğumuzun kaynağı olarak görmek yerine şefkat, keder, şükran ve neşe gibi diğer yüksek duygularımızı ifade edip paylaşabileceğimiz bir şey olarak görebiliriz. Ortak sevgiye dâhil olduğumuz zaman "birlik" duygusunu ya da ruhsal doyumu tadarız. Kendimizi başkalarında ve başkalarını kendimizde deneyimleriz.

Ruhsal olduğu kadar biyolojik olarak da ait olmayı isteriz. Böyle bir ilahi deneyime sahip olduğumuzu anladığımızda onu aramaya başlarız. Kimisi zevk, mutluluk, huşu ve üstünlüğün ruhsal sarhoşluğuna bağımlı hâle gelir ve günlük hayatta yaşamaktansa daha çok bu gerçeklikte yaşamayı seçer. Bizim gibi manevi varlıklar için kendimizden daha üstün bir şeyle birleşme yolundaki üstün deneyimlere özlem duymak doğal olsa da bu aşamalı ve dengeli bir şekilde olmalıdır. Bazı insanlar bu deneyimler için acele etme gereği duyar ve bu şekilde hareket ederek vardıkları doruk noktası kimyasallarla deneyimlenenden farklı olmaz. Ruhsal heyecan amaç hâline geldiğinde kişi bağımlı hâle gelebilir. Ruhsallık dünyadan bir kaçış değil, onun içinde yaşamanın bir yoludur. Ruhsal arayışı hayatın acı veren gerçeklerinden bir kaçış yolu olarak kullanmaya çalıştığımızda sonuç hiç de ilahi olmayabilir.

Çok az sayıda insan maneviyatını nasıl geliştirebileceğini öğrenebilmiştir. Bu yüzden de bağımlı bir birlikteliğin en yüksek manevi deneyim olduğu yönündeki yanlış inanç bağımlı sevgiyi doğurur. Ve bunun bir aşk ilişkisinin başında ya da cinsel birliktelik esnasında nasıl ortaya çıkabileceğini anlamak kolaydır. Bu durumlarda kişi mistik oranlarda keyif ve coşku hisseder ve rasyonel düşünce ikinci planda kalır.

Kendini Gerçekleştirme

Kişilik ve motivasyon teorilerinin sağlıklı ve normal gelişim üzerinde durma zorunluluğuna inanan Psikolog Abraham Maslow, fiziksel ve içgüdüsel dürtülerin rasyonel ve üstün olanlarına doğru gelişimini açıklama için ortaya bir ihtiyaç hiyerarşisi koyar. Maslow'un "kendini gerçekleştirme" teorisi manevi arzunun önemini anlamak için çok gereklidir. Teori, basit bir şekilde insanın bütün olabileceği yere doğru gitme eğiliminde olduğunu gösterir. Maslow'un piramidi şöyledir:

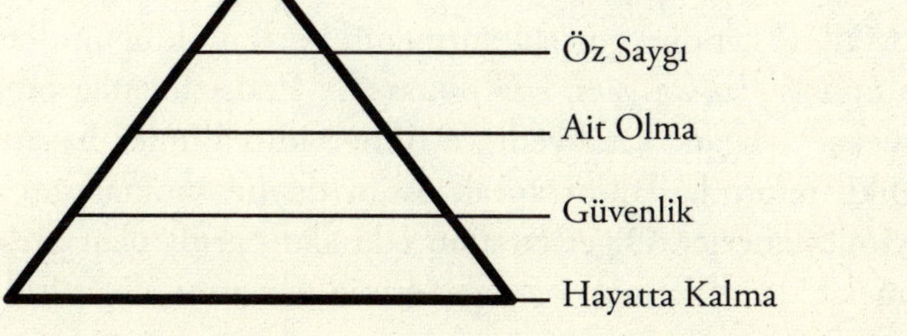

Kendini gerçekleştirmeye yakın olan kişilerdeki belirgin özellikler şöyledir:

1. Gerçeği kabul ederler.
2. Kendilerini, başka insanları ve dünyayı olduğu gibi kabul ederler.
3. Doğaldırlar.
4. Bencil olmak yerine problem çözme odaklıdırlar.
5. Tarafsızdırlar ve yalnızlığa ihtiyaç duyarlar.
6. Bağımsız ve özgürdürler.
7. İnsanları ve olayları basmakalıp şekillerle değil, çok daha farklı yollarla takdir ederler.
8. Birçoğu dini olması şart olmayan derin mistik ve ruhani deneyimler yaşamıştır.
9. İnsan ırkıyla özdeşleşirler.
10. Sevgi duydukları, yüzeysellikten çok uzak ve derin duygusallığa sahip az sayıda insanla özel ilişki kurarlar.
11. Değerleri ve davranışları demokratiktir.
12. Sebep ve sonucu birbirine karıştırmazlar.
13. Mizah duyguları düşmanca değil filozofiktir.
14. Kültürel uyuma karşı çıkarlar.
15. Çevreyle başa çıkmak yerine ona üstün gelirler.[15]

Maslow kendini gerçekleştirmenin iki tipi olduğunu belirtir: *Etkisiz olanlar, geniş etki yaratanlar.* Etkisiz olanlar pratik, gerçekçi, olağan, kabiliyetli ve dünyevidir. Bunlar hayattaki sağlıklı reformlardandır ancak üstün doyum noktalarını deneyimleyemezler. Diğer taraftan etki alanı geniş olan gerçekleşmeler, kendilerinin ve diğerlerinin hayatını değiştirmeye motive edecek "aydınlanma ya da sezgilere" sahiptirler. Kader duygusunu hissetmiş, doğruyu görmüş, yargılamamış ve kendi yaşadıkları sevgilerde bile acıyı, gelişmek için bir imkân olarak görmüşlerdir. Maslow, yüksek deneyimlerin, mistik hayallerin ve yaradılışın, en yukarıdaki devrelerimizin doğal parçaları olduğunu belirtir.[16]

İnsani doğamız kurtuluş ve güvenlik üzerinde dururken, manevi doğamız kişisel gelişim ve başkalarıyla kaynaşmayı arar. Maslow, doğanın bağlanma ve bir gruba dâhil olma ihtiyacımızın farkında olduğuna inanır.

Saplantısal erotik aşk genellikle çok arzuladığımız bu birleşmeyi sağlamaya yönelik yersiz bir girişimdir. Gerçek yakınlığa karşı öğrenilmiş yasakların sebep olduğu yalnız kalma hissini sonlandırmak isteriz. Cinsel uyarılma durumunda kişi bir başkasıyla birleşerek bu yasakları ertelemeyi umar. Eğer bu kişi bağımlı ve olgun olmayan bir kişiyse sonuç kendini gerçekleştirme yolunda bir engeldir. Hayat enerjisi, gelişmekten çok zevki kovalamaya yönelir. Erich Fromm'un söylediğine göre; "Kişiler arası füzyona olan bu arzu, insanoğlunun içindeki en büyük savaştır. En temel tutkudur. İnsanlık yarışını hayatta tutan güçtür... Erotik aşk bütün bir birleşme için olan özlemdir. Bu özelliğinden doğar ve evrensel değildir."[17] Emin olunan bir şey vardır ki erotik aşk olgun insanlarda manevi sevgiyi güzel bir biçimde tamamlamaktadır. Ancak ne yazık ki birçokları için cinsel arzu, genellikle yalnızlık hissini ortadan kaldırmak ya da bir boşluğu doldurmak için yapılan girişimden başka bir şey değildir. Evrensel kardeşlik sevgisi olmadığı sürece erotik sevgi narsist olarak kalacaktır.

Psikolojinin Rolü

Kendimiz ile ilgili bilmemiz gereken her şeyi bildiğimize inanmak hoşumuza gider. Ama durum böyle değildir. Kendimizle ilgili bilinçli olarak farkında olduğumuz şeyler buzdağının sadece görünen kısmıdır. Hayattaki deneyimlerimiz vücuttaki sinir sistemine kaydedilir. İyi veya kötü ilk tecrübelerimizden itibaren yetişkin kararlarımızı, idrak ve algılarımızı birleştirerek oluştururuz. Bunlar, sevgiye dair bilinçli ya da bilinçsiz aldığımız kararları da içerir. Hayatımız boyunca, gerçek sevgide rol alan fiziksel, duygusal, entelektüel ve manevi potansiyellerimizin çok az bir miktarını kullanırız. Peki, neden kendimizi bu şekilde sınırlıyoruz? Ve bu sınırlama sevgiyle nasıl bir ilişki içerisinde? İşte bu soruların cevapları bize bağımlı sevginin psikolojik sebeplerini anlamada yardımcı olur. Bir sonraki bölümün konusu budur.

3

Bağımlı Sevgi Psikolojisi

Bir kişiye, ilişki veya cinselliğe sağlıksız bağlanmanın mutlaka psikolojik bir nedeni vardır. Ve bundan dolayı bu tarz davranışların çözülmesinde psikolojik temelin bulunması gerekir. Psikolojik bağımlılık, doyurulmamış ihtiyaçlardan, bu ihtiyaçların gerçekleştirilmesi arayışından, yaşanan bir travmayı iyileştirme ihtiyacından ve psikolojik inançlarımızın gerçekleştirilmesi isteğinin bir sonucu olarak ortaya çıkar. Bilinçsiz bir seviyedeki bağımlılık eğilimleri, zayıf koruma kalkanları gibi işlerler, bu duygusal düzen ve dengeyi sağlamak için çarpık ve etkisiz bir yardımdır. Tüm faydalı terapiler ve kendini eğitmeye yönelik iyi kitapların amacı insanların daha az sinir bozucu, daha doyurucu ve terapiste ihtiyaç duymayan bir yaşam sürdürmelerini sağlayacak araçlar sunmaktır. 1950'li ve 60'lı yıllarda psikiyatrist Eric Berne tarafından geliştirilen işlemsel analiz, bir kişilik geliştirme modelidir ve özellikle bağımlı ilişkileri anlamada çok etkili olduğu kanıtlanmıştır. Bağımlı ilişkiye yol açan temelde yatan hayat dramasını günışığına çıkarmada çok yardımcı olabilir. İşte bu sistemin bazı ilkeleri şunlardır:[1]

Bağımlılıkları Psikolojik Yönden Anlamak

İşlevsel analiz kişiliklerimizi üç farklı bölüme ayırır: Ebeveyn, Yetişkin ve Çocuk Benlik Durumu. Sağlıklı bir durumda bu bölümler şu şekildedir:

EBEVEYN BENLİK DURUMU besler ve korur.
YETİŞKİN BENLİK DURUMU düşünür ve sorunları çözer.
ÇOCUK BENLİK DURUMU ihtiyaçları hisseder ve belirler.

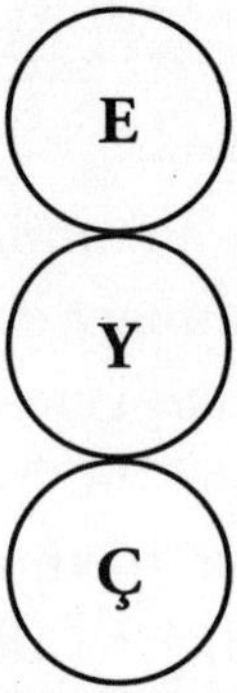

EBEVEYN: Besler ve korur.

YETİŞKİN: Düşünür ve sorunları çözer.

ÇOCUK: İhtiyaçları hisseder ve belirler.[2]

Çocuk Benlik Durumu

Çocuk benlik durumu kişiliklerimizin şekillendiği ilk safhadır. En güçlü duygu ve hislerimizin kaynağıdır. Çocuk benlik durumundayken hayatı öncelikli olarak duyularımızla, güçlü his ve arzularımızla deneyimleriz. Neye ihtiyacımız olduğunu ve neyi istediğimizi çocuk benlik durumu belirler ve bunları karşılanacaklarına güvenerek dış dünyaya ulaştırır. "İçimizdeki çocuk" kavramı daha ortaya çıkmadan çok önce işlevsel analistler bunun öneminin farkındaydı. Çocuk benlik durumu, ihtiyaçlar karşılanmadığında başlayan bağımlı sevginin masallar tarafından desteklendiği yerdir. "Yakınlaşmak güvenli değildir.", "Sevilmeye değer değilim", "Aşk yaralar", "Erkekler güvenilmez", "Kadınlar dalaverecidir" verilebilecek bazı örneklerdir.

Yetişkin Benlik Durumu

İkinci olarak ele alınacak kişilik bölümü olan yetişkin benlik durumu, daha çok bir bilgisayar gibi davranır, bilgi toplar, bunları işler ve cevaplar verir. Duyguları işe karıştırmadan rasyonel olarak problem çözmek en büyük özelliğidir. Eğer yetişkin benlik durumu doğru bilgi alırsa, işleyen çözümler üretir. Ne yazık ki bilgi genellikle doğru değildir ve bu bilginin kullanılması, problemlere yönelik çözümlerin işe yarayacağını garanti etmez. Eğer bir rol model acıyla başa çıkmanın yolunu bir içki daha içmek olarak gösteriyorsa, işte bu çözüm yolunu aynen bu şekilde beynimize kaydederiz.

Ebeveyn Benlik Durumu

Kişiliğin geliştiği üçüncü ve son safha, ebeveynlik işlevini yerine getiren ebeveyn benlik durumudur. İlkeler, kurallar ve yaşamak için gerekli izinleri içeren bir ana plandır. Koşulsuzca sevmek anlamına gelir. Kötülüklere karşı korunma sağlar. Verimli bir hayat yaşayabilmemiz için neler yapmamız gerektiğini söyler. Güçlü sevgisini gösterirken sınırlar çizmek, bir ebeveyn benlik durumu işlevidir: "Beni incitme", "Güvende ol." Ama bazen de çocuksu tarafımızı kontrol eder, eleştirir, fazlasıyla hoşgörülü olur, kolaylık gösterir ve büyümesine engel olur. "Canımı sıkma", "Sen kötüsün" bu durumun örnekleridir.

Bağımlılığın Üç Çeşidi

Deneyimleyebileceğimiz üç farklı ilişki bağımlılığı vardır ancak bunların hepsi bağımlılık yaratmaz. Yetişkinlerin üç benlik durumunu da yaşama imkânı vardır ancak çocuklarda durum böyle değildir. Bebekler düşünemez ya da kendilerini koruyamazlar; bundan dolayı ebeveynleriyle sağlıklı ve gerekli bir bağımlılık hâline geçerler ve onlarla sanki tek bir bedenmiş gibi davranmaya başlarlar. Kendilerininki gelişene kadar ebeveynlerinin yetişkin ve ebeveyn benlik durumlarını ödünç alırlar. Normal ve sağlıklı bir çocuk-ebeveyn ilişkisinde, ebeveyn çocuğa sevgi, koruma ve bakım sunar. Buna *birincil bağımlılık* denir. Bu, çocuğun içtenlik, doğallık, bağımsızlık ve nihayet karşılıklı bağımlılık yetilerini geliştirmesi ve başarması için gereklidir. *Otonom bağımlılık* veya karşılıklı bağımlılık; her üç benliğe de sahip olan iki yetişkinin, bunları sağlıklı yollarla vermeye ve almaya hazır olmasını içerir.

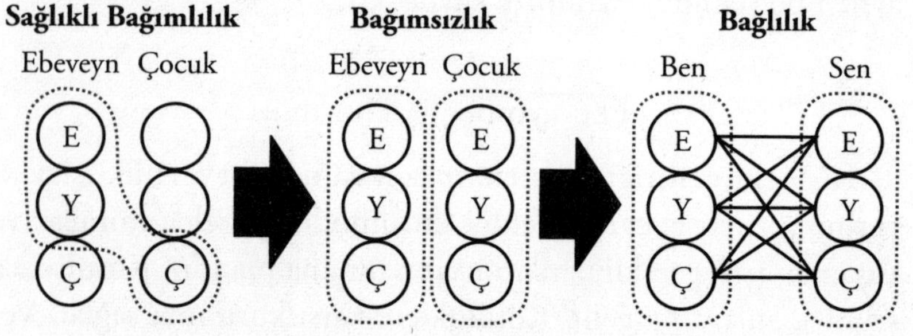

Ancak çocuğun tam bağımlılıktan otonomiye geçmesi için, ebeveynler tarafından gelişiminin her aşamasında stresleri en aza indirgenecek şekilde belirli ihtiyaçları karşılanmalıdır. Bebeklik ve çocukluk birincil bağımlılık dönemlerimizde herhangi birimiz ihtiyacımız olan her şeyi alırsa, yaşamımızı sürdürmek ve gelişmek için çabalarken ikincil bir sistem ortaya çıkar. Bu bağlılık yani *bağımlı bağlılık,* yetişkin bağımlı ilişkilerinin temelini oluşturur. 1. bölümde bahsedilen Anna'yı düşünün, tacizle geçen çocukluğu, onun kendine güven ve yeterliliği öğrenmesini çok zorlaştırmıştı. Yetişkin davranışlarını yöneten böyle bir ikincil sistemden dolayı emniyette olacağına, kendine güven ve yeterlilik kazanacağına inanarak başkalarına ilgi göstermişti.

İçimizdeki Çocuk: Bağımlı Bağlılık

Çocuk benlik durumu, bağımlı sevgiyi incelememize yönelik araştırmalarımızda ileri derecede değer taşır. Berne, bu durum içerisinde üç bileşenin bulunduğunu söyler: Doğal Çocuk, Küçük Profesör ve Çocuğun İçindeki Ebeveyn.[3]

Doğumda, korumak zorunda olduğumuz şeyleri bize söyleyen duygu ve hislerin kaynağı olan Doğal Çocuk vardır. Doğal Çocuk ihtiyacı olan şeyleri almak ümidiyle kendiliğinden bir şekilde dış dünyaya ulaşır. Ve durdurulduğu, yok sayıldığı ya da korkutulduğu ana kadar bu şekilde devam eder.

Bebek altı aylık kadarken Küçük Profesör ortaya çıkar. Bu bizim sezgisel düşünürümüzdür ve çocukça hesapların öğretmenidir. Doğal Çocuk hayatta kalabilmek için yiyecek, ilgi, korunma, teşvik, dokunma gibi belirli ihtiyaçları olduğunu ve *kısa vadede hayatta kalabilmek için bu büyük insanları etrafında tutması gerektiğini bilir.* İşte Küçük Profesör'ün işi burada başlar: *Bu insanları etrafında nasıl tutacaktır?*

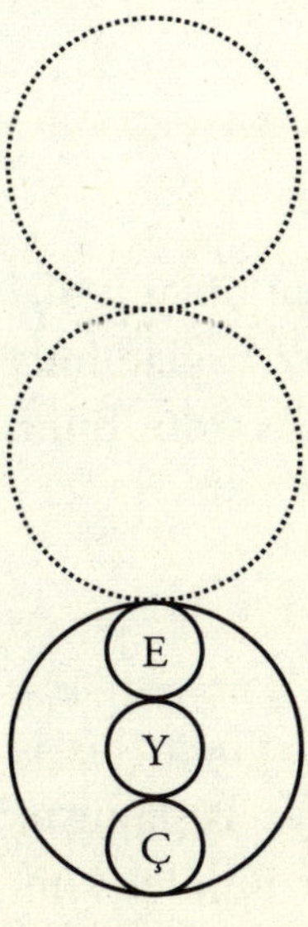

Üç yaşında, çocuk benlik durumunun üçüncü bölümü olan, Çocuğun İçindeki Ebeveyn gelişir. Altı ya da yedi yaşına kadar devam eden bu evre Noel Baba'nın, çizgi film kahramanlarının, canavarların yer aldığı masallar ve büyüler krallığıdır. Bu nedenle anneniz size "Beni çıldırtıyorsun!" ya da "Beni çok mutlu ettin!" dediğinde bunu somut olarak algılar ve onun duygularını kontrol edebildiğinizi ve aynı şekilde onun da sizin duygularınızı kontrol edebildiğine inanırsınız. Bu dönemde her şeyi siyah ve beyaz olarak düşündünüz, gri yoktu. Çünkü o zaman zihniniz ancak bu şekilde çalışabiliyordu. Çocuğun İçindeki Ebeveyn gerçek olduklarına inandığı masalların sahibidir ki bu da bağımlı sevginin devamını sağlar.

Karakterlerimizin bu bölümleri çocukluğumuzda olduğu gibi bugün de aynı işlevleri içerir. Doğal Çocuk bir şeye ihtiyacı olduğunu bilir; Küçük Profesör bunu nasıl elde edeceğini planlar ve Çocuğun İçindeki Ebeveyn bu şeyi yani etrafındaki olması gereken insanları elinde tutmak üzere planı devam ettirir. Bir çocukta bu gibi dinamikler oldukça normaldir. Yetişkinlerde ise tecrübelerimizin en değerlisi olan sevgiyi sağlıksız bağlılıklara dönüştüren inançlara sebebiyet verdiklerinde sorun yaratabilir.

Bağımlı Sevginin Ardındaki Mitler

Her bağımlı sevgi ilişkisinin arkasında gizlenen büyülü düşünceler ve doyurucu ilhamlara dönüşen sıkıca bağlanılmış mitler tarafından yönetilen bir çocukluk hikâyesi vardır. Buna örnek olarak Brent'in hikâyesini anlatabiliriz.

Brent'in Hikâyesi

Brent maddi açıdan başarılı, cemiyette saygı gören bir iş adamıydı. Kendine olan aşırı güveniyle terapiye başlamıştı. Sorunu, destek ve yakınlık ihtiyacını karşılayan ilişkiler kurmaktaki yeteneksizliğiydi. Çok sayıda kadınla birlikteliği olmuş, bu kadınlardan kimisi büyük ihtiyaçlara sahip kişilerken, kimisi de onun ihtiyaçlarına cevap veremeyecek kadar bağımsız kadınlar olmuştu. Akıllı bir insan olarak kalıplarının ve seçimlerinin farkındaydı ancak buna rağmen duruma bir anlam veremiyordu. Büyük kısmını önemli olmadığını düşünerek bilinçli bir şekilde unuttuğu ya da atladığı geçmişini keşfederken şimdi anlatacağım hikâye gün ışığına çıktı.

Sıradan bir gündü ve dört yaşındaki Brent annesine sarıldıktan sonra oynamak için dışarı çıktı. Hayat güzeldi. Vakit geçti ve bütün çocukların yaptığı gibi Brent her şeyin yolunda olduğunu annesine haber vermek üzere periyodik kontrol için eve gitti. Eve girdiğinde annesini küçük kardeşine sarılmış ağlarken buldu. (Her ne kadar Brent bunu o zaman bilmese de annesi ve babası az önce telefonda kavga etmişti.) Brent'in dünyası aniden tehdit altına girmişti ve korku hissetti. *"Yanlış bir şey mi yapmıştım ya da eksik mi yapmıştım?"* diye düşündü. Rahatlık ve güvence arayan Brent sordu: "Sorun ne Anneciğim? Her şey yolunda mı?" Annesi cevapladı: "Ah tatlım, burada olduğuna ne kadar sevindim. Anneciğine her şeyin yoluna gireceğini söyle hadi." Anlık bir şaşkınlıktan sonra Brent hızlı bir şekilde annesinin istediği şekilde davrandı. Annesinin kolunu okşayıp gözlerinin içine bakarak gülümsedi ve gururla büyülü bir şekilde şöyle söyledi: "Sorun yok Anneciğim, her şey yoluna girecek. Bundan eminim!" Annesi gülerek: "Sen benim harika küçük adamımsın. Sensiz ne yaparım bilmiyorum" dedi.

Brent'in dünyası yeniden düzene girmişti. Ama hayatında çok anlamlı bir şey olmuştu. Dört yaşındaki çocuk yaşananların doğal bir olay olduğunu düşünmüş ve annesine sunmuş olduğu rahatlamanın sahip olduğu büyülü bir güçten kaynaklanmadığını algılayamamıştı. Muhteşemlik ispatlanmış ve bir mit doğmuştu: Brent annesini ve belki de herkesi iyi hissettirecek bir gücü olduğuna inanmaya başlamıştı, daha da fazlası kendi ihtiyaçlarının karşılanması için böyle davranması gerekiyordu artık. Çocuktaki hâkim olan inanç şuna dönüşmüştü: "insanların iyi ya da kötü hissetmeleri benim elimde. Söylediğim, düşündüğüm, hissettiğim ya da yaptığım şeyler onları ya etrafımda tutacak ya da benden uzaklaştıracak."

Brent'in hikâyesi sevimli olduğu kadar üzücü de: Melankolik annesine üzülen bir çocuk. Ama Brent'in bir çocuk olarak onunla ilgilenecek yetişkin bir anneye ihtiyacı vardı. Sahteyi gerçekten ayırt etme yeteneği olmayan çocuk, yaşıtı olan diğer çocuklar gibi ebeveynlerine bir şey olursa dünyasının yıkılacağından korkmuştu. Annesinin acı çekmesine sebep olabileceğine de inanmıştı çünkü ebeveynler genellikle istemeden öyle şeyler söylerler ki çocuklar bunları somut kelime anlamlarıyla algılar. Örneğin "Beni üzüyorsun" gibi. Bir yetişkin gibi davranan Brent, duruma mantıklı düşünerek yaklaşmalıydı: "Annem üzgün, ona sempatik bir şekilde davranacağım ama buna rağmen her şeyin yoluna girmesini sağlayamam."

Çocuk olarak ise, Brent'in açıklamaya ve güvenceye ihtiyacı vardı. Annesinin ona: "Benimle ilgilendiğin için teşekkürler ve ben iyiyim." demesine ihtiyacı vardı. Korkmuş çocuk benlik durumunda anaç bir konfor elde etmek yerine, olaylar esnasında kendi korku ve ihtiyaçlarını bastıran Brent annesinin üzgün çocuk benlik durumuyla ilgilenmeye davet edilmişti. Brent kendi ihtiyacı olan duygular boyutunda annesine ilgi göstermişti ve aynı şekilde yetişkin yaştaki ilişkilerinde de böyle yapmaya devam etti. Bir çocuğun bakış açısıyla Brent'in kararı yaratıcı bir şekilde şöyle uyarlanabilir: Korku ve muhtaç hissetmeyi bir kenara bırakarak onunla ilgilenmem gerek. Ve işe yaramış gibi gözüküyor! Annem yanımda ve hatta gülümsüyor bile![4]

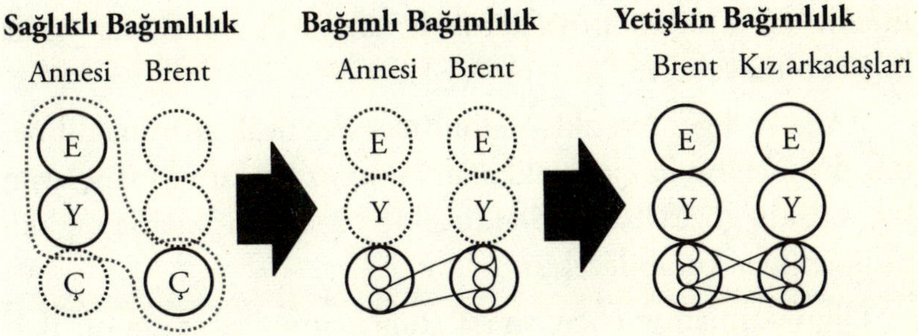

Brent kendi his ve ihtiyaçlarını bastırmak için izlediği bilinçsiz yola devam ettiğinden dolayı, farkında olmadan kendi inancını destekleyen muhtaç kadınlar seçti. Ve böylelikle problemli bağımlı ilişkilerinden istediğini aldı. Partnerleri psikolojik olarak kendilerini düşünen ve Brent'in ihtiyaçlarının tatmin edilmesine engel olan kişilerdi. Birçok farklı biçimde partnerleri daha önce vardığı sonucu hep desteklediler: *"Benim ihtiyaçlarım önemli değil ve benim bir kadını (annemi) mutlu edecek gücüm var."* Üzücü nokta şu ki Brent'in kendi his, arzu ve taleplerine ihtiyacı ve hakkı vardı, başkalarıyla ilgilenmeden önce kendisiyle ilgilenilmesine ihtiyacı vardı.

Bağımlı sevgide, bağlılığın ipleri bir partnerin içindeki çocuktan diğerininkine geçip durur. Bağımlı sevenler hayatta kalmak için bir kişiye bağlanmaya ihtiyaçları olduğunu ve bu kişinin onları bir bütün yapacak büyülü bir yeteneğe sahip olduğunu düşünürler. İşte bu sebepten dolayı sevgi ilişkisi genellikle hatalı gider. Bağımlı sevenler tamamen yalnız var olabileceklerine inanmazlar. Bir şeyin eksik olduğu yönündeki yaygın duygu onları farkında olmadan, doyurulmamış ihtiyaçlarını karşılamak için başkalarını aramaya ve bağımlı sevgiye yönlendirir. Buradaki zorluk, gerçek ihtiyaçlarına ulaşamayan bir kişinin dışarıda, orijinal karaktere (mesela ebeveynlerden biri) uygun birini aramaya yönelmesidir ki yönelinenin bu kişinin ihtiyaçlarını karşılayacak kapasitesi ya da bilgisi olmayabilir.[5]

Anna ve diğer birçokları gibi Brent de ancak tatmin edilmemiş ihtiyaçlarından kaynaklanan bilinçsiz korku ve inançlarını bir yetişkin gözüyle değerlendirdikten sonra kadınlarla sağlıklı birliktelikler kurabilecektir.

Olgunlaşmamış, çocuksu aşk şuna inanır: "Eğer seninle ilgilenir ve beni sevmeni istediğim şekilde seni seversem, o zaman sen de beni aynı şekilde seversin." Çocuk sevgisinin cömert ve masum olduğunu düşünürüz ama genellikle öyle değildir. Çocuklar henüz manevi sevgiye muktedir değildir, sevgileri bencildir. Hayatlarını devam ettirmek, acıyla korkuyu önlemek ve istemek için severler. Ve bu kalıp, gördüğümüz gibi, yetişkin bağımlı sevenlere musallat olur.

Travmaya Tepki Olarak Bağımlı Sevgi

> *Diğer insanları tanımaya başladığımız anda, kırık kalplerini keşfederiz.*
>
> JAKOB NEEDLEMAN, Sevgi Üstüne Küçük Bir Kitap

Bu kitapta yer alan her hikâye, bağımlı sevgi ve travma arasında her zaman doğru orantı olduğunu gösterir. Belirli bir duygusal travma anında, gerçek yakınlığı kabul etme ya da elde etme yeteneğimize karşı gelen psikolojik inançları kabullenmeye başlarız. Brent'in vardığı nokta böyleydi: *"İhtiyaçlarım önemli değil."*

Çeşitli Travmalar

Eğer çözülmemiş bir çocukluk travması varsa bu, devamlı olarak bizim sağlıklı ve güvenli ilişkiler kurma yeteneğimizi bozacak sorunlar üretir ya da bizi aşk veya seks bağımlılığına iter. Travma kelimesini duyduğumuzda, birçoğumuz, bizi ömrümüz boyunca korkutacak korkunç bir deneyimden bahsedildiğini düşünürüz. Ama travmaların, özellikle çocukluk dönemlerinde yaşanan travmaların, bir etki bırakacak kadar sıra dışı olması gerekmez. Araştırmalarım sonucunda gelişimsel travmanın dört tipi olduğunu gördüm. Bunlardan en az bir tanesini deneyimlememiş bir kişiye bile rastlamadım. Bunlar:

- Eksiklik travması
- Eylem travması
- Şok travma
- Travma sonrası stres bozukluğu (TSSB)

Eksiklik travması belirsizdir ve genellikle gözden kaçırılır. Psikolojik olgunlaşma sürecinde sağlıklı bir bütünlük hissiyatını sağlamak için, belirli gelişimsel görevleri düzenli bir şekilde tamamlamamız gerekir. Kim olduğumuza yönelik doğal hakkımız olan onayı veren teyit ve izinleri duymaya ihtiyacımız var. Hiçbirimiz çocukluğumuzda istediğimiz her şeye sahip olmadık. Elde edilememiş bu ihtiyaçlar, *eksiklik* olarak tanımlanır. Yetişkinler olarak, ruhumuzda delikler olduğunu ve bunları herhangi bir şekilde doldurmaya çalıştığımızı bilmeden yaşamımıza devam ederiz. Örneğin ebeveynlerinden biri kronik depresif olan ya da duygusal ihtiyaçları cahillik ya da yetersiz ebeveynlik yüzünden karşılanamamış olan çocuklar bu kategoriye girer.

Eylem travması çocuğa asla yapılmaması gereken davranışların ya da söylenmemesi gereken sözlerin söylenmesi ya da yapılmasıdır. Örneğin fiziksel şiddet, isim takma, küçük düşürmek, utandırmak, kasıtlı ihmal, ağır cezalar ve duygusal ensest. Duygusal bir durumda kaldığımızda kendimizle, başkalarıyla ve hayatla ilgili ruhumuza işleyecek sonuçlara varabiliriz: "Kötü biriyim", "Kimse beni olduğum gibi sevmeyecek" ve "Yakınlaşmak güvenli değil."

Üstünde neredeyse hiç kontrolümüz olmayan ve her halükarda uyum sağlamak zorunda olduğumuz çok daha hayret verici olaylar ortaya çıkabilir. *Şok travma* çocuk, zor bir doğumu, hastanede yatmayı, araba kazasını, birçok hastalığı; anne-baba, arkadaş ya da kardeş kaybını deneyimlediğinde ortaya çıkar. Ayrıca yaşıtları tarafından utandırılmayı ve zorbalığı, toplum içinde aşağılanmayı, aile için şiddete tanık olmayı ya da kardeşinin dövüldüğünü görmek de bu tip travma içerisinde yer alır.

Bazı çocuklar daha yıkıcı olaylara maruz kalabilir. Örneğin: Cinsel taciz, tecavüz, kaçırılma, kötü bir şekilde dövülme, cinayete tanık olma, bir ebeveynin diğerini öldürmesine tanık olma, savaş bölgesinde bulunma, deprem, sel, yangın ya da tufan gibi bir doğal afeti deneyimleme gibi. Bu gibi hayati tehlike taşıyan ya da kaotik olaylar ruhu mahveder, çocuğu duygusal olarak yıkar ve onu hissiz bir şekilde dünyanın akıp gitmesini izleyen bir trans durumuna sokar. Bu durum *travma sonrası stres bozukluğu* olarak bilinir.

Travmanın İyileşmesi

Hayatımızın belli bir döneminde travma yaşamış olmak bizim suçumuz olmamakla birlikte bu durumdan etkilenmemek de elimizde değildir. Çocuğun ihtiyaçları gerçekleşmediğinde, acı sözler duyduğunda ya da travmatik bir durumda yalnız başına kaldığında, çocuk kendini ihanete uğramış ya da terk edilmiş hisseder. Kendi başına ayağa kalkacak gücü ya da söyleyecek bir sözü olmayan çocuk güvenmekten vazgeçer. Travma = ihanet = kalp kırıklığı = güven kaybı = korku = bağımlı sevgi.

Travmanın iyileşmesi; seks, aşk ve sevgi bağımlılığının başarılı ve uzun dönemli olarak iyileşmesindeki tek ve en önemli faktördür. Travmanın iyileştirilmesi yolunda, belirtilerinin fiziksel olduğu kadar psikolojik de olduğunu anlamamız gerekir. Travma ne kendi kendine iyileşir ne de vücut ve ruh tarafından unutulur. Beyinlerimiz acı veren deneyimleri derin bir şekilde hatırlayabilmek üzere düzenlenmiştir bu deneyimleri var olan hafızamızdan geriye itsek bile bu böyledir. Dr. Paul MacLean'ın üçlü beyin teorisi, beynimizin üç bölümünün (sürüngen -içgüdüsel- beyin, memeli -duygusal- beyin, ve neokorteks -rasyonel- beyin) nasıl işlediğini açıklar. (Sayfa 53)[6]

Üçlü Beyin

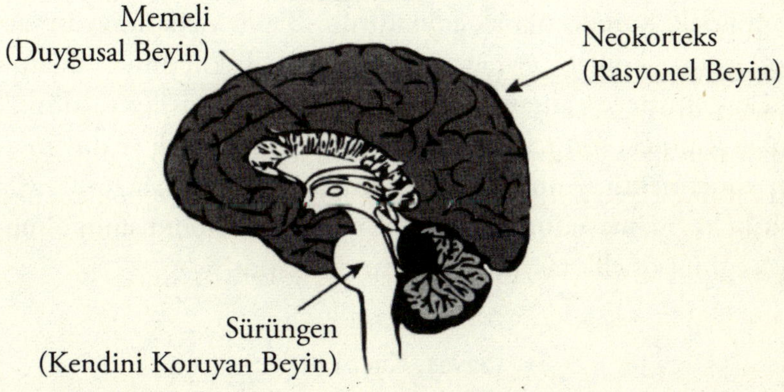

Bizi hayatta tutmak sürüngen beynin sorumluluğudur. Birincil beyin hayati olaylara karşılık vermeden duramaz. Bu isteksiz ve bilinç dışı olarak yaptığı bir harekettir. Odaya bir kaplan girdiğinde tehlike hissini deneyimleriz ve birincil beynimiz bizi savaşma, kaçma ya da paralize olma durumlarından birine iter. Çikolatalı kek gördüğümüzde tükürük salgılarız. Karşımıza cinsel içerikli bir imaj çıktığında cinsel olarak heyecanlanırız. Tıpkı Anna gibi, cinsel tacize uğramış bir çocuğun beyni travmaya bağlanır. Gelecekte kendisine daha önce yaşadığı olayları hatırlatacak herhangi bir şey görürse, hissetmeyi istese de istemese de vücudu otomatik olarak o dönemdeki aynı hisleri deneyimler. Memeli ya da limbik beyin bizim duygusal beynimizdir. Beynin bu bölümündeki yapılar, dürtü ve öfkeyle ilişkilidir ve bunlar aynı zamanda duygusal anıların ve duygusal travma deneyimlerinden sonra varılan sonuçların kodlamasını da yaparlar. Mesela Anna korku hâlinde ne pahasına olursa olsun korunabilmek için babasına ilgi göstermek zorunda olduğu sonucuna vardı. Bu, onun yetişkin sevgi hayatını sabote etmek üzere bekleyen, öğrenilmiş bir korku hâline dönüştü.

Neokorteks bizim rasyonel beynimizdir. Bu yol gösterici korteks, beynin ön kısmında yer alır ve beynin alın lobunun önündeki korteks olarak adlandırılır. Bizim vicdanımızdır, arzularımızı kontrol etmeye, davranış ve ilişkilerimizi anlamlı hâle getirmeye çalışan bir parçamızdır. Görevi ileriye dönük plan yapmak, sonuçları göz önünde bulundurmak ve duyguları yönetmektir. Anna terapi sonunda, cinsel olarak Andrew'la ilişki kurmaması durumunda, ne onun ne de kendisinin ölmeyeceğine yönelik rasyonel bir inanç kazandı.

Savaş, Kaç, Dur

Çözülemeyen travma bedende takılı kalır ve zihin tüm sevgi ilişkilerimizde travmalar üretmeye devam eder. Travmatik bir anı hatırladığımızda ki buna tetiklenmek denir, alt seviyedeki iki beyin (içgüdüsel ve duygusal) rasyonel düşünmeyi devralır ve hemen geçmişteki anıları şimdiki ana taşır. Geçmişteki travmanın boyutuna göre aynı şey tekrar yaşanıyormuş gibi hissedilir. Travma uzmanı Dr. Peter Levine'e göre "Travmatik belirtilere, tetikleyici olayın kendisi sebep olmaz. Bu belirtiler çözülmemiş ve boşaltılmamış enerjinin donmuş kalıntılarından doğarlar."[7]

Dr. Levin'e göre tehdit edilmiş bir insan, sürüngen ve memeli yakınlarından farklı değildir. Sevgi ilişkilerimizde yaşadığımız tehditler de dâhil olmak üzere kendimizi tehdit edilmiş hissettiğimizde, biyolojik tarafımız içgüdüsel olarak bilinç kontrolümüz dışındaki birincil beyin savaş, kaç, dur cevabını verir. Birçok insan dur mekanizmasındansa savaş ya da kaç mekanizmasına daha aşinadır. Bunun en büyük sebebi ise kültür diyebiliriz.

Durma ya da *hareketsizlik cevabı* genellikle cesaretsizlik olarak görülür ya da engellenir. Doğanın durma cevabı için iki iyi nedeni vardır: Ölü numarası yapmak kurtuluşu garanti edebilir ve bu durma durumuna geçiş, avcının bizi ele geçirdiğinde yaşanacak acıyı yok eder. Hayvanlar travma yaşadıklarında, bunun ardında bıraktığı etkilerle karşılaşmazlar çünkü travma geçtiğinde, tüm vücutlarının titreme ile rahatlamasına izin verirler. Vücutlarındaki korkuyu titreyerek atmaları durumunda onlara zayıf olduklarını söyleyen biri yoktur. Diğer taraftan bizim rasyonel insan beynimiz işe karışır ve içgüdüsel iyileşme mekanizmamızı görmezden gelir. Bunun sonucu olarak kalplerimiz de dâhil olmak üzere vücutlarımız korkudan donar. Duyguları kapatır ya da incitilmemek için kendimizden uzak tutar, bu ölmüş gibi yapma hâline asılıp kalırız.

Anna'nın hikâyesinde ortaya çıkan vücut titremesi, bedeninde sıkışıp kalan eski korkusunun, Andrew'la olan ilişkisinden dolayı tetiklenmesidir.

Lindsay ve Kevin'in Hikâyesi

Farkında olmadıklarımız da dâhil olmak üzere çocukluk travmaları yetişkin ilişkilerimizde tekrar ortaya çıkar. Lindsay ve Kevin'in hikâyesi dört çeşit travmayı da içinde barındırıyor ve bize bu travmaların birbirleriyle nasıl beslendiğini gösteriyor.

Lindsay: Bilmeyerek seks bağımlısı bir erkekle evlendim. Bu ortaya çıktığında ise moralim çok bozulmuş ve kızmıştım. İlişkimizdeki birçok sorunu onun üstüne attım. Güveni yıkan kişi o olduğundan kendini üstün gören öfkem haklı çıkmıştı. Kafamdaki düşüncelerden kurtulabilmem için değişmek zorundaydı. Fakat sonra şüphelendim, onun yaptığı her şeyden anlam çıkardığımı fark ettim. Kendini önemsiz, çirkin ve aptal hisseden bendim. Tüm bu duygu ve düşüncelerim, Kevin'in bağımlılığının sebeplerini açıklıyordu ama ilişkimiz düzelmeye başladığında bile bu düşüncelerden kurtulamadım. Çok derinlerdi. Sonunda yardım almaya karar verdim. Terapistim, yaşanmış ve bitmiş olaylarla ilgilenmeye devam ettiğim için, bunun ilişkide sürekli bir tetikleyici olduğu konusunda ısrarcıydı.

Kendi hikâyeme daldım, geçmişte yaşadığım deneyim kendimi ve Kevin'i ne şekilde gördüğüme yönelik bir filtreydi. Gerçekten de çok iyi bir çocukluk geçirdiğimi düşünürdüm. Sonra hatırlamaya başladım. İhmal edildiğimi ve kendimi yalnız hissettiğimi hatırladım. Ağabeyimden çok fazla küfürlü söz işitiyordum. Anne ve babamdan yardım istediğimde ise bana çok sinirlenip bağırdıklarını hatırlıyorum. Böylelikle ağabeyimin benimle ilgili söylediği tüm kötü sözlerin doğru olduğuna karar vermiştim çünkü anne ve babam hep ondan yana gibi davranmışlardı.

O dönemde hissettiğim duygular, Kevin'in seks bağımlısı olduğunu öğrendiğimde hissettiklerimle tamamen aynıydı. Ne zaman büyük bir kavga etsek, zihnimde bana "Lindsay sen tam bir aptalsın" ya da "Senin fikrinin benim için bir önemi yok" diyordu sanki. Bunu bir adım daha ileriye taşıyıp "Ve seni, senden çok daha çekici biri için terk edeceğim" dediğini duyuyordum. Ailem beni onaylamakta başarısız olduğu için bir başkasının beni onaylamasını istemiştim, bu yüzden de ihtiyacım olan erkeğe dönüşmesi için Kevin'i zorla değiştirmeye çalışmıştım. Daha sonra anladım ki travmamı iyileştirmek mecburiyetindeydim; önemli, güzel ve akıllı olduğuma inanmak zorundaydım.

Kevin: Seks bağımlılığından kurtuluyorum. Bir sorunum olduğunu bile bilmiyordum, ta ki âşık olduğum kadınla evlendiğim hâlde pornografiyi dürtüsel olarak kullandığımın ve internetten ilişki kurmanın önüne geçemediğimi anlayana kadar. Bir gün Lindsay beni yakaladı ve evliliği sürdürmek için tek şartı terapiye gitmekti. Önce ilişkideki bütün problemlerin yükü benim omuzlarımda kaldı, çünkü güveni sarsan kişi bendim. Ama bir yıl kadar tedaviye devam ettikten sonra anladım ki her ikimiz de geçmişteki sorunlarımızı günümüze taşımıştık. Bu klişeyi söylemekten nefret ediyorum ama Lindsay bana annemi hatırlatıyordu. Sesli bir şekilde söylemiyordu ama benim duyduğum şey şuydu: "Gerçekten çok kötüsün." Ona bu hissettiklerimden bahsettiğimde hemen savunmaya geçti. Duygularımın onaylanmadığını düşündüm. Şiddetli güç mücadelelerine başladık.

Travmatik geçmişime geri döndüm. Bir şeyler hissedene kadar çok zor zamanlar geçirdim. Ama bunun erkeklere has bir durum olduğunu düşünüyordum. Yıllar boyunca bastırılmıştım. Yaşadıklarımı hatırlamaya başladım; korku, öfke ve ıstırap gibi şaşırtıcı duygular ortaya çıktı. Ağabeyimin babam tarafından dövüldüğü ve benim onu durduramadığım bir olayı tekrar hatırlamamla birlikte titreyip ağlamaya başladım. Annem soğuk bir kadındı ve beni korumaktan acizdi. Ağabeyim ise beş yaşımdayken, beni yatağa bağlamış ve saatlerce o şekilde bırakmıştı. İlk başta çok korktuğumu hatırlıyorum ama sonra zihnimde, kendimi başka yerlere gidiyormuş gibi düşünüp duygularımı kapatmıştım.

Bu deneyimler kötü biri olduğumu ve duygularımın bir önemi olmadığını düşünmeme yol açtı. Lindsay'in beni bu inançlarımdan olağanüstü bir şekilde kurtarmasını beklemek faydasızdı. Bunun yerine onun travması benimkiyle çarpıştı. Bizim ilişkimizde hep çok fazla sevgi vardı ama aynı zamanda yaralarımızı iyileştirmek için gizli bir ihtiyaç da vardı. Tabii ki biz bunu bilmiyorduk. Şimdi farkına vardığımızda, tetikleyicilerimiz hakkında konuşuyoruz ve anlatacak bir hikâyesi olan içimizdeki küçük kız ve oğlanı takdir ediyoruz.

Geçmişteki travmatik olaylar nadiren hatırlandığından ve bağımlı sevgiyi doğuran psikolojik sebepler genellikle bilinçli olmadığından dolayı, ancak şu an içinde bulunduğumuz davranış biçimlerine ve kalıplara bakarak hissettiğimizin gerçek sevgi mi yoksa bağımlılık mı olduğunu anlayabiliriz. Şimdi bağımlı sevginin habercisi olan işaretleri incelemeye başlayalım.

II. Bölüm

Nasıl Sevmeliyim?

Yalnız akıllı bir insan sevmesini bilir. Sevip de yitirmek, sevmemiş olmaktan daha iyidir.

Seneca

4

Sevgi Bağımlılığı

Kontrol etme ve denetleme, idare edilememeyi doğurur.

MELODY BEATTIE, On iki Adımda Bağımlıların El Kitabı

Hepsi değilse de çoğu sevgi ilişkisi sevgi bağımlılığının bazı öğelerini içinde barındırır. Hem sağlıklı hem de sağlıksız bağlılık için dikkatimizi tek bir eşte toplamak doğal bir durumdur. Kabul edelim ki keyif verecek kadar uyumlu, olgun bir bağlılık herkesin idealidir. Eğer olgun sevgiyi elde etmeyi istiyorsak, bize kendimizi sevmemizi sağlayacak olan sürekli ve güçlü ebeveyn sevgisini çocukluğumuzda deneyimlemiş olmamız gerekir. Ebeveyn sevgisi bize kendimizi iyi hissettirir ve mutlu olmak adına daha fazla vermeyi öğretir. Bu, yetişkinler olarak bize duygu ve arzularımızı her yönüyle deneyimleme ve ifade etme imkânı sağlar. Sağlıklı bir şekilde düşünerek hayalle gerçeği ayırt edebiliriz ve kendine güvenli bir şekilde düşüncelerimizi dile getirip ihtiyaçlarımızı en iyi hangi şekilde karşılayabileceğimize karar verebiliriz. Eğer yetişkinler olarak olgun sevgiye muktedirsek, kendi kendimizin ebeveyni olacağımız, bize koşulsuz sevgi, rehberlik ve koruma sağlayacak bir içsel sistem geliştirmemiz gerekir.

Güçlü ebeveyn sevgisine ek olarak çocuklarını hayalden kurtarmaya çalışan, verilen sözlerin tutulduğu; mutlak güvenlik, güç ve daimi konfor sunan bir toplum içinde yetişmiş olmamız gerekir. Bu kültür dürüst olmalı ve bize insanoğlunun başkaları ile bilinçli ve derin ilişkiler oluşturması için gerekli araçlara doğuştan sahip olmadığını, kendimize yeni bir ders programı oluşturmamız gerektiğini itiraf etmelidir. Aşk şarkılarının inanmamızı istediği şeylerin aksine bu ders programı, tek ihtiyaç duyulan şeyin sevgi olmadığını ve sevgiyi yaşamanın kolay olmadığını söylemelidir. Ders programı şöyle demelidir: "Kendi üstüne fazla gitme: Bilinçli, yoğun ve sevecen bir ilişki nadirdir."

Tam olgunluğa ulaşmış ve âşık olmak için her şeye sahip olan şanslı insanlar çok azdır. Ama yetişkinlerin sevgi ve özgürlük hakkında öğrenecekleri çok şey vardır ve bizim de buradaki amacımız budur.

Bebeksi sevgi prensipte işler: "Seviyorum çünkü seviliyorum." Olgun sevgi bu fikri benimser: "Sevildim çünkü ben sevgiyim." Olgun olmayan sevgi şöyle der: "Seni seviyorum çünkü sana ihtiyacım var." Olgun sevgi: "Seni sevmek hoşuma gidiyor." Olgun olmayan sevgi: "Benim seni sevmemden önce, sen benden hoşlanmak zorundasın." Olgun sevgi kişinin kendine özgü olmasına, duygu ve düşüncelerini özgürce ifade edebilmesine olanak sağlar. Değerlerin tartışılmasına hatta bazen yüzleşmeye müsaade eder. Ancak olgun olmayan sevgi böyle değildir. Olgun sevgi besler, olgun olmayan sevgi ise ölümcül bile olabilir. Olgun olmayan sevgi bizi sevgi bağımlılığına iter.

Sevgi Bağımlılığını Tanımlamak

Sevgi bağımlılığı; bir kişinin güvenlik, heyecan, güç, kimlik, ait olma ve anlam açlığını doyurmak için birini araması şeklindeki psikolojik ve davranışsal bir düzensizliktir. Acıdan korunmak ya da var olan acıyı geçirmek için farkında olunmadan yapılan bir teşebbüstür. Bağ kurmaktan çok, psikolojik bir kölelik hâline gelir. Süreç esnasında sevgi bağımlısı olan kişi, duygusal ve biyolojik olarak bir sevgi objesine bağımlı hâle gelir. Sevgi objesine bağlanma, zamanla ve kademeli bir şekilde olur ve beyinde alkolün yarattığı etkiye eşdeğer huzur ve doyum etkisi yaratabilir. Sevgide bağımlılık tıpkı alkol ya da madde bağımlılığında olduğu gibi dengesiz bir durum içerisine sürükler ve bu dengesiz deneyim içerisinde kişi kendini kaybetmeye başlar. Sevgi bağımlıları insanları (ki bunlar hastalıklı insanlar bile olsa) etraflarında tutmak ve öngörü sağlamak amacıyla kendi özelliklerini inkâr ederler. Bir ilişkiyi kontrol etmeye çalıştıklarında, kontrolden çıkmaya başlarlar. Bu düzensizlik devam ettikçe fiziksel ve duygusal problemler artar.

Temelinde korku olduğundan dolayı sevgi bağımlılığı acı, reddetme, hayal kırıklığı ve ihaneti tetikler. Sonrasında ise olması beklendiği için gerçekleşen bir kehanet ile sevgi bağımlılığı, korkulan sonu doğurur. Altta yatan, bağımlı olunan kişinin onları tamamlayacağı yönünde hayali bir umuttur. Sevgi bağımlısı, bir ihtiyacı karşılamak için dolaylı anlamlar üretir ve bu süreç içerisinde başkalarını kullanmaya ya da başkaları tarafından kullanılmaya hazırdır.

Birçoğumuz kabul, değer, doğrulanma ve onay görmek için kendi duygusal beklentilerimiz içinde başkalarının hislerini önemseriz ve güç için mücadele ederiz. Bu davranışlar yetişkinliğimizin daha ilk yıllarında iyi kurgulanmış kalıplar hâline gelir. Özgürlük hayali kurduğumuz hâlde, aklımızın daha önceden programlanmış sevgi haritamızın çizilmiş ve çözüme ihtiyaç duyan travmanın ne olduğundan habersiziz. Sevgi bağımlılığı, Freud'un tekrarlama zorlanımı olarak adlandırdığı durumdur. Daha önceki duygusal deneyimlerimizi tekrarlama dürtüsü ve dışarıda bu senaryomuza uygun oyuncular bulma durumunu gösterir. Tekrarlama, mutluluktan çok acı çekmeyle sonuçlanır. Her ne kadar sevgi bağımlısı genellikle olumlu bir sonuca varacağını umut etse de, tekrarlama zorlanımı o kadar içe işlemiş ve roller o kadar eksiksiz bir bütün hâline gelmiştir ki sevgi bağımlılığının farkına vararak bunu değiştirebilmek hayattaki en öne çıkan vaka olur.

Sevgi Bağımlılığı ve Sağlık

İnsanlar bana bir kişinin neden sevgi bağımlılığından kurtulması gerektiğini çok sık soruyor. Bu soru karşısında cevabım şu oluyor: "Çünkü böyle bir bağımlılık içinde kalmak ölümcül olabilir." Sevgi bağımlılığında mevcut fiziksel sonuçlar vardır. Anna ve Brent'in hikâyelerinde gördüğümüz üzere, sevgi bağımlılığı çocuklukta tersine dönmüş bir rolden, yani çocuğun ebeveynlerinin duygularını iyileştirmeye çalışması girişiminden doğar. Bu durumsal rol değişimi, gerçekten de kısıtlayacak şekilde fiziksel acı ve ağrılar olarak sonuçlanabilir. Şöyle açıklayayım; sağlıklı bağımlılıkta iki çeşit karşılıklı fayda pozisyonu bulunur: Sağlayıcı ve alıcı. Sevgi bağımlılığında ise iki tür enerji boşaltma rolü vardır: Üstün rol ve kurban.

Üçüncü bölümdeki hikâyede, doğru pozisyonu alıcı olan küçük Brent bunun yerine üstün rolü üstlenmişti. "Annesinin küçük adamı" olabilmek için kendini büyümeye zorladı ve böyle yaparak bedenine ve fiziğine zarar verdi. Bedeni, rahat ve almaya açık olması gerekirken gergin bir hâle geldi. Bu üstün rolü ve bedenindeki tansiyonu yetişkin ilişkilerine de taşıdı. İlişkilerde öncelikli olarak üstün rolü üstlenen sevgi bağımlıları çoğu kez yüksek tansiyon, eklem iltihabı, migren ve nörodermatit hastalıklarıyla karşı karşıya kalırlar.

Üstün rolü üstlenen kişileri saptamak hiç de zor değildir. Bunlar enerjik, güçlü, zorunlu, telaşlı ve güdüleriyle hareket eden kişilerdir. Hayatlarını dengede tutabilmek için olayları ve insanları düzeltmeye çalışırlar ancak kendilerini durdurma ve hissetme sorunları vardır. Gurur, kendini üstün görme, sabırsızlık, nefret ve suçluluk gibi ebeveyn duyguları sergileyerek ortaya üstün, kuşkucu ve bağımsız bir karakter koyarlar. Bir üste çıkma mekanizması olarak problemlerini partnerlerine yansıtma ve ilişkilerindeki pozisyonlarını koruma konusunda ustadırlar.

Diğerleri, mesela Brent'in annesi ise kurban pozisyonundadır. Olması gereken pozisyon aslında sağlayıcıydı. Acıyla kıvrılmış dudakları, çatılmış kaşları, yalvaran gözleriyle pasif bir tutum sergileyen annesi Brent'i onunla ilgilenmeye itmişti. Bu durumu üstlenen sevgi bağımlıları sıklıkla bronşit, astım, mide ülseri, şeker hastalığı ve kolit gibi fiziksel hastalıklar geçirirler. Nefesleri güçsüz, gevşek kaslı ve soluk tenlidirler.

Kurban rolündeki bir kişiyi çok rahatlıkla tanıyabilirsiniz. Bu kişiler uyuşuk, iradesiz, kafası karışık, yalnız ve depresif kişilerdir. Kendilerini aşağı, çaresiz, pişman ve utanç içerisinde hissederler. İnsanların onlarla ilgilenmesini sağlamak için onları yönlendirmede ustadırlar. Özür dilerler, kendilerine acırlar ve yeri geldiğinde istekli olarak depresif bir rol üstlenirler. Reddetme, onların olaylarla en büyük başa çıkma mekanizmasıdır.

Sevgi bağımlılığında üstün ve kurban pozisyonları etrafında çok büyük bir yoğunluk vardır. Ancak bu roller enerji tükettiğinden ve devam ettirilmeleri imkânsız olduğundan dolayı bir patlama ya da çöküşün önüne geçilemez. Roller değişir ya da iki kişi rakip hâle dönüşür. Sonuç olarak sevgi bağımlıları büyülü beklentilerinin gerçekleşmesini ısrarla istemeye devam ederler.[1] Eğer taraflardan biri rolünü oynamayı reddederek kendini dışarıda bırakırsa, duygusal, psikolojik ve davranışsal mizaçta yoğun geri çekilme belirtileri olur. Ve kimin dışarıya çıkacağı, kimin devam edeceği önemli değildir. Her iki taraf da etkiyi hisseder.

Sağlıksız bağımlılığın öğeleri, olgun sevgi ilişkilerinin en iyilerinin bile içine yavaşça girdiğinden dolayı, burada zor olan şey sevgi bağımlı davranışları tanımlamak ve onaylamak, bunları besleyen masalları ortaya çıkarmak, bunları değiştirmek için ne yapabiliyorsak yapmak ve bir ilişkinin en iyi yönlerini inşa etmeye çalışmaktır.

Peki sevgimizin bağımlılık olduğunu nasıl anlarız? Bu sorunun cevabı için sevgi bağımlılığının en belirgin yirmi belirtisine bakalım.

Sevgi Bağımlılığının Yirmi Belirtisi

Eğer kendinizde aşağıdaki özelliklerden birkaç tanesine rastlarsanız, bir sevgi bağımlılığı içinde bulunma olasılığınız var demektir:

1. Başkalarının isteklerine gereğinden fazla uymak
2. Sınır koyma problemleri yaşamak
3. Sadomazoşizm
4. Bırakmaktan korkma

5. Bilinmeyenden korkma
6. Engellenmiş bireysel gelişim
7. İçtenlik deneyiminde zorlanma
8. Psikolojik oyunlar
9. Karşılık almak için vermek
10. Başkalarını değiştirmeye çalışmak
11. Kendilerini bütün hissetmek için başkalarına ihtiyaç duymak
12. İstemek, dilemek ve beklemek
13. Koşulsuz sevgi istemek ve ümit etmek
14. Bağlanmayı reddetme veya kötüye kullanma
15. Kabul ve değer görmek için başkalarını aramak
16. Terk edilmekten korkmak
17. Tekrarlanan kötü hisler
18. Yakınlığı istemek ve yakınlıktan korkmak
19. Başkalarını "düzeltmeye" çalışmak
20. Yansıtma, kişiselleştirme, güç oyunları

Şimdi her bir işareti ayrıntılarıyla inceleyelim.

Başkalarının İsteklerine Gereğinden Fazla Uymak

Uymak, bir duruma ve bir kişiye alışmak ya da uyum sağlamak demektir. Başkalarını misafir edersiniz, onlarla işbirliği içinde yaşarsınız. Örneğin sabah saat 8'de seninle buluşmayı kabul ediyorum ve buluşuyoruz. Kırmızı ışıkta duruyoruz ve işe zamanında ulaşıyoruz. Bunun gibi adaptasyonlar sağlıklıdır, ilişkilerimizin ve cemiyetlerin düzgün bir şekilde işlemesini sağlar. Ama sevgi bağımlılığında gereğinden fazla bir uyum sağlama vardır. Korkudan dolayı başkalarını rahat ettirme ihtiyacı duyarız ve başkalarını etrafımızda tutup onların onayını almak zorunda hissederiz. Problem yaratmamak için düşünce, his, yaratıcılık, doğallık, özgünlük ve yakınlaşma kapasitesi gibi özelliklerimizi ya azaltırız ya da bunlardan vazgeçeriz. Üçüncü bölümdeki Brent'in hikâyesini hatırlayın, yetişkin insanları gülümseten ve kaşlarını çattıran şeyleri belirleyebilmek için sezgilerini kullanmış ve davranışlarını bunlara uyarlamıştı. Kendi his ve ihtiyaçlarını bastırmayı öğrenmiş ve bunların yerine başkalarının hislerine özen göstermişti. Ve bu kalıp ilerideki yetişkin ilişkilerinde acı çekmesine sebep olmuştu. Gereğinden fazla uyumun diğer örnekleri şunlardır:

- Kızgın ya da kırgınken gülümsemek
- Başkalarının duygularını incitmemek için gerçeği saklamak
- Kendi değerlerine ters düşen davranışlarda bulunmak
- Kendini savunamamak
- Gerçek hislerini insanlara söylememek
- Başkalarının ihtiyaçlarını daha önde tutmak
- Kendi hayatını başkalarının programına uydurmak
- Hayatını ertelemek
- Bir kişi için tehdit olacaksa kendi başarısını sabote etmek
- Düzeni bozmamak için yalan söylemek

Dikkat edilmelidir ki başkaldırma, fazla uyumun ters yüzüdür. Kimisi özverisinden dolayı takdir edileceğini düşünerek fazla uyum gösterir ancak onaylanmadığını fark edince cinsel davranışlar da dâhil olmak üzere her şekliyle baş kaldırmayı haklı görür.

Sınır Koyma Problemleri

Bu, başkalarının bizim tüm egolarımıza hükmettiği anlamına gelir. Bu durumda kimin neyi düşündüğü, hangi duygunun kime ait olduğu ve hangi davranış için kimin sorumlu olduğunu bilmek zor bir hâl alır. Diğer taraftan kendimizi fazla kapattığımız anlamına da gelir ki bu da başkalarının bize yaklaşamaması demektir. Ego sınırlarımız düşünce ve duygularımızın serbest bir şekilde akmasına olanak sağlamak üzere yeterince açık olmalıdır. Ama enerjimizin tükenip kişilik özelliklerimizin başkalarının özellikleri yanında silik hâle gelmesine sebep olacak kadar da açık olmamalıdır.

Mario ve Jill'in Hikâyesi

Mario ve Jill çiftinde gözlemlediğim bir şey oldu. Ne zaman Mario'ya ne hissettiğini sorsam, Jill hızlıca onun yerine cevap veriyordu. Jill'e ne düşündüğünü sorduğumda ise Mario cevap veriyordu. Başta ikisi de birbirlerinin yerine cevap verdiklerinin farkında değillerdi. Ama sonradan anladılar ki ilişkide Jill öncelikli olarak duygulardan Mario ise düşüncelerden sorumluydu. Daha sonra Mario ve Jill'in ayrılıktan korktuğu ortaya çıktı, ikisi bir bütün olmak için beraber hareket ediyordu ve farkında olmadan kendilerinin sadece yarım olmalarına izin vermişlerdi.

Romantik görüşün teşvik ettiği "bir olmak" ideal bir durum gibi görünür ancak bu anlayış ne romantik ne de ideal bir duygu arayışıdır. Bir başkasına yakın olmak için kendimizi kaybetmemize gerek yok. Her ilişki üç varlığa sahiptir: "Ben", "sen" ve "biz".

Sınır, kelime anlamı olarak, bir parça bölgeyi diğerinden

ayırmayı sağlayan işareti ifade eder. İlişkilerde ise psikolojik bölgemizi işaretlememizi önerir. Çit ile çevirmek kolay fark edilecek bir sınır çizmedir, psikolojik sınır çizgileri ise daha karmaşıktır. Bu kısa süreli sınırları tanımlamak için kelimeleri kullanırız: "Kendimi saldırıya uğramış gibi hissediyorum.", "Nerede durduğumu, diğerinin nerede başladığını bilmiyorum" gibi.

Sağlıklı bir sınır geçirgendir. Düşünce, davranış, sözler ve hislerin rahat bir şekilde değiş tokuşuna olanak sağlar, bunu yaparken diğer yandan da bizi psikolojik istilalardan korur. Ama sınırlar çok zayıf veya katı olabilir.[2] Zayıf sınırlara örnek olarak şunları verebiliriz:

- Güven duymadığınız insanlarla özel konular hakkında konuşmak
- Karşımıza çıkan herhangi bir insana âşık olmak
- Sadece başka birinin ihtiyaç ve arzularını karşılamak için cinsel ilişki kurmak
- İlk cinsel işaretle harekete geçmek
- Başkalarını mutlu etmek için kişisel değerleri yok saymak
- İstemediğimiz şeyleri kabul etmek (Yemek, seks, dokunmak)
- Sınırların ihlal edildiğini fark edememek
- Diğer kişileri sınırlara saldırmaktan men edememek
- Hayır demek isterken evet demek
- Kötü niyetli insanların hayatımızda kalmasına izin vermek
- Herkese güvenmek
- Her şeyi anlatmak
- Başkalarına yaltaklanmak

Katı sınır örnekleri ise şunlardır:

- Kimseye güvenmemek
- Her şeyi sadece siyah ve beyaz olarak değerlendirmek
- Hayatı bölümlere ayırmak –insanları ve faaliyetleri bir kişinin hayatında izole etmek; hayatın çeşitli yönleriyle bütünleşememek
- Direnmek –baş eğme ya da uzlaşmayı reddetmek
- Duvar örmek –başkalarıyla düşünce, duygu ve enerji paylaşmamak; fiziksel olarak katı ve caydırıcı hâle gelmek
- Empati kuramamak
- Sadece cinsel anlamda yakınlaşabilmek
- Savunmasızlığa isteksiz olmak
- Yalan heyecanlar yaratmak
- Sevgiden kaçmak –başkalarından gelen ilgiyi kabul etmemek
- Gizli bir hayat yaşamak
- Hayatı tam anlamıyla yaşamak yerine gözlemlemek
- Sertleşmiş bir tutum sergilemek –birilerinin yoluna çıkmak, yapmacık olmak, empati kurma ya da duygularını göstermekte beceriksizlik.

Sadomazoşizm

Sadist bir kişi; sert, hırçın, kalpsiz ve hatta zalimdir. Mazoşist bir kişi ise kendisinin yönetilmesine ve kötü davranılmasına izin veren kişidir. *Sadomazoşizm* her bir rolü üstlenmek üzere hemfikir olan iki kişiyi kapsar. Genellikle sapkın cinselliği ifade etmekte kullanılsa da sevgi bağımlılığındaki sadomazoşizm çok belirsiz olabilir. Bu belirsizliğe; kişinin ağır şakaların kurbanı olması ya da ilişkideki "sorunlu kişi" olarak tanıtılması örnek olarak verilebilir. Bir restoranda bir çift arasında şöyle bir diyaloga tanık olmuştum: Erkek: "Gerçekten çok acıktım." Kadının cevabı: "Bu yolculuk boyunca yaptığımız tek şey yemek yemek." Kocası tekrar şansını deneyerek: "Ama menüde senin en sevdiğin cheesecake var." Kadının cevabı tahmin edilebileceği gibi: "Şu an ihtiyacım olan son şey cheesecake." Evet, sevgi bağımlılığı gerçekten de acı verici.

Birçok sağlıksız ilişkide bir taraf genellikle çok verirken diğer taraf da o kadar çok alır. Partnerlerden biri farkında olmadan diğerini kırmaktan ya da hayal kırıklığına uğratmaktan zevk alır, diğeri ise istemeden de olsa incinmekten ve hayal kırıklığına uğramaktan zevk alır. Ağır vakalarda bir partner diğerini psikolojik olarak istismar eder. Genellikle bu geçmişte yaşanan bir travma ile ilgilidir ve tanıdıktır, hatta arzulanan bir durumdur. Tam anlamıyla zavallı bir hâle düşeriz ki daha önceden de bildiğimiz budur. Dram, kaos ve acıya sanki hep bağımlıymışız gibi gelir. Edie bu duruma klasik bir örnektir.

Edie'nin Hikâyesi

Edie terapiye, içinde bulunduğu endişe hâline şaşırmış bir hâlde geldi. Söylediğine göre kocasıyla gayet iyi anlaşıyormuş. Aslında kocası öfke patlamalarına son vereceğine dair bir söz vermişti. Hatta yakın zamanda oldukça ateşli bir kavga geçirdikleri hâlde sinirlerine hâkim olmayı başarmıştı. Ama bu durumdan dolayı iyi hissedeceği yerde Edie, bir panik atak krizi geçirdi. Bedeni ve ruhu her zamanki patlamaya hazır ve bekleme modunda, patlamanın ne zaman olacağını merak eder bir vaziyetteydi. Bana söylediği şuydu: "Saldırdığı zaman daha iyi çünkü biliyorum ki o zaman her şey bitmiş oluyor ve bir süre rahatlayabiliyorum. Ona hiç güvenim yok. Ne zaman bir darbe gelir diye bekliyorum. Babam öfkeli bir alkolikti. Birden patlamalarını sevmesem de bunları öngörebiliyordum. Bir kere patladıktan sonra ben de rahatlıyordum."

Yaşadığı ilk sevgi deneyimindekiyle örtüşen bir erkek seçmesi hiç de şaşırtıcı değil. Ve kadının bir ilişkiye girip kıskanç ve öfkeli kocasının bunu bulmasını sağlamak gibi bir planı olmasına şaşmamak gerekir.

Bırakmaktan Korkma

Sevgi bağımlılığının çok yoğun olmasından dolayı, partnerin gitme ihtimalinden doğan bir korku vardır. Bunun sonucu olarak anlamsız ilişkiler yıllarca sürebiliyor.

Marty ve Larry'nin Hikâyesi

Marty ve Larry'nin yıllardır duygusal olarak ölü olan bir ilişkileri vardı. Sıkça ilişkilerini sonlandırmak hakkında konuşmuş olsalar da bir türlü ileriye dönük adım atamamışlardı. Sevgilerinin telafi edilemeyecek bir şekilde kaybedilmiş olmasının nedenleri olan birbirlerinin gitmesine izin verme korkularının, yalnız kalma korkularının, ayrılık ve değişime uyum sağlayabileceklerine yönelik yeteneklerine olan güvensizliklerinin onları mutsuz bir şekilde birlikte tuttuğunu anladılar. Çocukluklarında her ikisi de ebeveynleri tarafından fiziksel ya da duygusal olarak terk edilmişler ve kaybetme ya da reddedilme hissini bir daha yaşamak istememişlerdi. Marty ve Larry bağımsız olmak, ayrılıkla başa çıkmak ve gelecekte tatmin edici ilişkiler deneyimleme yönünde kendi bireysel yeteneklerine güvenmeme hatasında bulunmuşlardı.

Hepimiz hayatımızda kaybetmeyi deneyimledik ve bu gerçekten de acı verici bir deneyim. Reddedildik ve bu da acı verici. Kimisi dayanamayacağına inanarak, buna engel olmak için her şeyi yapmaya çalışıp acısını daha da güçlendirir. Acıyla yüzleşmek ve son bulacağına güvenmek yerine acıyı önlemek için sağlıksız ilişkiye sarılmayı tercih eder. Ama kaybetmek ve reddedilmek hayatın bir parçası, bunlara engel olabileceğimizi düşünmek biraz hayali ve masalsı olur. Acı çekmek çok doğal bir duygudur ve kaybetmeyi iyileştirmek üzere verilen en olağan cevaptır. İnandığımızın aksine acının üstesinden gelecek gücümüz var. Bağımlılıklar, rahatlık seviyemizi yükseltmek için yaptığımız yanlış yönlendirilmiş girişimlerdir.

Bilinmeyenden Korkmak

Sevgi bağımlılığının başka bir öğesi, güven ve öngörü aldanmasıdır ki bu da kişinin bilinmeyeni keşfetmesini önler. Bir kişi bize ne kadar kötü davranırsa davransın, bu kişi bağımlısı olacağımız madde olur. Oğlum gençken ona şöyle sormuştum: "Sence neden birincilerin başarısız insanlara göre kaybetme riski daha fazladır?" Biraz düşündükten sonra cevapladı: "Çünkü onlar daha çok risk alır ve daha çok şey denerler." Evet, bu doğru. Kazananlar hata yaptıklarında durmazlar; kaybettiklerinde kendilerini yargılamazlar. Şunu sorarlar: "Bundan ne öğrenebilirim? Bir dahaki sefere başka ne şekilde hareket edebilirim?" Ama sevgi bağımlıları aynı yerde asılı kalırlar ve böyle devam ederler çünkü bildikleri tek şey budur. Şöyle düşünüp söyleyebilirler: "Bir dahaki sefere daha iyi olacağını nasıl bileceğim?" "Ya hiçbir zaman birini bulamazsam?"

Candi'nin Hikâyesi

Candi, kendi deyimiyle "büyümeyi öğrenmek için" tedavi gördü. O dönem kendisini olgunlaşmamış ve asalak olmakla suçlayan Mike'la çıkıyordu. Mike ona eğer büyümezse, görüşmekte olduğu başka bir kadın için onu terk edeceğini söylemişti. Candi'nin değişmeye çalışma amacı Mike'ı mutlu etmekti çünkü onu kaybetmek istemiyordu. Ama Mike'ın aslında istediği Candi'nin değişmesi değildi. Başka bir kadınla yaşadığı ilişkiyi, Candi'nin olgunlaşma konusundaki yeteneksizliğine suçu atarak haklı göstermeyi ummuştu. Candi, Mike'ın onun bağımlılığından faydalandığını fark edince, terk edilmekten korkup terapiyi yarıda kesti. Bir yıl sonra Candi, bu sefer kendisi için olduğunu söyleyerek tekrar terapiye geldi. Olgun ve mutlu hissetmeyi hak ettiğini biliyordu; eğer Mike onunla olmak isterse güzel, eğer istemezse Candi, bilinmeyeni denemek üzere riske girmek ve hayatına devam etmek için hazırdı.

Engellenmiş Kişisel Büyüme

Sevgi bağımlılığında, sevenler durgunlaşır; genellikle hayal ve tutkularını birlikteliğe uyum sağlamak üzere bir kenara bırakarak monoton hayat tarzlarıyla tatmin olurlar. Kişisel gelişimleri ve kendilerini gerçekleştirmek yerine, ilişkilere ve endişelere daha çok enerji harcarlar. Abraham Maslow'un keşfettiği üzere insanlar gelişmek için doğal bir dürtüye sahiptir. Bu dürtü bağımlı bir ilişki ya da zoraki bir alışkanlıkla engellenirse ölüyormuşuz gibi bir hisse kapılırız, bu his fiziksel olmadığı durumlarda zihinsel, duygusal ve ruhsaldır.

Bir kişiyi gelişiminden yoksun bırakmak kişisel bir tacizdir ve genellikle duygusal ve fiziksel hastalık olarak sonuçlanır.

Bunun sebebi hepimizin duygu, düşünce ve davranışlarda harcanmak üzere belli miktarda enerjiye sahip olmamızdır. Ve bu enerjinin bir yere gitmesi gerekir. Bastırıldığı ya da engellendiği zaman ya içeri dönecek ve fiziksel ya da zihinsel rahatsızlığa sebep olacak, ya da dışarı doğru patlayıp başkalarının üstüne gidecektir.

Barbara ve Gary'nin Hikâyesi

Barbara zeki ve yaratıcı bir kadındı. Kocası Gary'nin verdiği cesaretle çocuklarının okula başlamasından sonra üniversiteye döndü. Zamanla üniversite diplomasını alıp ilgi alanlarını ve aktivitelerini artırdı. Birçok yönden kocasının eğitim ve başarısını geçmeye başladı.

Daha sonra Gary'nin güvensizlikleri ortaya çıkmaya başladı. Barbara'nın işinin, evliliğinden önce gelmesinden şikâyet etmeye başladı. Onu memnun etmeye çalışan Barbara, arkadaşlıklarını ve etkinliklerini sınırlandırmaya başladı ve zaman içinde hastalandı.

Bu noktada Barbara ve Gary bir danışmana gittiler. Terapi Gary'ye korku ve güvensizliklerini keşfetmesinde yardımcı oldu, Barbara'nın yaratıcılık ve başarısını takdir etmek ve cesaretlendirmek yönünde kendini özgür bırakması üzerinde yoğunlaştı. Ayrıca Barbara'nın, ihtiyaçlarını yok sayma eğilimini görmesine, kariyer ve evliliğinin gerekleri arasında bir denge kurabilmesine yardımcı oldu.

İçtenlik Deneyiminde Zorlanma

İçtenlik kelimesi insanlar için farklı anlamlar taşır. Bazısı için çok derin duygusal yakınlığı temsil eder. Bazısı içinse sevgiyle yeri değiştirilerek kullanılır. Kimisi için hâlâ daha genellikle uygunsuz cinsel yakınlık için kullanılacak güzel ve süslü bir kelimedir.

Eric Berne'nin *içtenlik* tanımlaması olarak yaptığı "duygu, his ve davranışların derin bir şekilde karşılıklı olarak sergilenmesidir" kalıbını kabul edecek olursak içtenlik, olanak dâhilindeki bütün hayat deneyimlerini içinde barındırır.[3] Çünkü Berne'in tanımlamasına göre içtenlik şu an gerçekleşiyorsa duygusal açıklık, savunmasızlık, risk alma ve öngörülemezlik gösterir. Geçmiş ya da gelecekte saklanmaz. İyi ya da kötü hissettirebilir. Savaştaki askerler abartılı bir içtenlik hissederler. Sevilen birinin ölmesini izlemek içtenliktir. Acı veren bir davranışı durdurmak için öfke göstermek içtenliktir. Çatışmayı çözmek içtenliktir. Hatta ev içindeki kötü muamele bile içtenlik olarak nitelendirilebilir. Şu an oluyor! İçtenlik yaşanan anlarda kişi, yaşanan tecrübeyi ruhunun derinliklerine çekse bile savunmasızdır. Bunu göz önünde bulundurursak, küçük yaşlarda yaşanan bir travma bile böylesi duygusal bir içtenlik anında meydana gelmiş olabilir! Bazı durumlarda içtenlikten doğan acı o kadar büyüktür ki kendimize bir daha bu kadar içten olmayacağımıza dair söz veririz. Bu tip kendine söz vermeler, bizi içten sevginin çok mutlu eden aşamalarına karşı kapatır.

İçten olduğumuzda duygusal yaralarımız, korkularımız ve sınırlarımız da dâhil olmak üzere kim olduğumuz gerçeğini gözler önüne sermekte açık ve özgürüzdür. İçtenlik kapsamındaki ilişkiler birer süreçtir, ürün değil. İçtenlik -açıklık ve güven atmosferi içerisinde; düşünce, duygu ve davranışların değiş tokuşu- kişiliklerimizin derin bir ifadesidir ve olumlu olduğu zaman bizi aşırı zinde ve mutlu bir hâlde tutar. Sevgi bağımlılığı bizim bütünüyle savunmasız olmamıza gerek kalmadan, içtenlik aldanması sunar bize. Bu risk almadan yakınlaşma aldanması, sevgi bağımlılığının en çekici özelliğidir. Ama tüm bağımlılıklarda olduğu gibi, öncül olan yanlış olandır ve er ya da geç bize ihanet eder.

Çocuk benlik durumunun bileşenlerinden olan doğal çocuğu hatırlayacak olursak: Gerçek içtenlik, iki insanın içindeki doğal çocuğun iletişimini içerir. Ancak bağımlı sevenler, başkalarıyla ilgilenme girişimlerinde bu durumu bastırır. Ve genellikle sağlıksız bağımlılığı içtenlikle karıştırır.

Audrey'in Hikâyesi

Terapiye gelenlerin büyük çoğunluğunun sorunu duygusal içtenliktir. Audrey durumunu şöyle ifade etmişti: "Yirmi yıldan fazla bir süredir evliyim. Bu adamdan 4 çocuğum var ve onu tanımıyorum." Kocasının sorduğu "Beni ne kadar seviyorsun?" sorusuna cevabı: "Seni ancak benim seni tanımama izin verdiğin kadar sevebilirim. Senden tek istediğim kendini biraz daha açman, böylelikle seni tanıyabilirim ve zamanla tanıdığım bu insanı sevebilirim." Audrey ilk adımı kendisinin atmayacağını söyledi. Dürüst davranıp sevgisini ifade etmeden önce eşinin ona açılmasını istiyordu. İlk reddedilen olmak çok korkutucuydu onun için. "Kesinlik istiyorum" dedi. Ve sonra bu söylediğine kendisi de güldü.

Psikolojik Oyunlar

Bağımlı ilişkilerde içtenliğin yerini psikolojik oyunlar alır. Etkileşim ve drama yaratmak, arzu ve ihtiyaçlarımızın tatmin edilmesi için seçilen dolambaçlı yollardır. Her ne kadar direkt olmadan, oyun oynayarak istekleri belirtmek daha az riskli olsa da, isteklerimizi bu şekilde elde etmek çok da hoşumuza gitmez. Çünkü hayata oyuncu olarak başlamadık. Çocukken doğal hakkımız olan bir ihtiyacımızı bir ebeveyn figüre yönelttik ve direkt olarak istedik. Bunun karşılığında olumlu, olumsuz, ya da yetersiz bir cevap aldık, bazen de bir cevap bile alamadık. İşte ilk oyunumuzu, ihtiyacımıza cevap almakta başarısız olduğumuz an oynamaya başladık.

DRAMA ÜÇGENİ

Stephen Karpman, M.D.

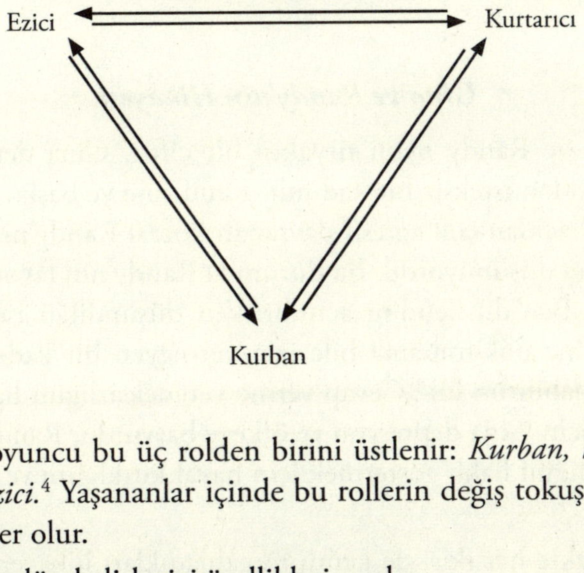

Bir oyuncu bu üç rolden birini üstlenir: *Kurban, kurtarıcı* ya da *ezici.*[4] Yaşananlar içinde bu rollerin değiş tokuş edildiği dönemler olur.

Her rolün belirleyici özellikleri vardır:

- Kurban: Istırap çekmekten hoşlanır. Küçümseneceği durumlara neden olur, kaçar, yetersizlik hisseder, kurtarıcı ve ezicileri cezbeder.
- Kurtarıcı: Başkalarını kurtarır, kurbanlığı önler, başkalarından daha iyiyim hissi içerisindedir, kurbanları ve ezicileri cezbeder.

- Ezici: Başkalarını suçlar, kusur bulur, hep alan taraftır, ben iyiyim ama sen değilsin hissiyatı içindedir, kurbanları ve kurtarıcıları cezbeder.

Oyunlar, dışında kalanlara garip görünür ancak oynayanlar için durum çok normaldir. Sıradan ve sakin geçen hayatlarımızda oynadığımız oyunlar çok belirsizdir, bazen bunların farkına bile varmayız. Sebep oldukları acıyı hissedene kadar oyunun dinamiklerini hissetmeyiz. Hatta olanları tam olarak kavrayamayız. Durumdan dolayı karmaşık hislere kapılırız.

Gina ve Randy'nin Hikâyesi

Gina ve Randy oyun tiryakisi bir çiftti. Gina depresif ve cinsel açıdan isteksiz bir kadındı. Kendisine ve başka kadınlara cinsel açıdan çok agresif davranan kocası Randy'nin berbat olduğunu düşünüyordu. Bu durumda Randy'nin favori oyunu "Zavallı Ben"di, kendini acındırırken düşündüğü ise şuydu: "Kendisine dokunmama bile izin vermeyen bir kadına nasıl sadık kalabilirim ki?" Cevap verme yeteneksizliğini haklı göstermek için Gina depresyon ve öfkeye başvurdu, Randy ise sadakatsizliğini haklı göstermek için hayal kırıklığını ve öfkesini gösterdi.

Gerçekte her ikisi de kendi tezgâhladıkları hikâyenin gidişatından memnundular. Her ikisi de bağlılıktan ve içtenlikten korkuyordu ve oyunları çarpık iletişim, etkileşim ve melodrama olanak sağlıyordu. Böylelikle problemleriyle yüzleşmek ve değişimle ilgili sert kararlar almak zorunda da kalmıyorlardı.

Almak için Vermek

Sevgi bağımlılığında, genellikle özveriyle vermek yoktur. Sevgi bağımlılığı koşulludur; altında "Eğer doğru şeyleri yaparsam istediğimi alırım" ümidi yatmaktadır. Birinin istediği şeyi direkt olarak sorması ya da kendiliğinden vermesi genellikle vazgeçme, teslim olma, ya da kendi rolünü kaybetme olarak görülür. Bunun ortaya çıkmasındaki sebep, bilinçsiz bir seviyedeyken isteyen kişinin, bu durumun iyi ya da güvenli olduğuna inanmıyor olması ve vericinin başkasına kontrolü bırakmayacağına kararlı olmasından kaynaklanır. Sonuçta açık sözlü olmak bir kişiye istediğini alması ile ilgili garanti vermez. Tıpkı Joan'ın hikâyesi gibi.

Joan'ın Hikâyesi

Terapinin yardımıyla; çok kararsız, sessiz bir kadın olan otuz beş yaşındaki Joan birçok yeni şey başardı. Bir gün öfke dolu bir şekilde bana geldi: "Benden beklenilen her şeyi yaptım" dedi. "Clark'tan benim için bir şey yapmasını istedim ve bunu açık bir şekilde ona sordum. Ne dedi biliyor musun? Hayır dedi! Beni reddetti."

Joan doğru şeyleri yapmıştı ama çok genel bir hata da yapmıştı: Eğer doğru bir şekilde sorarsa istediği şeyi elde edeceğini düşünmüştü. Her ne kadar bu çok rastlanan bir durum olsa da önemli olan doğru kişiye doğru zamanda sormaktır ve o zaman bile kişinin hayır deme ihtimali olduğunu kabul etmek gerekir.

İnsanlar, genellikle ihtiyaçlarını ya da istedikleri şeyleri elde etmeyi umduklarında sorunlarla karşılaşırlar. Bir şeylere ihtiyaç duymak ya da istemek doğaldır ama bunları elde etmeyi ummak ya da talep etmek bizi sadece hayal kırıklığına uğratır. Sağlıklı sevgi özgür bırakmaya hazırdır, sadece bir partneri değil aynı zamanda beklentileri de. Sormanın ödülü sonuç ne olursa olsun kendimizi onurlandırmamızdır.

Başkalarını Değiştirmeye Çalışmak

Kendimizi tamamlanmamış olarak hissettiğimizden dolayı, bütünlük arayışı içinde başka insanların peşinde koşarız. Sevgi bağımlılığı başkalarını değiştirmeye çalışır, başkalarının hatalarını arar.

Hastalarım şöyle der: "Eğer Gina tepkisiz olmasaydı, cinsel açıdan dışarı kaymazdım", "Eğer Candi biraz olgunlaşsaydı mutlu olurdum.", "Eğer kadınlar beni sevseydi tamamlanmış olurdum." Bu sürekli böyledir, insanlar kendi korku ve yetersizliklerini gizlemek için başkalarını değiştirmeye çalışırlar.

Candi'nin partneri Mike, kendine güven gösteriyordu ama hayatında bağımlı ve kendine güvensiz bir kadını istemesi güvensizliğini ortaya koydu. Güvensizliğini kabul ettikten sonra Candi'yle birbirlerini daha sıcak ve dürüst bir şekilde sevebildiler.

Sevgi bağımlılığının size mükemmel bir şekilde uyduğunu unutmayın. Hatayı başkasında bulmayı bırakın. Neden tepkisiz bir kadına ihtiyacınız olsun ki? Neden öfkeli bir adama ihtiyacınız olsun? Neden gaddar bir patron için çalışıyorsun? İlişkiniz size uyuyor mu?

Tamamlanmış Hissetmek İçin Başkalarına İhtiyaç Duymak

Sevgi bağımlılığı asalak bir düzendir. Bu bağımlılık içinde insanlar birbirlerini besler. Sevgi bağımlıları bütün, dengede ve güvende hissetmek için birbirlerine ihtiyaç duyarlar. Ve bu ortak yaşam ne zaman tehdit altına girse endişe baş gösterir. Genellikle bu endişe duygusal ya da fiziksel şiddet olarak patlar, tıpkı Hank ve Joann'ın hikâyesinde olduğu gibi.

Hank ve Joann'ın Hikâyesi

Hank soğuk, önyargılı ve mükemmelliyetçi bir kişiydi. Dışarıdan bakıldığında çok iyi bir duruş sergilemeye özen gösteren ama evdeki özel yaşamında duygusal ve fiziksel şiddetin yaşandığı bir ailede büyümüştü. Hank'in karısı Joann, sıcak, güvensiz, utangaç ve şehvetli bir kadındı. Hank dobra bir şekilde Joann'a karşı duygusal bir şey hissetmediğini ifade ediyordu: "Orada önümde duruyor ama ona karşı bir şey hissetmiyorum." Joann ne zaman ilişkilerini sorgulasa ve Hank'i terk edeceğinden bahsetse Hank öfkeleniyor ve Joann'ı sözlü, cinsel ve fiziksel olarak istismar ediyordu. He ne kadar Hank, Joann'ı sevip istemese de patolojik olarak ona ihtiyacı vardı. Joann'ın gideceği düşüncesi onda derin bir endişeye sebep oluyordu. Sahip olma duygusunun ilk sebepleri çocukluktaki karşılanmamış ihtiyaçlardan kaynaklanmaktadır ve rol modeller bunu sözlü olarak söylemeseler de şunları hissettirirler: "Erkekler zorbalıkla ve soğuk durarak istediklerini alırlar", "Kontrol erkeklerdedir", "Kadınların görevi erkekleri mutlu etmektir." İşte bunlar Joann'ın her sabredecek gücü kalmadığında su yüzüne çıkan düşüncelerdi. Ama Joann'ın ayrılmaya niyeti yoktu. Hatta Hank'in davranışları Joann tarafından çarpık bir şekilde kabul edilmişti. Bu davranışlar ona gerçekten ihtiyaç duyulduğunu ve bundan dolayı da sevilmeye değer bir insan olduğu fikrini veriyordu. Hank'in aksi davranışlarında kendine garip bir güven duygusu geliştirmişti. Bu genellikle şiddet evlilikleri paradoksudur: İki insan çok kuvvetli bir şekilde birbirlerine ihtiyaçları olduğunu hissederler. Ama zamanla bu hissedilen ihtiyaca rağmen ya da bu ihtiyaçtan ötürü yavaş yavaş birbirlerini yok ederler.

İstemek, Dilemek ve Beklemek

Yukarıda anlatılanlarla çok ilişkili bir durum vardır; değişim için kendi dışımızdaki olaylara bakma alışkanlığımız. Birçoğumuz hâlâ büyülü bir tarzda düşünürüz, tıpkı Noel babaya inanan çocuklar gibi. Pasif bir şekilde ister, diler ve bekleriz. Kendinize aşağıdaki durumları kaç defa duyup, düşünüp söylediğinizi bir sorun:

- Eğer hayatımda biri olsaydı…
- Keşke değişebilse...
- Daha çok zamanı olduğunda...
- Çocuklar büyüdükten sonra...
- Önümüzdeki yıl, her şey daha iyi olacak.
- Eğer daha fazlasını yapsaydım o gitmeyecekti.

Doğrudan hissedilen talepler ya da gerçekçi değerlendirmeler yerine sihir gibi çocukluk inançlarımıza bağlanırız. Kendimizden ve davranışlarımızdan sorumlu olduğumuzu kabul etmemiz gerekir. Yanlış birine güvenmek hayal kırıklığına mutsuzluğa ve hastalığa sebep olur.

Hastam Meghan başkalarının bize mutluluk vermesini isteyip, hayal edip beklemenin ve bunun olmasına izin vermenin işe yaramadığını gösteren yaşayan bir kanıt.

Meghan'ın Hikâyesi

"5 yıl önce, 35 yaşımdayken, uzun süredir devam eden alkol problemim sebebiyle terapiye gittim. Ayık kalmak benim için bir mucizeydi. Tüm problemlerimle yüzleşmek ve bunları önlemek için alkol ve haplara başvuruyordum.

Alkolik bir baba ile büyüdüm, ağzı sıkı ve pasif kalarak mutsuzluğumun üstesinden gelmeye çalıştım. Görevim insanları mutlu etmekti ve annemle babam arasındaki arabulucuydum. Bu süre zarfında babam tarafından cinsel olarak saldırılara maruz kaldım. Annem neler olup bittiğinin farkındaydı ama durdurmak için hiçbir şey yapmadı ve on yaşındaki bir çocuğu suçladı. İlerleyen yıllar boyunca ancak evi terk edersem hayatımın değişeceği inancına sarıldım. Evlenip benden daha güçlü ve sağlıklı biri tarafından kurtarılmayı istiyordum.

Ancak 'kurtuluş' yakın gelecekte olacak gibi değildi. Genç bir yetişkin olduğumda 'başarılı bir insan' olarak ve yerel gruplarla yaptığım müzikte mükemmelleşerek acımla başa çıktım. Sahneye çıkmadan önce endişelerimden kurtulmak için sakinleştirici ilaçlar alıyordum. Az olan öz saygımın acısını yaptığım müzik çekti. Sosyal hayatım ve görüştüğüm insanların çoğuyla içki iç içeydi. Kocamla böyle bir ortamda tanıştım.

İçtiğim zaman kendimi güçlü ve kontrol altında hissettim. Kafam güzel oluyor ve kendimi mutlu hissediyordum. Demek insanlar böyle idare ediyor diye düşündüm. Ama bir süre sonra, alkol depresyonumu geçirmeye yetmedi. Daha çok ağlar oldum. Kendimi çaresiz ve yalnız hissediyordum. Daha sonra eşim olacak olan Mark beni 'kurtardı'. Bana alkol verdi, mali durumumla ilgilenmeye başladı, benim adıma kararlar aldı ve benimle evlenmek istedi, hem de ona geçirdiğim zavallı çocukluğumu ve herkesle kurduğum cinsel hayatı anlattıktan sonra.

Düğün tarihimiz yaklaştığı sıralarda geçmişimi yüzüme vurmaya başladı. Bu tartışmalar sonunda benim ağlayarak ve yalvararak ondan af dilediğim kavgalara dönüştü. Başka kimsenin beni istemeyeceğinden emindim ve ümitsizce birine ait olmak istiyordum. Hâlâ evliliğin, hayatımdaki sorunlara son vereceğini düşünüyordum. Çocukluk düşüncelerimi unutmuştum: Erkekler kötü ve korkunçturlar. Hiç kimse beni sevmez. Fakat bu düşüncelerimin yaşayan kâbuslar hâline dönmesi uzun sürmedi.

Evlendiğimizden sadece bir ay kadar sonra Mark bana vurmaya başladı. Bir defasında onu birkaç günlüğüne terk ettim ama sonra ona geri döndüm, çünkü beni başka kimsenin sevmeyeceğine inanıyordum. Şimdi o zamanlara baktığımda kendimi ne kadar az sevdiğimi görüp titriyorum. Mark'ı memnun etmeye çalıştım, sadece bu şekilde davranarak her şeyin yolunda gideceğini düşündüm. O yılların bendeki tek pozitif sonucu içkiyi azaltmam olmuştu çünkü Mark içmeme karşı çıkıyordu.

Kendimle ilgili iyi hissetmemi sağlayan tek şey çalışkan olmamdı. Hem işimin kendimi iyi hissetmeme yardımcı olmasından hem de Mark'ın bize bakacağına güvenmemememden dolayı, çocuklarım doğduktan sonra çalışmaya devam ettim. Eğer bir şeye ihtiyacım olursa ona yalvarmam gerekiyordu. Kazandığım paranın benim olduğu ve mali durumumla başa çıkabileceğim o zamanlar aklıma gelmemişti.

Bu arada, kurtarıcı rolüme de devam ederek annemi, babamın alkolik öfkesinden korudum. Annemi o evden alıp götürmek ya da onun için babamla kavga etmek bana kendimi önemli hissettiriyordu. Gerçek dostlarım yoktu, vaktimi Mark'la ya da annemle harcıyordum. Annemi bana sakinleştirici ve antidepresan sağlaması için kullanıyordum. Mark bunlar için para harcamazdı ama annem harcardı. Ayrıca Mark benim ve çocukların kıyafetleri için de para harcamazdı, her zaman ödenecek faturalar olduğunu söylerdi. Annem bunlar için de para harcıyordu. Buna rağmen Mark'ın benimle ilgilendiğini hissediyordum ve aramızda hiçbir çekim olmamasına rağmen onunla kaldım. Annemle birlikte evliliklerimizle ilgili konuşur, birbirimize dert yanardık.

Sonunda evliliğimin ve hayat tarzımın sağlıksız olduğunun farkına vardım. Mark'tan bir evlilik danışmanına gitmemizi istedim. Bunu reddetti ve ben de onu terk ettim. Birkaç gün sonra Mark danışmana gitmeyi kabul etti ve barıştık. Sonrasında geçen altı ayı bir rehberlik grubunda geçirdik. Her seanstan sonra dışarı çıkıp beraber içki içiyorduk. İçkime karşı çıkmak yerine teşvik etti. Birden kendimizi, mutsuzluğumuzu dindirmek için alkol alırken bulduk. Sonuç olarak danışmanlık boşa çıkmıştı ve sorunlarımızla yüzleşmeyi reddetmiştik.

Daha sonra annem öldü. Bu olay benim alkol bağımlılığımda bir dönüm noktası oldu. Yanlış olduğunu bildiğim hâlde acıyı ve ıstırabımı önlemek için çok ağır bir şekilde içmeye başladım. O sıralarda dördüncü çocuğuma hamileydim ve kızım Daniella'nın alkolden dolayı fiziksel ya da zihinsel bir problemle doğmamış olmasını bir mucize olarak nitelendiriyorum. Bebeğimin doğumundan bir gün önce o kadar sarhoştum ki zorlukla yürüyebiliyordum.

Daniella doğduktan kısa bir süre sonra bir gün Mark ve ben sarhoşken hararetli bir kavgaya başladık. Mark, evlilik danışmanlığı süresinde bana kimin patron olduğunu göstermek için uygun bir zaman beklediğini söyleyerek beni dövdü. Bazı sebeplerden dolayı hareketlerindeki kötülüğü daha önce nasıl da görmemiştim, hayrete düşmüştüm. Ona güvenemeyeceğimi biliyordum ve hayatımdan endişe etmeye başlamıştım.

Gitmek zorunda olduğuma karar verdim ama nasıl olacağını

bilmiyordum. Kimseye güvenmiyordum. Tamamen susmuştum artık, aylar boyunca Mark'la neredeyse hiç konuşmadım. Çok fazla içmeye devam ettim, Mark'ta çok içiyordu. Sonra kumar borçları yüzünden çok büyük finansal bir problemin içine düştü ve alkolü bırakacağına yemin etti. Çocuklarımızın da tanık olduğu kötü bir olay sonrasında beni tekrar dövdü. Ertesi gün çocukları da alarak kaçtım. Bir avukat tuttum ve nihayetinde boşandım. Ve bütün problemlerimin nihayet son bulacağını düşündüm.

Ama öyle olmadı. İçmeye devam ettim ve Mark kadar kötü erkeklerle birlikte olmayı seçtim. Yaklaşık üç yıl kadar sonra alkolü bırakmak zorunda olduğumun farkına vardım. Olaylar kontrolden çıkmıştı ve işim tehlikeye girmişti. Sonunda alkol sorunum için profesyonel yardım aldım.

Tedavi süresince kendim hakkında birçok şey öğrendim. Kendimle ilgili etrafımdaki insanları nasıl suçladığımı anladım. Değişime doğru herhangi bir adım atmayı nasıl istemediğimi öğrendim.

Tekrar bir şeyler hissetmeme izin vermeye başladığımda yaklaşık altı aydır ayıktım. Birdenbire bütün o yıllar boyunca oluşan üzüntüm boşalıp gitti ve çok ağladım. Kolay bir dönem değildi ama gerekliydi. Yavaş yavaş hayatımı tekrar düzene sokmaya başladım ve beni kurtarması için birini aramaya ve beklemeye son verdim."

Koşulsuz Sevgi İstemek ve Ümit Etmek

Gerçekten sadece koşulsuz sevgiye ihtiyacımız olduğu tek zaman çocukluğumuzdu. Bundan sonra uyumlu bir şekilde işbirliği içinde bulunduğumuz süre boyunca şartlı pozitif karşılık aldık, yanlış bir şey yaptığımızda ise şartlı negatif karşılık aldık. Sevmek, beslenmek ya da kendimizi korumaktan aciz olduğumuzdan, bizi hayatta tutup büyütmesi için başkalarının ilgi ve yol göstericiliğine ihtiyaç duyduk. Eğer bu yol gösterme koşulsuz sevgi ile sağlama alınmış ise vakit geçmeden davranışlarımızın bizim ne olduğumuzu belirlemediğini ve yanlış bir şey yaptığımızda da sevginin bizden alınmayacağını öğreniriz. Sevgiyi kazanmaya ihtiyacımız olmadığını da öğreniriz. Ne yazık ki birçoğumuz çocukluğumuzda bu deneyimi yaşamadık ve koşulsuz sevgiyi dışarıda aramaya devam ettik.

Yetişkinler açısından koşulsuz sevgi istemek ve almak çok mantıklı ancak bunu zorla ister hâle gelmek sağlıksız ve gerçek dışı bir beklentidir. Sevgi bağımlılığında kendimizi koşulsuz sevmeyi reddedebilir ve başkaları bizi bu şekilde sevmekte başarısız olduğunda öfkelenip gözyaşı dökebiliriz. Ve eğer biz kendimizi koşulsuz bir şekilde sevmezsek, sevgi kazanmak zorunda olduğumuza ya da ihtiyacımız olduğuna inanmaya daha eğilimli hâle gelip başkalarına sarılabiliriz.

Dorothy'nin Hikâyesi

Kronik depresyon yüzünden terapi gören Dorothy bağımlı, mızmız, öfkeli genç bir kadındı. Terapisti olarak sevgiye olan ihtiyacını onaylamam ona yetersiz gelmişti. Terapiye para ödemek zorunda olmasından ve seansların daha uzun olmadığından dolayı sinirliydi. "Her şeye rağmen sevilmek benim de hakkım değil mi?" diye sordu. Bunun altında yatan ve bana vermek istediği mesaj şuydu: "Ailem beni hak ettiğim kadar sevmedi, sen sevsen iyi olur!" Ona, bir çocuk olarak hakkı olan pozitif ve koşulsuz sevgiyi almadığına üzüldüğümü ama bu kaybı telafi edemeyeceğimi ve etmeyeceğimi söyledim. Karşılıksız sevgi talep ettiğinde ise ona daha yakın durmak yerine kendimi ondan çekmek zorunda hissettim. Terapisti olarak ben bu şekilde hissettiysem hayatındaki diğer insanlar nasıl hisseder siz düşünün.

Dorothy sevgi ilişkilerinin yıkıcı olduğunu kabullenmişti. Öfke dolu talepleriyle ailesinin hayatında merkez olma ihtiyacı, sözlü ve fiziksel şiddetle sonuçlanan iki yanlış evlilik yapmasına sebep olmuştu. Var olan evliliği de sallantıdaydı. Kocası kendine güvensiz pasif bir erkekti ve olabilecek her şekilde Dorothy'yi memnun etmeye çalışıyordu. Nadiren memnun olan Dorothy ise onu sık sık sözlü olarak küçük düşürüyordu ve bu da kocasının kendisini yetersiz görmesine neden oluyordu. Kocası ise öç almamak için ilişkiden kaçıp gitmeye çok yakındı. Dorothy ve kocasının kendilerini karşılıksız olarak sevmeyi öğrenmeye ve şiddete son vermek için tavırlarını sağlıklı bir hâle getirmeye ihtiyaçları vardı. Paradoksal olarak bu, her bir kişinin içindeki derin erdemlerin dışa vurulmasına olanak sağlayacak ve diğeri tarafından koşulsuz olarak kabul görmesini sağlayacaktır.

Bağlanmayı Reddetme veya Kötüye Kullanma

Sevgi bağımlılığı, genellikle bağlılığa karşıdır ve kendini bir kişiye adamayı net bir şekilde reddeder bir görüntü sergiler. Gerçek hayatta bu bağlılığa karşı olma durumu bağımlılığın tersidir. Ait olma ihtiyacımız gerçektir. Şu şekilde düşünen kişiler "Ben kendi işime bakarım, sen de kendi işine. Eğer yollarımız kesişirse kesişir" yanlış bir bağımsızlığı destekler. Çoğu insanın yücelttiği bağımsızlıklar aslında birçok doyurulmamış bağımlılık ihtiyacını barındırır. Böylelikle bu kişiler fazlasıyla kendine yeten bir hâle gelerek acıyı ve korkuyu önlemeyi öğrenir. Bir ilişkide üstün rolü üstlendiklerinden dolayı onlar için kontrol önemlidir. Bu kişiler çocukluklarında ebeveynlerinin her ikisinin de kendilerini ya da birbirlerini ezmeye çabaladıklarına tanık olmuşlardır. Paradoksal olarak, bu kontrol takıntılı ebeveynler çocuklarındaki temel gelişimsel ihtiyaçları görememişler ve genellikle çocuğun buna cevabı şu olmuştur: "Hayır yapmayacağım ve sen de bana yaptıramazsın" ya da "Ben iyiyim, sen değil!" İşte bunlar bir çocuğun hiç de kolay olmayan ve sağlıksız bir durumda kişisel güç ve itibar duygusunu devam ettirdiği önemli yollardır.

Zayıf ve etkisiz ebeveynlere sahip olmak da benzer sonuçlar doğurur. Bu durumda çocuklar, başkalarına olan güvensiz bir bağımlılıktansa kendi kendilerine bakmayı zorunlu görürler. Hâlbuki kendine verilen bu tamamıyla bağımsız olma sözü, olgun bir sevgi ilişkisini üstlenmeyi zor hâle getirir. Bir bağımsız durumun bağlanma istismarına dönüşmesi hiç de seyrek görülen bir durum değildir. "Bana borçlusun" ya da "Sen benimsin" gibi tutumlar düşünülemeyecek kadar çok ev içi şiddet hikâyelerine uzanır. Bağımlılık karşıtlığı sahte bir bağımsızlıktır. Sağlıklı bağımsızlık kişinin çocukluğunda ebeveynleriyle sağlıklı bir ilk bağımlılık ilişkisi yaşadığını varsayar.

Richard'ın Hikâyesi

Travma, kuvvetli bir bağlılık korkusu oluşturabilir. Sevgi ilişkisine bağlanmayı düşününce panik içinde kalan kişiler gördüm. Bu kişilerin kalpleri adeta mühürlüdür. Cinsel heyecan ya da romantik sarhoşluk anında duygularını doyurmak için anlık olarak kendilerini açabilirler ancak hemen sonrasında geri adım atar ve tekrar kendilerini kilitlerler. Hastam Richard buna çok yerinde bir örnek: "Kalbimin etrafını çevreleyen yedi kapı var sanki. En yakınıma gelmesine izin verdiğim kişi bile ancak üçüncü kapıya kadar gelebiliyor. Anahtarlara sadece ben sahibim. İçeri girmek için ne kadar iterlerse ben de o kadar karşı koyuyorum." İki yanlış evlilik ve sayısız aşk ilişkisinden sonra kırk beş yaşındaki Richard sürekli ve bağımlı bir ilişkiyi hiç yaşayamamış ve bundan dolayı şimdi diğerlerinin çabalarını sorun olarak görüyor. Aslında kapıların arkasında iyileşmemiş yara ve korkuları var. Kendisini güçlü olarak görebilir ama kalbini açma cesaretini bulana kadar gönüllü olarak içinde bulunduğu bir hapishanede kalacak. Bu kişi cinsel ve duygusal sevgiyi bilebilir ama kilitli kapılarını açmadığı sürece uzun süreli kalpler arasında kurulan bağı bilemeyecek.

Kabul ve Değer Görmek İçin Başkalarını Aramak

Çok az insan kendisini tereddütsüz sever oysa herkes bu şekilde sevilmek ister. Tıpkı büyümekte olan çocuklar gibi, bizi tam anlamıyla sevecek kişi için dünyayı ararız ve bir aşk ilişkisi sonlandığında kendimize olan saygımız azalır.

Judith'nin Hikâyesi

Kendine saygısı çok az olan Judith, aşağıdaki mektubu birçok kötü alışkanlığının bilinçsiz motivasyonunu tanımlamak üzere kendi bağımlı benliği tarafından sağlıklı benliğine yazdı:

"Judith; bu kadar çok yemek yeme, sigara içme ve içki içme sebeplerin çok açık. Başka ne yapabilirsin ki? Kendini korumanın ardında bomboş bir kabuk var yani hiçbir şey. Orada bir Judith yok. Evin, işin, ailen, araban, eşyaların, çiçeklerin ve kıyafetlerin bunların hepsi bırakılabilir. Tüm bunların sen olduğunu düşünmeye ihtiyaç duydun ama şimdi daha iyi biliyorsun. Senden eser yok bunlarda. Ben senin var olduğunu düşünmüyorum. *Var olduğunu hissettiğin tek zaman etrafında seni sevecek biri olduğu ya da birine ait olduğun zamanlar.* Ve şu an böyle biri yok. Bundan dolayı sigara içiyor, yiyor, içiyorsun çünkü en azından bunları yaparak yaşadığını hissedebiliyorsun."

Judith gibi kişiler hayatlarını geliştirmenin kendi tercihleri olduğunu bilmeye ihtiyaç duyarlar. Birçoğumuz şu an olduğumuzdan çok daha mutlu ve tatmin olmuş hissedebiliriz kendimizi. Buradaki engelimiz ise bunu birinin bizim için yapacağına yönelik inancımızdır. Kendimizi geliştirme seçimine yönelik yeteneğimize önem vermiyoruz. Sadece kendi seçimlerimizi değil kendi şansımızı da kendimiz yaratırız.

Terk Edilmekten Korkmak

Patolojik yalnızlık; kronik panik, öfke, umutsuzluk ve boşluk hisleriyle tanımlanır; olgun yalnızlıktan farklıdır. Olgun yalnızlık, olmayan bir sevgili için duyulan sağlıklı bir isteklilik hâlidir. Sevgi bağımlıları sevgiliye ait tatminkâr anıları muhafaza etmekten acizdirler ve en sıradan ayrı kalma durumlarında bile terk edilme korkusu vardır. Sevgi bağımlısının giden kişinin döneceğine güvenmekle ilgili problemi vardır. Bu fenomen çocuklukta önemli bir gelişim dersinin kaçırılmasının bir sonucu olarak çıkar. Çocukların ailelerine bağlanmaları ve onların sürekliliğine güvenmeleri bir gerekliliktir. Bunu yaparken, ebeveynlerin yokluğunda anne baba sevgisinin hatıralarıyla kendilerini rahatlatır, bu duyguyu tekrar yaşayacaklarına güvenirler. Çocuklar, bu engellenemez dönüşe karşı güvensizlik duymayı öğrendiklerinde, ebeveynlerinin yokluğunda kendilerine güç verecek mutlu anıları çağırmaktan yoksun kalırlar. Yetişkin olduklarında partnerleri gözlerinin önünde olmadığı sürece onlara güvenmekte problem yaşayabilirler.

Jean'in Hikâyesi

Jean çocukluğunda ebeveynleri tarafından duygusal olarak ihmal edilmişti. İhtiyaçlarını çok nadir karşılamışlar ve ona sıkça fiziksel şiddet uygulamışlardı. Son derece kararsız ve bağımlı genç bir kadın olan Jean terapide öz saygı ve bağımsızlık hakkındaki mesajları rahatlıkla anladığı hâlde güvenmekten ve bu mesajları terapi dışında uygulamaktan acizdi. Ben olmadığım zamanlarda Jean panikliyor, onu terk edeceğimden ve kendine verdiği yeni ve hassas sözün yok olacağından korkuyordu. Jean'in anılarına güvenmeyi ve terapide öğrendiklerini günlük hayatta kullanmayı öğrenmeye ihtiyacı vardı. İlk olarak üstünde yoğun bir şekilde çalışması gereken şey ebeveynleri için hissettiği güzel duyguları tekrar hatırlamak için görüşmelerimizi yeniden şekillendirip canlandırmasıydı. Hem iyi hem de kötü anılarımızı tekrar hatırlama yeteneğimiz olduğunu ve bu süreci kontrol edebildiğimizi öğrendi. Jean'e yeni bir şey öğretemezdim sadece sahip olduğu şeyi onaylayıp kendine olan saygısını geliştirmesi için onu cesaretlendirebilirdim.

Tekrarlanan Kötü Hisler

Sevgi bağımlılığının göze çarpan diğer bir özelliği boşluk, depresyon, suçluluk, reddetme, endişe, öfke ve düşük öz saygı gibi kötü duyguların yinelenmesidir. Bu tekrarlanan hisler genellikle sevgi bağımlıları tarafından oynanan psikolojik oyunların sonucudur. İnsanların, genellikle kendileri, başkaları ve hayatla ilgili bilinçaltında yarattığı masallarla desteklenen favori duyguları vardır. Bu tarz duygular psikolojik ihtiyaçları tanımaya engel olur ve içtenliği zorlaştırır.

Carla ve Ken'in Hikâyesi

Carla'nın en favori kötü duygusu üzüntüydü. Ken'in kötü duygusu ise reddetme ve kendini beğenmiş öfkeydi. İkisi de bu kötü duygularını nasıl kovacaklarını biliyorlardı. Carla ve Ken beraber çalışıyordu ve sıkça işten sonra buluşup iş arkadaşlarıyla bir şeyler içiyorlardı. Carla flört ediyordu ve Ken de ona karşılık verdi. Bir akşam Carla'yı evine akşam yemeğine davet etti. Carla Ken'le sadece arkadaş olmak niyetindeydi ama Ken onun hareketlerinden kendisiyle seks yapmak istediği anlamını çıkardı. Ken istenmeyen bir girişimde bulununca ve Carla'dan kendisiyle ilgilenmediği cevabını alınca kendisini reddedilmiş hissetti ve utandı. Ve sonrasında kendince haklı bir sinirle Carla'ya saldırdı. Carla ise yanlış anlaşıldığını hissetti ve gözyaşlarına gömüldü.

Aynı 3. bölümdeki Kevin ve Lindsay gibi Carla ve Ken de aynı şekilde birbirlerini tetikleyerek dramlarını devam ettirdiler.

Yakınlığı İstemek ve Yakınlıktan Korkmak

Bağımlı sevgiyle ilgili en büyük paradoks gerçekten sevmek ve sevilmek isterken bağımlı tarafımızın yakınlıktan korkmasıdır. Bağımlı olsun ya da olmasın birçok ilişki probleminin temelinde güvene ihanet vardır. Güven sarsıldığı zaman masumiyetimizi kaybederiz ve korku yaşarız. Sevgi bağımlılığı korkunun içinde barınır adeta: Reddedilme korkusu, acı çekmekten korkmak, kontrolü kaybetmekten korkmak ve kendini ya da hayatını kaybetmekten korkmak. Sevgi bağımlılığının amacı korktuğumuz şeye bağlanmak ve ondan kaçmaktır.

Nancy'nin Hikâyesi

Ebeveynlerinin mutsuz ve kavga dolu evliliğini gözlemleyen bir çocuk olarak Nancy, sevgi konusunda tedbirli olacağına ve hatta sevgiyi tamamıyla reddedeceğine kendi kendine söz verdi. Ancak genç bir kadın olduğunda âşık oldu. Kendini, evlenmelerinden çok kısa bir süre önce, hiçbir haber vermeden ilişkilerini bitirecek olan bir erkeğe tamamen teslim etti. Nancy'nin acısı iki kat daha fazlaydı çünkü kendine verdiği sözü tutmamıştı. Yaşadığı bu evlilik öncesi reddedilme deneyimi, sevginin engellenemez bir şekilde üzüntü getirdiği yönündeki bilinçsiz inancını doğrulamıştı. Farkında olmadan verdiği sözü daha güçlü bir şekilde yeniledi.

Birkaç yıl sonra tekrar âşık oldu. Yeni sevgilisine derin bir sevgi duymak yerine, duygusal ya da cinsel bağlanmaya kendini tamamıyla bırakmaktan acizdi. Ne zaman yakınlaşmayı başaracak olsa, kendini korkmuş, suçlu ve öfke içerisinde buluyordu. Duygularını dikkatli bir şekilde incelemesi kendine bilinçsiz bir şekilde verdiği sözü keşfetmesine yardımcı oldu ve bu şekilde bir düşüncenin ne kadar faydasız olduğunu anladı. Nihayetinde Nancy, işin içine acı karışacak olsa bile sevgide risk almaktan kaçmaz bir hâle geldi.

Başkalarını Düzeltmeye Çalışmak

Sevgi bağımlılığının belki de en çok bahsedilen özelliği bu yazılmamış kuraldır: "Sen benim duygularıma özen göster, ben de seninkilere göstereyim. Sen beni tamamlanmış ve iyi hissettir ve ben de aynı şeyi senin için yapayım."

Başka bir yetişkinin duygularına özen göstermek, biri için özen göstermekten çok farklıdır. İlki bir kişinin diğerinin zihnini okuyabileceğini, başkalarının ihtiyaçlarını bilebileceğini ve diğerlerinin hasta duygularını düzeltebileceğini varsayar. Bu tarzda bir varsayım bir sevgiliyi diğerlerinin mutluluğundan sorumlu tutar. Ancak biri için hissedilen gerçek ilginin anlamı şudur: "Ne hissettiğini önemsiyorum; her ne kadar acını dindirecek ya da kendi içinde bir bütün olarak hissetmeni sağlayacak gücüm olmasa da sana destek vermek için buradayım." Bahsedilen bu ilk inanç sistemi korku ve suçluluk hisleri, ikincisi ise şefkat ve gerçekçilik üstüne kuruludur.

Ne kadar sık başkalarının zihnimizi okumasını ve ne istediğimizi bilmesini kabul ederiz ki? "Bilmen gerekir; benimle bunu bilmeye yetecek kadar uzun bir süredir birliktesin" deriz hep. Böyle bir talepte bulunmamış olmamıza rağmen ne sıklıkta başkalarının bizim ne istediğimizi bildiklerini varsayarız? Belki başkası bazen bunu bilir ya da doğru bir şekilde tahmin edebilir. Ancak duygularımızı okumayı öğrenerek, istek ve ihtiyaçlarımızı anlayarak ve partnerlerimizin en çok duymayı isteyeceği şekilde iletişim kurarak ilişkilerimizden daha çok şey alabiliriz. Karşımızdaki kişinin pozisyonuna saygı göstererek açık bir şekilde sormamız gerekir. Duygusal sahtekârlık bağımlı sevginin en büyük problemlerinden biridir. İletişimde bozukluk yaratır ve duygusal bağlanma eksikliği olarak sonuçlanır.

Stan'in Hikâyesi

Stan, evliliği sarsılmaya başladığında eşi Pat'le terapiye geldi. İşlerin neden ters gittiğini anlamakta oldukça zorlandı çünkü eşinin kendini iyi hissetmesi için en "doğru" şeyleri yapıyordu.

Vefalı bir eşti ve karısını mutlu etmek hoşuna gidiyordu. Çok çalışıyordu, güçlüydü ve çok fazla isteği yoktu, bunlarla birlikte ailesi için sıcak bir yuva kurmuştu. Pat ise az iletişim kurduklarından, Stan'in baskısı altında olma hissinden ve Stan'in sıkça tekrarlanan sebepsiz öfke patlamalarından dolayı mutsuzdu. Pat ne kadar depresif hissederse Stan onu iyi hissettirmek için o kadar çok uğraşıyordu. Stan bana şöyle demişti: "Bu terapide olmamın sebebi Pat'in mutsuzluğunu gidermek için yollar öğrenmek. Yapabileceğim şeyler olmak zorunda. Sadece bana bunları söylemeniz yeter, ben yaparım."

Stan'in farkında olmadığı şey şuydu; Pat ile ilgilenebilirdi ama onun mutsuzluğuna çare bulamazdı. Daha karmaşık problem ise Stan'in kendi duygularını belirleyip ifade edememesi ya da ihtiyacı olan ve istediği şeyleri talep edememesiydi. Bunun sebebi ise Pat'e odaklanmış olmasıydı. Çocukluğunda öğrendiği şeyi tekrar öğrenmek zorundaydı. Yani duyguları ihtiyacı olan şeyle ilgili ona ipuçları veriyordu ve başkalarının bunu bilmesini sağlamak onun sorumluluğundaydı. Pat'in de aynı şeyi yapmaya ihtiyacı vardı.

Stan duygularını daha iyi tanıdıkça bunları Pat'in görebilmesi için dışa vurdu ve bu şekilde Pat kendini ona karşı daha yakın hissetti. Stan onu düzeltmeye çalışmadığı için daha mutluydu. İşin sürpriz tarafı ise kendini sürekli ifade edebildiğinden dolayı Stan'in sebepsiz öfkelerinin son bulmasıydı.

Yansıtma, Kişiselleştirme ve Güç Oyunları

Sevgi bağımlılığı reddetme ile artar. Reddetme bozukluğu olan ilişkiler yansıtma, kişiselleştirme ve güç oyunları için en verimli zemindir. The Funk&Wagnalls sözlüğünde verilen tanımlamaya göre *yansıtma*: "Boşluğa ya da bir yüzeye, imaj ya da gölge olarak düşürmek ya da göndermek" demektir. Mecazi anlamda bu tanımlama tam olarak psikolojik yansıtmayı tanımlamaktadır. Yansıtma, kabahatin yer değiştirmesi ya da bir kişinin reddettiği veya sahip olmayı arzulamadığı bir özelliği başkasında görmesidir. *Kişiselleştirme*, başkalarının bizim için yaptığı yansıtmaları benimsediğimiz ve bunları kendimizle ilgili doğrularmış gibi kabul ettiğimiz durumları ifade eder. Başkalarının bize yansıtmadan söyleyip yaptığı şeyleri kişiselleştirdiğimiz zamanları da kasteder. *Güç oyunları* ise yansıtmaları geri çevirme girişimleri ve kontrolü tekrar kazanma çabalarıdır. Güç oyunlarına beşinci bölümde detaylı yer verilecektir.

Yansıtma, kişiselleştirme ve güç oyunlarının dansındaki ilk adım çocuklukta atılır. İnsanlar çok hassas, farkında olmadıkları ya da bastırılmış duygularını çıkarmaktan korktuklarında, kişiliklerinin karanlık tarafını ele alıp bunu başkalarının üstüne yerleştirirler. Kendilerinde reddettikleri şeyleri bizde görür ya da bize atfederler. Yeterince kusursuz, ilgili ve başarılı değiliz. Rahatsız, kıymet bilmez, hatalı, çılgın, aptal, çok hassas, çok öfkeli ya da fazla tahrik ediciydik.

Dansın ikinci adımı söz ve davranışları direkt olarak kendi üstümüze alarak kişiselleştirdiğimizde belirir. Kendimizi savunma yeteneğimiz olmadığından ya da sevdiklerimize sadık olmak isterken yapılan yanlış bir girişimde diğerlerinin yansıttıklarını özümsedik. "Problem" hâline geldik ya da onların yetersizliklerinin kurbanı olduk. Bu eşitsizlik bizim için kişisel güç ve dürüstlük uğruna yapılan sürekli bir mücadele hâlini aldı.

Güç oyunları dansın üçüncü adımıdır. Çıkarcı davranışlar bir ilişkide eşitsizlik sağlamak için tasarlanmıştır, bir kişinin diğerinden bir adım önde ya da geride olmasını garanti eder. Güç oyunları bir hayat tarzı hâline dönüşebilecek ilişki alışkanlıklarıdır. Gizli ya da değil, bilinçli ya da tamamen bilinçsiz bir şekilde tasarlanmış güç oyunları, bazen doğası gereği saldırgandır ve her zaman üstü örtülüdür. Özünde, başka kişilerin, bize iç doyum getireceğini düşündüğümüz şekilde davranmasını sağlayacak planlardır.

Christine'in hikâyesi bu dinamiklerin birçoğunu içermektedir. Bir çocuk olarak neye ihtiyacı olduğunu biliyordu ve bunu direkt olarak istedi. Ama diğerleri bu isteğe cevap vermeyince bu eksikliği, kendine önemsiz olduğunu söyleyerek kişiselleştirdi. Bir yetişkin olduğunda ise güç için savaşmak zorunda olduğuna inandı. Onu güçsüz olmasını eleştirdikleri hâlde arkadaşları ve ailesi bu davranışlarını destekledi.

Christine'in Hikâyesi

"Sürekli olarak, öfke ve korkuyla son bulan bir rüya görüyordum. Büyümekte olan bir çocuktum, yatak odam ailemin barının arkasında bir bölümde yer alıyordu. Rüyamda insanlar, odama kapıyı çalmadan girip çıkıyordu. Yüksek sesle konuşan, sarhoş ve korkutucu tiplerdi. Çok rahatsız olmuştum. Odamdan çıkıp bara girerek insanları dışarı atmaya çalışıyordum. Ben bununla uğraşırken kız kardeşim odamda giysilerimi altüst ederek bir sonraki gün ne giyeceğini bulmaya çalışıyordu. Babam ve arkadaşları olabildiğince yüksek bir sesle müzik dinliyordu. Kimse benim ricalarıma kulak asmıyordu ve çok hassas davrandığımı söylüyorlardı.

Bu rüyadan öğrendiğim, bir çocuk olarak kendimi güçsüz hissettiğimdi. Hayır cevabını alabileceğim herhangi bir durumda kendimi savunmaktan acizdim. Küçük düşürülmeyi kabullendim, yapmak istediğim şeyler için başkalarının izin vermesini bekledim. Bu başkaları hayatımın ilk yıllarında babamdı, daha sonra eşim ve hatta şu an bile hâlâ devam etmekte olan en yakın arkadaşım oldu. Benim hedefim başkalarının onayını aramaktan, onların bana yansıttığı şeyleri kabullenmekten vazgeçmek; başarılarımdan kaynaklanan onaylar almak ve kişisel gücüm olduğuna inanmak."

Şimdi güç oyunlarını daha detaylı bir şekilde inceleyelim.

5

Güç Oyunları

Sevgi güçsüz olunca, kendimiz yerine başkalarıyla ilgileniriz. Güç sevgisiz olunca başkalarını incitir, yaralar ve istismar ederiz.

BRENDA SCHAEFFER, Kendimi Sevmek, Seni Sevmek

Güç

Sevgi bağımlı ilişkilerde en çok adı geçen özelliklerden birisi, eş üzerinde yanlış yönlendirilmiş bir kontrol duygusu elde etmek üzere güç kullanmaktır. 4. bölümde belirtildiği üzere; güç oyunları, ilişkideki iki kişiyi eşitsiz bir temelde tutmaya yarayan çıkarcı davranışlardır. Bu tarz bir davranışın farkına varmak, bunu ilişkimizden temizleyip atmak ya da güç oyunları üstüne kurulu ilişkilerden sakınma yolundaki ilk adımdır.

Güç kelimesi birçok şekilde kullanıldı. Sevgi ve bağlılık arayışı göz önünde bulundurularak belirtirsek, bizim uğruna çaba sarf ettiğimiz güç, başkaları üzerindeki kontrolden değil kendine saygıdan (kişisel potansiyelden) kaynaklanır.

Güç oyunlarının altında yatan mit şudur: İki kişi için yetecek kadar güç yok, kontrolü bir kişinin elinde bulundurması gerekiyor. Mit, gücü olan kişilerin kontrolü ellerinde bulundurduğu inancı üzerine kuruludur ve bu gibi insanlar istedikleri ve ihtiyacı oldukları şeyleri alabilirler. Bu kontrol olmadan hayat yüzeysel ve belirsiz görünür. Ve tabii ki hepimiz emin olmak isteriz. "kontrol" denen gizemli şey için yapılan yarış savaşlardan da açıkça görüleceği gibi şiddetlidir. Genellikle, neyi kontrol etmek istediğimizi bilmeyiz bile. Dahası güç oyuncuları ki bunlar duruma uygun olarak "kontrolcü" olarak adlandırılırlar, yanlışlıkla diğer insanların kişisel potansiyellerini sağladıklarına ya da ellerinden aldıklarına inanırlar. Peki, bu gibi inançlar nereden gelir?

Güç Oyunlarının Başlangıcı

Çocukluğumuzda iki yaşından itibaren güç için kavga etmeye başladık, bu, ebeveynlerimiz bize evrenin merkezi olduğumuz günlerin artık bitmesi gerektiğini söylediği zamandı ve büyük insanlarla işbirliği yapmak gerekliliği ortaya çıktı. İşbirliği yapmadığımız durumlarda sıklıkla cezalandırıldık ya da reddedildik. Bu gibi bir durumda çocukların üç seçeneği vardır: İsyan etmek, fazla uyum göstermek ya da işbirliği yapmak.

İsyankâr şöyle der: "Hayır, devam etmeyeceğim ve sen beni buna zorlayamazsın." Ve bu şekilde kendi yollarını kabul ettirmek için savaşırlar. Hepimiz, güç gösterisi girişiminde bulunan ve genellikle hayır diyerek, reddederek ve öfke nöbetleri geçirerek ailelerine karşı zafer kazanan çocuklar görmüşüzdür.

Fazla uyumlular genellikle ebeveynlerden bir tanesi tarafından boyun eğdirilmiştir. Kendilerini çiğnenmiş ve özgürlükleri ellerinden alınmış gibi hissederler. Davranışları ve özgür iradeleri idare edilmek yerine bastırıldığı için acı ve korku duyarlar. Böylelikle duruma uyum sağlar ve öfkelerini gizlerler.

İşbirliği yapmaları ve diğerlerinin de ihtiyaçları olduğunu fark etmeleri yönünde yol gösterilen bu çocuklar yavaş yavaş işbirliğini öğrenirler ve bu şekilde bir büyüme eğlenceli olabilir. Güç paylaşımı ve uysal olmak sağlıklı sevginin temel bileşenleridir ve hayatın normal parçaları hâline gelir.

Anne babalarımızı yenmemize hiç gerek yoktur, aynı şekilde onların da direktifler vererek, rüşvet teklif ederek, tehdit ederek, talepte bulunarak ve fiziksel cezalandırmalarla çocuk üstünde üstünlük sağlamaya ihtiyaçları yoktur. Ebeveynler ve çocuklar aynı şekilde kendi yollarını takip ederek güçlü olabilirler. Güç paylaşımı ile iletişim, destek ve sevgi köprüleri kurarlar. Normal gelişim budur.

İki, üç yaşındaki her çocuk asi olma durumundan geçer. Kimi bunu az miktar duygusal yarayla atlatsa da tanıdığım hemen herkesin başkalarını kontrol etme ile ilgili problemleri var. Güç oyuncularının kökenlerine bakıldığında bunların çocukluk dönemlerine dayandığı görülür. Çocuklara, bu zorlu geçiş döneminde yardım edilebilecek birçok yol vardır. Bunlardan biri de gücün başkalarının zararına olması gerekmediğini öğretmektir.

Bir gün mutfağımda bulaşık yıkarken o gece bitirmem gereken tüm ıvız zıvır işleri kafamda sıraya diziyordum. 3 yaşındaki kızım Heidi tıpış tıpış yürüyerek mutfağa geldi ve: "Anneciğim bana bir masal okur musun?" diyerek eteğimi çekiştirdi. Önce ona sonra yüzümü buruşturarak mutfak ve oturma odasında yerine saçılmış oyuncaklara baktım. Kendi kendime şunu düşündüm, ya oyuncakları toplayacak ya da masal anlatacak vaktim vardı. İkisini birden yapmama imkân yoktu.

Kızıma şunu söylemeye başladım: "Gidip oyuncaklarını topla, masal konusunu ondan sonra düşünürüz" ama sonra birden cümlemi tamamlamadan durdum, sıkıcı bir emir vermek üzere olduğumun farkına vardım. Bunun yerine cümleyi şöyle tamamladım: "Heidi, benim sadece bir şeye ayıracak vaktim var; ya senin oyuncaklarını toplayacağım ya da sana masal anlatacağım. Neden hangisini yapmam gerektiğine sen karar vermiyorsun?"

Çocuğa bir seçim yapma imkânı tanımıştım ve Heidi ürkmüştü. Hayal kırıklığı ya da öfke nöbeti geçirmesi için herhangi bir sebebi yoktu, çünkü tercihi yapan kendisi olacaktı. Ve o şunu seçti: Koşup bütün oyuncaklarını kendisi toparladı ve sonra vaktim olan tek şeyi yapmak üzere yanıma geldi, masal anlatmak. Onu düşündürerek seçim yaptırmak kişisel gücünü doğruladı.

Çocuk mutlak kudretinden, güç paylaşımına giden değişim yolu hepimizin çocukluk, ergenlik ve hatta yetişkin dönemlerimizde mücadele ettiğimiz bir durumdur. Sağlıksız ve zor yetişkin ilişkilerinde güç kullanımı üzerindeki karmaşıklık aşikârdır. Peki yetişkin sevgi ilişkilerini sekteye uğratan güç oyunları nelerdir?

Yirmi Üç Güç Oyunu

Bağımlı sevgi ilişkilerinde sıklıkla görülen güç oyunları aşağıdaki gibidir:

1. Öğüt vermek ama almamak
2. Destek ve sevgi istemekte zorluk çekmek

3. Emirler vermek, başkalarından çok fazla talep etmek ve beklenti içinde olmak
4. Sürekli almak istemek ya da başkalarının gurur ve güçlerini azaltmak
5. Yargılayıcı olmak, başkalarının başarılarını sekteye uğratacak şekilde aşağılamalarda bulunmak, kusur bulmak, rahatsız etmek, cezalandırmak
6. Başkalarından bir şeyler gizlemek, başkalarının istediği ya da ihtiyacı olan şeyleri vermemek
7. Verdikleri sözü bozmak, başkalarının önce bize güvenmesini sağlamak sonra da güvene ihanet etmek.
8. Başkalarını boğmak, gereğinden fazla ilgilenmek
9. Bir partneri üst diğerini alt olarak konumlandıracak himaye edecek ve küçümseyecek davranışlarda bulunmak, korkutmak
10. Başkaları adına karar vermek, problem çözmede başkalarının yeteneklerini yok saymak
11. Başkalarını kazanamayacakları durumlara sokmak
12. Başkalarını değiştirmeye çalışmak (ve kendini değiştirme konusunda isteksizlik)
13. İnsanlara en savunmasız anlarında saldırmak
14. Bağımlılık karşıtı bir durum sergilemek: "Sana ihtiyacım yok"
15. Gözdağı ve rüşvet vermek, tehdit etmek
16. Sert davranmak ya da haklı öfke sergilemek, kin tutmak
17. Diğer insanları sözlü, duygusal, cinsel ve fiziksel olarak taciz etme
18. Agresif olmak ve bunu iddialı olmak olarak tanımlamak
19. Kazanma ya da haklı olma ihtiyacı

20. İnatla direnmek ya da başka bir kişinin yoluna çıkmak, engel olmak
21. Hataları ortaya koymada ve özür dilemekte zorluk yaşamak
22. Sorulara direkt olmayan kaçamak cevaplar vermek
23. Yukarıdaki davranışlardan herhangi birini savunmak

Bir güç oyuncusu, kendini güçlü hissetmek için karşısındakini ezmeye ve kontrol etmeye yönelik girişimlerde bulunur. Bu gibi bir insan farkında olmadan şunu söyler: "Kendimi güçsüz hissediyorum, kontrol edecek birilerine ihtiyacım var ancak bu şekilde güçlü olabilirim." Bu yanlış inanç kişisel gücümüz için başka bir kişinin görevde olması gerektiğini önerir. Kendimizi güvende ve güçlü hissetmek için bizim bu diğer kişiyi kontrol etmeye ihtiyacımız vardır.

Güç oyuncusu diğer kişileri kurban pozisyonunda tutmak için uğraşır. Bu tür melodramlar gerçek kişisel gücün değil bağımlılığın temelidir. Sonuç olarak güç oyunları mutsuzluk kaynağıdır.

Bilinçsiz ve bastırılmış korkuları gizlediği için güç oyunu kolay kolay bırakılamaz. Her vakada hastalarımın başkalarını kontrol etme ihtiyacının temelini incelediğimde, bunların altında kişinin kontrol kaybını, çok korkunç bir düşünce olan benlik kaybı olarak yorumlamasına yol açan travmatik bir deneyim, ya da hayal edilmiş bir tehdit olduğunu buldum. Belki de hastanın, ailesine söz geçirmesine izin verildi ve bundan dolayı şöyle bir inanç gelişti: "Senden daha güçlüyüm ve kendi yolumu çizebilirim."

Bir güç oyuncusu şöyle sebepler gösterir: "Her şey bir yana, güçlü olmak çok daha iyi hissettiriyor, o zaman neden bu davranıştan vazgeçilsin ki?" Burada gözden kaçırdıkları şey bu pozisyonların güvenilmez ve sağlıksız olduğu, yanlış inançlar üzerine kurulmuş olduğudur. Başkalarını kontrol etmeye çalışan kişiler kendi özel korku, güvensizlik ve şüpheleriyle yüzleşmekten kurtulurlar çünkü her zaman yoğunlaşabilecekleri onlardan daha az iyi durumda olan birileri vardır. Akıldan hiç çıkarılmamalı ki güç oyuncuları ve kurbanları bu oyunu birlikte oynar. Kurbanın da çıkarları vardır. Beraber hareket etmek diğer kişiyi etrafta tutar, kurbanın kendi korkusuyla ilgilenmesini önler ve hayatı öngörülebilir kılar; kabul, uyum ve bir güvenlik duygusu yaratır. En önemli şey belki de kurbanın yıllardır içinde taşıdığı inançları geçerli göstermesidir: "Güç bana ait değil", "İstediğimi sessiz kalarak elde edebilirim", "Güç korkutucudur", "Eğer işbirliği yaparsam zarar görmem", "Eğer güçlü olursam insanlar beni terk eder", "Sesimi çıkaracak kadar yeterince önemli, akıllı ve güçlü değilim."

Güç oyunları, çocukluğumuzda kendimizi incinmekten korumak için oluşturulduğu için çok katılaşmış davranışlardır ve bunlardan vazgeçmek istediğimizde göstermemiz gereken direnç çok büyüktür.

Değişmek istediği için yardım arayan güç oyuncularının bunu yapma sebebi hayal kırıklığı yaratmış olan hâkimiyetleri ve inkârdır. Çünkü başkalarından daha iyi olduklarına inanırlar. Bu kişiler genellikle terapiye zorla gelirler ya da bir travma sonrası değişirler. O zaman bile amaçları asi partnerleri üzerindeki kontrolü geri kazanmaktır. Bu noktada artık eş, bir kurban olmak istemez ve bazen sinirlenip baskın olan kişiyle bir yarış içerisine girer. Altında yatan güvensizlikler çözülmeden kişi bu güç oyunlarını sonlandıramaz.

Pete'in Hikâyesi

Güç oyuncuları kontrol noksanlığını genellikle benlik noksanlığı olarak yorumlar. Kendine saygısının az olması ve depresyon yüzünden yardım arayan Pete, aşağıdaki mektubu kontrol etme ihtiyacı duyan tarafından kendine yazdı:

"Egon hep güçlüydü ve kendine yeterliydi. Şimdi tüm bunları, senin kontrolünü kaybetmene sebep olacak başka bir kişiye doğrultmayı düşünüyorsun. Bunu gerçekten istemezsin değil mi? Seni binlerce farklı şekilde korumaya çalıştım. Belki sana nasıl takıldığımı ve başkalarının sana yaklaşmasına izin vermediğimi unuttun. Seni yalnız başına ve tam bir kontrol altında tuttum. Çok akıllısın ve yardım etmek isteyen diğerlerinden çok daha üstünsün. Onlara ihtiyacın yok çünkü başının çaresine kendin bakabilirsin. Bunca yıldır gayet iyi işledi bu şekilde, değil mi?

Neden yenilgiyi kabul etmek istiyorsun ya da neden yardım ihtiyacı duyuyorsun? Bu beni şaşırtıyor. Sürücü koltuğunda sen olabilirsin. Güçlü olanlar kontrolü ellerinde tutanlardır. İşte seninde olmak ve kalmak istediğin yer burası. Problemlerinin çoğu seni engellemek isteyen diğerleri tarafından ortaya çıkarılıyor. Onları yolundan dışarı itersen, olayların senin lehine döndüğünü göreceksin."

Pete terapide, beni kandırmaya çalışabileceği tüm yolları aşağıdaki şekilde listeledi:

1. Gülmek ya da tebessüm etmek acı hisleri gideriyor
2. Konuşmayı yönetmek
3. Kendimi onun için üzgün hissettirmek
4. Olaylar dokunaklı bir hâl aldığında savunmaya geçmek
5. Diğerlerinin kabahatli olduğuna beni ikna etmek

6. Seansı ciddiyetten uzak tutmak
7. Entelektüel bir ifade kullanmak
8. Uysal görünmek
9. Fazlaca işbirliği yapmak
10. Yumuşak tarafımı bulup ona yoğunlaşmak
11. Beni üzen acımı bulup merhamet etmek
12. Duygusal olarak dâhil olmak
13. Kendimden şüphe ettirmek
14. Yardım etme amacımı sorgulamak
15. Mevcut konunun çevresinde dolanmak

Pete bu yolları kullanarak kontrol ihtiyacını güçlendiriyordu. Terapi yardımıyla kişisel gücünün başkasının zararına olmadığını öğrendi. Kişisel gücümüz içimizden gelir, başka biri üzerinde kontrol kazanmaya ihtiyaç yoktur. Kendine güven sayesinde güç ve kontrol ihtiyacını bir kenara bırakırız.[1]

Seçenekler

Güç oyunlarının ilişkilerimizi bozduğunu anladığımızda önümüzde üç seçenek vardır.

Birincisi, işbirliği yapabilir ve bir kurban gibi pasif bir şekilde karşılık verebiliriz, böylelikle kendi potansiyelimizi kaybetmeyi ve bir alt konumdaki itaatkâr pozisyonu kabul etmeyi onaylamış oluruz. Bağımlı olmasına rağmen daha kolay ve alışıldık bir yoldur. Söylemeye gerek bile yok ki birçok insan bu yolu seçtiği hâlde, hayatı bütünüyle yaşayabilmenin yolu bu değildir. Bu insanlar genellikle diğer kişinin önlemeye çalıştığı duygulara kapılır: Utanç, suçluluk, yetersizlik ve korku. "Beni ezdi", "Gücümü benden aldı", "Onun baştan çıkarmaları söz konusu olunca güçsüzüm" Bu gibi yanılgılar, kişisel gücün hayat enerjimiz olmadığını, başkaları tarafından kontrol edildiğini ortaya çıkarır.

İkincisi; yüksek güç pozisyonu aramaktır ama bu durumda rekabetçi bir bağımlı ilişkinin tuzağına düşebiliriz. Böylelikle iki bağımlılık karşıtı kişi, güç pozisyonu için yarışmaya başlar. Sürekli çatışma hâlinde yaşarlar ve her ikisi de yaratıcı ve yıkıcı güç oyunu taktikleriyle diğerini bastırmaya çalışır. "Gücünü sana geri veriyorum" ve "Gücümü geri alıyorum" gibi durumlar gücün başkası tarafından kontrol edildiği inancını güçlendiren durumlardır. Ne yazık ki birçok ilişki birinci ve ikinci seçenek arasında değişerek hayat boyunca ileri geri gider.

Bunlarla birlikte üçüncü ve daha sağlıklı bir seçenek vardır: Eşit kişisel gücü kabul eden olumlu bir pozisyon ile cevaplamak. Bu pozisyonda söylenen şudur: "Her ikimiz de iyiyiz ve kişisel olarak güçlüyüz. Bazen senin davranışın benim tarafımdan kabul edilemez olabilir." Şunu kabul ederiz: "Sanki karşımdakine gücümü veriyormuş gibi davranırım", "Sanki karşımdaki bana sahipmiş gibi davranırım" ya da "Sanki üzerimde gücü varmış gibi davranıyor." Bu tarz bir sahiplenme güç verir.

Burada önemli olan, gücümüzü kendi hayatlarımız üzerinde bilinçli olarak iyiye kullanmaktır. Hayatlarımız zehirli bir bağ yüzünden kontrol edilemez bir hâle geldiğinde ilişkiyi değiştirmeye çalışabilir ya da bu bağı koparabiliriz. "Her şeyin hayırlısı" diyerek işleri oluruna bırakmak, pasif bir şekilde beklemek ya da kendi kişisel gücümüzü reddetmek anlamına gelmez. Bahsedilen bunun tam tersidir, güç paylaşımı ve herhangi bir durumda elimizden geleni yapıp sonrasında işleri oluruna bırakmaktır burada belirtilen.

Bu alternatifi seçtiğimizde güç oyunlarının her iki oyuncuyu da nasıl kurbanlaştırdığının farkına varmak çok önemlidir. Bu durumda yapılması gereken, yeni bir kişisel güç duygusunu ve her iki tarafın da itibarını beslemektir.

Güç oyunlarından kurtulmak istendiği takdirde yapılması gerekenleri aşağıda bulabilirsiniz:

1. Güç oyunlarının gerçek olduğunu kabul etmek
2. Sık kullandığımız güç oyunlarının bir listesini çıkarmak.
3. Kişisel işaretlerimizi tanımlamayı öğrenmek: Kafası karışmış, kapana kısılmış, suçlu, rahatsız, ihanete uğramış ve yarış içinde hissetmek; kendimizden şüphe etmek, acı reddetmeler yapmak, savunmada olmak, kabahati yansıtmak, partnerlerimizi sakınmak, kaçamak cevaplar vermek.
4. Güç oyunlarını destekleyen kişisel negatif inançlarımızı belirleyip değiştirmeye çalışmak.
5. Kendimizi çözmek, hepimizin eşit olduğuna inanmak

İç işleyiş ancak öğrenilerek kazanılır ve kendimizle nasıl yaşayacağımız sorusunun cevabından başka bir şey değildir. Eğer kendimize güveniyorsak, başkasının zarar görmesi pahasına kazanmaya ihtiyacımız yoktur.

Hedef: Karşılıklı Saygı

Güç arayışı içindeki bir eşin davranışlarından doğan bir tartışmada, sözlü atışmalara ne kadar az karşılık verirseniz sonucun o kadar iyi olacağını görürsünüz. Kendini savunma ya da hemfikir olma dürtüsü sizi direkt olarak tekrar bağımlı ilişkinin içine sürükler. Kısa, tek kelimelik cevaplar güç yarışından uzak kalmanın en iyi yoludur. Ya da pozisyonunuzu belirlemeyi seçebilirsiniz: "Ne zaman ki sen (Eylem), hissediyorum (Duygu) ve zihnimde duyuyorum (Düşünce). İhtiyacım/Tercihim (Yeni eylem)." Eşit kişisel gücün pozisyonuna dayanarak cevaplarsın ve böylelikle karşındakini eğitirsin. En çok duyulabileceğiniz zaman kendinizi ifade edin, kızgın olduğunuzda ya da bir tartışmanın en ateşli yerinde olduğunuz zaman değil. Şimdi, ilişkisi ileriye dönük, her iki partnerin de eşit kişisel gücüne dayanan, sağlıklı bir ilişki içerisindeki bir çiftin hikâyesini görelim.

Jennifer ve Brad'in Hikâyesi

Jennifer ve Brad'in güzel bir ilişkisi vardı. Ancak Brad birçok insana karşı üstlenmiş olduğu kurtarıcı ve akıl verici rolüne yani başkaları üstünde güç sahibi olmaya takıntılıydı. Brad'in vaktini ve enerjisini tüketen birçok kurbanı vardı. Jennifer bunların gerçek dostlar değil dalkavuklar olduğunu söylüyordu. Brad sıkça bu insanların vaktini çaldığını söylemesine rağmen, onlara bir türlü hayır diyemiyordu.

Jennifer genellikle kendini ihmal edilmiş hissediyordu ama geçen yıllar boyunca hep durumun değişeceğini umarak çok az şey söylemişti. Çocuklukta öğrendiği gibi hiçbir şey söylemeden sadece kendini kötü hissetmek gibi bir tarzı vardı. Çünkü ailesinde güç paylaşımını deneyimlememişti. Brad'e karşı gelme, onu sinirlendirme ve reddedilme korkusu taşıyordu.

Nihayet Brad'le yüzleşme cesaretini kazandığında, gerçekten hissederek ve dürüstçe yaptı bunu. Brad'e artık arkadaşları için kendi ihtiyaçlarını ertelemek istemediğini söyledi: "Bir arkadaşın taşınacağı zaman ona yardım etmeni istediği için hafta sonu planımızı iptal ettiğinde kendimi çok kırılmış ve öfkeli hissediyorum. Önemsiz olduğumu düşünüyorum. Senden istediğim, karar verirken benim ihtiyaçlarımı da göz önünde bulundurman." Jennifer o ana kadar olan davranışının çocukluğundan beri izlediği bir yol olduğunun farkına vardı. Artık bunu yapmak istemiyordu.

Brad ilk başta anlayışlı bir şekilde dinledi, sonrasında ise Jennifer'a, kendisini gözyaşlarıyla etkilemeye ve ilişkilerini kontrol etmeye çalıştığını söyleyerek sözlü olarak saldırdı. Dengesini geri kazanmak için onu eleştirmeye başladı, kendisine sevgi vermemek ve ona artık evliliklerinin nasıl olması gerektiğini ve olacağını anlatarak azarladı.

Jennifer boyun eğip katlanarak tekrar kişisel değerini doğrulayabilirdi ya da evliliğini bitirebilirdi. Neyse ki Brad'in davranışı kendisini incitse de bunun Brad'in kontrolünü kaybetme korkusundan kaynaklandığını anlayabilecek kadar güçlüydü. Kurban olarak kalmamaya kararlı olan Jennifer kendini ayrı tutmayı başararak Brad'in eleştirilerini kişisel algılamadı.

Uygun zaman oluştuğunda, onu gerçek anlamda değiştiremeyeceğini ve hayat boyu süregelen kalıpların değişmesinin kolay olmayacağını bilmesine rağmen Brad'e davranış şeklinin kendisini nasıl etkilediğini anlattı. Jennifer aynı zamanda içinde her ikisinin de eşit bir şekilde misilleme korkusu olmadan kendi düşünce, duygu ve davranışlarının yer alacağı sağlıklı bir evlilik istediğini de açıkça belirtti. Jennifer bu tarz bir idealin başarılabileceğini umdu, eğer başarılamazsa da bu ilişkide kalabilecek mi ya da kalabilecekse bunun nasıl olacağını düşünmekten başka çaresi yoktu.

Neyse ki hem Jennifer hem Brad şimdi daha güçlü ve özgür bir ilişkiyi gerçekleştirmek için uğraşıyorlar. Bu onlar için kolay değil ama karşılıklı saygı, kontrolcü bağımlı sevgiden ikisini de destekleyen ve hatta özgür bırakan bir ilişkiye geçebilmelerine olanak tanıdı. Böylelikle ortada daha az güç oyunu var ve onlar da hem birey olarak hem de çift olarak daha iyiler.

İnsanların kontrol ihtiyacını bırakmak istedikten sonra, bir ilişkide istedikleri ve ihtiyacı olan şeyleri nasıl daha kolay ve sık elde ettiklerini görmek beni şaşırtmaya devam ediyor. Bunu yapabilmelerinin sebebi belki de partnerlerden birinin, diğerinin gücünün kendine güvenli bir şekilde içinde yattığını sezmesinden, korku ve saygıyla ona ulaşmak ve vermek için harekete geçmesinden kaynaklanıyor. Ya da belki de başkaları üzerindeki kontrolün bir hayal olduğunu ve cevabın oluruna bırakmak olduğunu keşfettiklerinden. Fırtınada ancak rüzgârla birlikte eğilen ağaç büyür.

Çünkü beynimiz yapısı gereği sevgi ve cinsel bağlanmayı ayrı tutarak deneyimlemeye uygundur. İleriki bölümlerde aşk ve cinselliğin nasıl bağımlılık hâline dönüştüğünü ve bunların varlığını nasıl anlayabileceğimiz üzerinde duracağız.

6

Aşk Bağımlılığı

Bu canavar ki herkesin gözü önünde beni parçalıyor,
Bu aşk, bu arzu, bu unutkan şey,
Son yapraklar dökülürken beni alt eden,
Boğacak, hasta edecek, baharla birlikte gitmiş olacak.
Yara iyileşecek, ateş sönecek,
Göğüsteki düğümlenmiş acı çözülecek;
Titrek ışıklar eşleşmeden unutmalıyım
Senin bakışların ki benim doğum ve batım.
Derin bir pençeye rağmen sapasağlam
Tekrar sevmek gerekse bile gitmemeliyim:
Bedenimin yanında, ben uyurken uyanan,
Keskin bir öpüş, kar tanesi kadar soğuk bir el,
Bu kılıç gibi keskin karşılaşmanın yara izi
Ben ve benim sevgili lordumun arasında uzanacak.

EDNA ST. VINCENT MILLAY, Ölümcül Görüşme

Romantik Sevgi

Aşk coşkusu hayat deneyimleri içerisinde en sarhoş edici olandır. Daha çok genç yaşlardan itibaren onun büyüsü ve gücü hakkında hikâyeler duyarız. Bir prensesi ölümden uyandırır, bunalımlı bir prensi hayranlık uyandıran bir kahramana dönüştürür. Hikâyelerin çoğunda aşk hiç beklenmedik bir anda çıkagelir, âşıkların aklını başından alır ve hikâyenin geri kalanı onların kontrolü dışında gelişir. Bu ölümcül çekim zamanın kendisi kadar eskidir; keder, arzu ve felaket doludur. Romantik sevgide âşıklar coşku verici kimyasallara saplanacaklarına aşk ilişkisinin çekim alanına girerler. Aşk ilacı etkisini kaybetmeye başladığında gözleri kör olmuş âşıklar yanlarındakinin kendileri için doğru insan olmadığının farkına varırlar ve haklı bir nedenle onu terk ederler. Ya da eğer ortada gerçek aşk varsa bağlanma gerçekleşir.

Aşk, iki tarafı da keskin bir bıçak gibidir. O kadar uyarılmış oluruz ki, savunmasız olmak ve en iyi özelliklerimizi göstermek isteriz. Bizi daha önce incitenleri unuturuz ve bir başkasının bizi olduğumuz gibi tanıması için kalbimizi açarız. Diğer taraftan, bu romantik deneyim ya da fantezi bizi tüketmeye başlar ve bundan dolayı yavaşça deliye döneriz. İlişkiye sarılmaya başladığımızda zaaflarımız olan ihtiyaç duyma, öfke ve kontrol baş gösterir.

Romantik aşkın *coşkusu*, yani "limerence"*, ikisi de kısa süreli olan cinsel rahatlama arzusundan ya da karasevdadan çok farklıdır. Bu deneyim aşkta kaybolmaktır. Dorothy Tennov'a göre, "Limerence, sadece yaşayanlar tarafından bilinen ve yaşamayanlar tarafından hayretle izlenen çok farklı bir durumdur."[1] Ve bu his var olduğunda, yardım almadan durdurulamaz. İs-

* Limerence; bir kişiyle duygusal olarak bağlantılı hissetmeyi ve hatta ona karşı takıntılı oluşun bilişsel ve duygusal hâlini ifade eden, kişinin duygularına karşılık almak için şiddetli tutku duymasıyla somutlaşan bir kavramdır.

tem dışı olan bir şeydir. Aşk duyduğunuz kişi zihninizden uzaklaştığında bu hâl gerilese bile, bu kişiyi gelecekte tekrar gördüğünüzde yeniden canlanabilir. Kimyanın ötesinde ve insanı psikolojik olarak esir alan çok özel bir bağlanma türüdür.

"Aşkta kaybolmak" hayatın herhangi bir evresinde herhangi biri tarafından deneyimlenebilir ve uzun süreli olabilir. Birçok sanal aşk ilişkisinde olduğu gibi yüz yüze bir temas gerektirmez. Genellikle başkalarından saklanır ya da utanç yüzünden azaltılır. Romeo ve Juliet'in hikâyesindeki gibi karşılıklı ya da Rüzgâr Gibi Geçti'de Scarlett O'Hara'nın yaşadığı gibi tek taraflı olabilir. Psikologlar bu ikisini sevgi, sevinç, coşku ve tatmin içeren karşılıklı romantik sevgi ve ıstırap, özlem ve mutsuzluk içeren karşılıksız romantik sevgi olarak tanımlarlar.[2] Dr. Tennov'a göre romantik aşkta gözlenen özellikler; istek dışı düşünceler, ayrıcalıklı olma ve sevilen kişinin davranışlarına karşı hassasiyeti de içerir. "Her şey sevilen kişinin onaylamasına ya da reddetmesine göre değerlendirilir. Limerence (takıntı) başka bir insana, karşı konulamaz bir şekilde çekilmektir. Ancak karşılık görme ya da açlık durumlarında azalır. Buna rağmen devam etme olasılığı vardır."[3]

Aşk Bağımlılık Yaratır

Aşk sevgisi bağımlılıktır. Bir insanın üzerimizdeki etkisini bize gösteren düzinelerce kimyasal içerir. Vahşi bir coşku, büyülenmiş, gözü bir şey görmeyen bir deliliktir. Yeni âşık olduğumuzda, beynimizde haz durumunu artıran yüksek dozda dopamin ve kalbi hızlandıran, kan basıncını ve heyecanımızı yükselten norefinefrin bulunur. Romantik aşk, halüsinojen ve haz yaratan ilaçların etkisini, mistik endişenin ve aşk romanlarının heyecanını canlandırır. Aşk kimyası üzerine yapılan araştırmalar, aşk sarhoşluğunun başlamasının eşleşme süreci için gerekli olduğunu göstermektedir. Sonuç olarak bu hâlin doğurduğu derin neşe ve acıyı anlamak önemlidir. Beyin taramaları, âşık bir beynin, kokain ve uyku ilacı hazzını yaşayan bir beyindekine benzer olduğunu göstermektedir.[4]

Eğer aşk sürecinin belirtileri (ilgimizi bir kişiye yöneltmek, sevdiğimiz objeye özel bir anlam yüklemek ve onu yüceltmek, beklenmedik düşünceler deneyimlemek, sallantılı bir ruh hâli yaşamak; özlem, tutku ve haz hissetmek) normalse, o zaman aşkı bağımlı yapan nedir? Bir bağımlılığın tanımlayıcı özellikleri şöyledir: (1) saplantı ve endişe, (2) olumsuz sonuçlar doğuracak şekilde kontrol kaybı, (3) olumsuz sonuçlara rağmen devam etmek. Zorunlu olmamak kaydıyla görülebilecek diğer iki özellik ise tolerans göstermek ya da aynı etkiyi almak için daha fazlasına ihtiyaç duymak ve sevgi objesi ortadan kalktığında geri çekilmektir.

Aşk bağımlılığı genellikle hata yapılarak seks bağımlılığı ile karıştırılsa da hâlâ farklı bir bozukluk olarak ele alınmamaktadır ve *Zihin Bozukluklarının Tanı ve İstatistiksel El Kitabı*'na (tedavi uzmanlarının kullandığı tanı kılavuzu) da dâhil edilmemiştir. Tecrübelerime dayanarak söyleyebilirim ki aşk bağımlılığı, barındırdığı iyi hissettiren kimyasallar ve bir kişiye yönelik yoğun ilgiden dolayı diğer iki bağımlılık içinde en güçlüsü olabilir. "Onu kafamdan çıkaramıyorum" hiç de üzerinde şaka yapılacak bir cümle değildir. Eğer birisine sizinle seks yapmak ister mi diye sorup da hayır cevabı alsanız, herhâlde kendinizi öldürmeyi düşünmezsiniz. Ama günlük haberlere bir bakacak olursanız insanlar aşk için yaşıyor, aşk için ölüyor ve aşk için öldürüyor.

Duygusal İlişkiler

Gerçekten çok fantezi olan duygusal bir ilişki, diğer insanları dışarıda bırakmaya ve bir partner veya eşi içeriye almaya başlayınca aşk bağımlılığı kategorisine yaklaşmaya başlar. Duygusal ilişkiler genellikle yalnız başına ilerler, ta ki bir takıntı hâlini alana ya da ilişkiyi arkadaşlık seviyesinde tutmak zorlaşana kadar. Bir ilişkinin arkadaşlık sınırını geçerek aşk ilişkisi özelliklerini taşımaya başlamasının belirtileri saplantılı olmak ya da kişiyle ilgili sürekli olarak düşler kurmaktır. Bunlara ek olarak hayattaki önemli konuları boşlamak ya da ertelemek, bu kişinin sizi herhangi bir başkasından daha iyi anlayacağını düşünmek, kişinin davranışlarını kontrol etmek ve başkalarına dikkat etmek, kişiyi tekrar görmeyi umarak çok fazla zaman harcamak ya da bununla ilgili planlar yapmak, ilişkinin bir kişi üzerindeki etkisini azaltmak ve ısrarcı olmak diğer belirtiler olarak sayılabilir. "Biz sadece arkadaşız" cümlesi daha sık tekrarlanır, ilişkinin yönünü bir sır olarak tutma ihtiyacı duyulur, bu kişi en önemli sırdaş ilan edilir ve herhangi bir konuyla ilgili ilk bu kişiye gidilir. Sağlıklı ve bağımlı olmayan ilişkiler ile arasındaki tezat şudur: Sağlıklı ilişki içerisindeki kişi gerçeklikle bağını koparmaz, açık sınırları vardır, arkadaşlarıyla ilişkilerini arkadaşlık boyutunda tutmayı bilir ve arkadaşını eşiyle ve diğer arkadaşlarıyla paylaşmaktan herhangi bir rahatsızlık duymaz.

Aşk Bağımlılığının Yirmi Belirtisi

Âşık bir kişinin bir alarm gibi tekrarlanan negatif kalıpların farkına varması çok önemlidir. Bölüm 4'te verilmiş olan ve aşk bağımlılığı için de geçerli olan sevgi bağımlılığının işaretlerine ek olarak aşk bağımlılığına özel şu işaretleri ekleyebiliriz:

1. Saplantı
2. Derin kıskançlık
3. Sahiplenme
4. Depresyon ve melankoli

5. Heyecan verici duygulara bağımlılık
6. Yükselen endişe
7. Hayatı engelleyen aşk
8. Mükemmelleştirilmiş aşkın sınırlarında yaşamak
9. Abartılmış fantezi hayatı
10. Romantik, dramatik, haz veren eğlence seçimi
11. Aşk objesini gizlice izlemek
12. Hayali kovalamak
13. Aralıklı takviyelerle cezbetme
14. Karşılık bekleme
15. Aşk objesi yok olduğunda geri çekilme belirtileri
16. Arkadaş ve ailenin endişe göstermesi
17. İmkânsıza ya da İstismar Edene Bağlanma
18. Hayal kırıcı sonuçlar
19. Gerçekliğin çarpıtılması
20. Melodram

Çekim Problemi – Yardım Gerekli

Sevgi ilişkilerindeki sorunlar evrenseldir. Aşağıda göreceğiniz mail Güney Amerikalı Ricardo'nun yardım talebi. Aşk ilişkilerinin birçok işaretini içeriyor. Ayrıca sevginin ve bağımlılığın ne olduğuyla ilgili ne kadar kafamızın karışabileceğini de gösteriyor bize.

Dr. Schaeffer,

Bir konu hakkında gerçekten yardımınızı rica ediyorum. Yaklaşık bir yıldır birlikte çok hoş ve eğlenceli vakit geçirdiğim, iş yerimden bir kadınla arkadaşlık ediyorum. Birlikte çok vakit geçirdik ve bende ona karşı çok güçlü bir çekim gelişti. Romantik bir ilişki içerisine hiç girmedik, ne de bu konuyla ilgili söz verdik birbirimize; hiç cinsel açıdan yakınlaşmadık. Fakat benim başka kadınlarla görüşüyor olmamdan dolayı bir kavga yaşadık. Bana bunun aldatmak olduğunu söyledi. Arkadaşlığımız biteli birkaç ay kadar oluyor. Benim sorunum ise onunla uzun süreli bir ilişki istemememe rağmen:

1. *Onunla birlikte geçirdiğimiz zamanları özlüyorum. Sadece onunla olmayı düşünmenin ve fanteziler kurmanın bana romantik bir doyum sağladığını fark ediyorum ve bunu kaybetmek acı veriyor.*
2. *Ona karşı hissettiğim bu fiziksel ve duygusal çekim hiç ölmeyecek gibi gözüküyor. Onu bir süre görmeyince acı geçiyor gibi ama onu tekrar gördüğümde travma geri geliyor.*
3. *Onu ve onu geri kazanmayı düşünmekten kendimi alamıyorum. Belki de onu sadece, ona sahip olamadığım için istiyorum.*
4. *Onu başka erkeklerle gördüğümde çok kıskançlaşıyorum. Sonra onu arıyorum ya da e-mail gönderiyorum ve bana onu izlediğimi söylüyor.*
5. *Daha da depresif bir hâle geliyorum. Kendime, eğer daha çok ister ve denersem hâlâ onunla arkadaşlığımızı tekrar kurabileceğimizi söylüyorum.*

Ona karşı hissettiğim bu fiziksel ve duygusal çekimden nasıl kurtulabilirim? Biraz saplantılı oldu-

ğumu düşünüyorum ve reddedilmeyi kabullenemediğim için onu geri istiyorum. Bu her ne ise çok canım yanıyor ve tavsiyeye çok ihtiyacım var. Bunun aşk olma ihtimali var mı?

Minnettarlıkla,

Ricardo

Aşk bağımlılığının işaretlerini tekrarladıktan sonra bunun aşk mı bağımlılık mı olduğuna okuyucu olarak siz karar verin. İşte aşk bağımlılığının birkaç karanlık yüzü.

Saplantı

Saplantı, sürekli zihinde dönen sıradan bir düşünce gibi yumuşak ya da esir düşüldüğü düşüncesi gibi çok uç olabilir. Aşk bağımlılığında kişi özel bir dünyaya girer ve romantik objenin ya da ilişkinin saplantılı düşüncesi içerisinde kaybolur. Bu kişi sabah uyandığınızda ilk düşündüğünüz şeydir, gün boyunca onun ne düşündüğünü merak edersiniz ve günü onunla ilgili düşüncelerle bitirirsiniz. Her şey mevcut aşkın merceklerinden ve bir sis perdesi altında görülür.

Helen Fisher, *Neden Âşık Oluruz* adlı kitabındaki bir araştırmada, yeni bir aşk ilişkisi içindeki erkeklerin %79'unun, kadınların ise %78'inin işte veya sınıfta akıllarının sürekli sevdiklerine kaydığını keşfetmiştir.[5] Saplantı zihinsel bir hastalığa dönüşebilir ya da fiziksel bir rahatsızlık doğurabilir. *Saplantı* kelimesi araya giren herhangi bir düşünce, duygu ya da davranışı ifade eder ki bunlar normal düzeninde devam eden bir insanın hayatı üzerinde güçlü ve sürekli bir hâl alır. Ricardo'nun belirttiği gibi o, "Eğer olsaydı" ve "Belki" leri irdelerken zihin kendini sahiplenilmiş ya da yakalanmış hisseder.

Gerçek ya da hayal ürünü olsun, aşk objesiyle meşgul olmak hayatın diğer önemli alanlarından enerji çalar. Çoğu zaman yeni başlayan bir aşk ilişkisinde her iki taraf da bu deneyimin içinde kaybolur ve bu durumda belirli miktardaki saplantılı düşünceler normaldir. Diğer zamanlarda ise endişe tek bir yön alır ve bir aktör, aktris ya da politik lider için özenerek hazırlanmış bir fantezi hayatına karışabilir. İzleme gibi dışa vurulan garip davranışlar genellikle saplantının ürünüdür.

Derin Kıskançlık

Kibar Aşk Sanatı adlı kitabında Andreas Capellanus, kıskançlığı, aşkın ateşini yanık tutan "aşkın destekçisi" olarak belirtir. Ve bazı yönlerden bu doğrudur. Kıskançlık romantik aşkla ilişkilendirilen evrensel bir fenomendir. Farklı kültürlerde her cinsin kıskanç olabileceği hatta olduğu bilinir. Genellikle aldatılmaktan korkan erkekler cinsel aldatılma tehdidine karşı oldukça güçlü bir tepki verirler. Terk edilmekten korkan kadınlar ise partnerlerinin başka bir kadınla kendilerini duygusal olarak aldattığını anladıklarında güçlü bir tepki verirler. Her iki korkunun da tarihi kökleri vardır ve aile gelişiminde çok anlam taşır. Kıskançlık bir aşk ilişkisini güçlendirebilir ya da mahvedebilir.[6]

Kıskançlık korku üzerine kuruludur. Acı çekmekten korkma, terk edilmekten korkma, yalnız kalmaktan korkma, gelecekten korkma, ihanetten korkma, yeterli olamamaktan korkma ve daha fazlası. Sevgi objesine olan derin güven yüzünden sevgililerden birinin korkusunu iyileştirmek için eşler, sevgi objesinin hareketlerini ve diğerlerine olan dikkatini yakından incelerler. Eğer hafif bir dikkat kayması ya da ilişkiye bir tehdit ortaya çıkarsa kıskançlık başlar. Belirli miktardaki kıskançlık kabul edilebilirken aşk bağımlılığında bu tip bir tereddütü cezalandırmak için sözlü ya da fiziksel istismar ortaya çıkabilir. Bu davranış genellikle geçmişte yaşanmış bir güven sarsılmasından kaynaklanır.

David'in Hikâyesi

"Dört aydır süren bir ilişkim vardı ve partnerim benim kafamda çok sağlam ve temiz bir kişiydi. Sonra ona tek gecelik bir ilişki yaşayıp yaşamadığını sordum. "Evet ama hoşuma gitmedi" diyerek cevapladı. O andan itibaren onun geçmiş seks kaçamağını saplantı yapmaya başladım. Çok kolay kıskanıyorum. Bir hatasını bulup ondan önce bu ilişkiyi bırakmak için onu çok dikkatli bir şekilde izliyorum. Benim de birden çok tek gecelik ilişki yaşadığımı düşünürsek, gerçekten çok gülünç bir durum aslında."

Çocukluğunda ve yakın zamandaki aşk ilişkisinde güven sarsılması yaşayan David, bana çok derin bir içtenlikle şunu söyledi: "Bu ilişkiyi düzeltmek istiyorum."

Sahiplenme

Saplantı ve kıskançlığa çok yakından bağlı olan şey, aşk objesine sahip olmak ya da onu kontrol etmek arzusudur. Aşk bağımlılığında birey iyi duygular için teşvik edicidir. Eğer kişi uzaklaşırsa, bağımlı kişi idare edici kontrol taktikleriyle aşk objesini etrafında tutacak şekilde karşılık verir. Bu gibi taktikler tehdit etme, rüşvet ve aralıklı pekiştirme olabilir. Aşk bağımlılığı nihayetinde, psikolojik düzeyde bir şeyleri bilinçsiz olarak tedavi etme girişimidir. Bu da ilişkiyi hayatta tutmak için çekimi çok önemli hâle getirir. Patrick'in hikâyesi bize bunu gösteriyor.

Patrick'in Hikâyesi

Patrick mutsuz ev hayatından kaçmak amacıyla çok erken yaşta aşk ilişkilerine başladı. Aşkın yarattığı hazzı yaşamak ve belirli bir hayata sahip olmak istiyordu. Aynı zamanda kendini bir ilişkiye bütünüyle kaptırmak niyetinde de değildi. Jan olaya dâhil oldu. Daha genç ve daha az aşk tecrübesine sahipti ve ilişkinin başında kolaylıkla kontrol edilebiliyordu. Ancak aşkın hazzı, gerçekliğin büyük bir kısmını ortadan kaldırdığı için Jan ilişkiyi bitirmeye karar verdi. Patrick çok sinirlendi ve farklı taktiklerle Jan'ı etkilemeye çalıştı: Kızın kendine karşı şüpheye düşmesini sağlamak, konuşmaları kontrol etmek, değişeceğine dair sözler vererek rüşvet teklif etmek, tehdit etmek ve daha yumuşak duygular sergilemek. Bu taktiklerin hiçbiri işe yaramayıp da Jan onu terk edince Patrick öfkeli hâlinden derin depresyona geçti. Terapide aşkın bir sahiplik ya da acıyı dindirmek için bir ilaç olmadığını öğrendi.

Depresyon ve Melankoli

Bazı arzu dolu melankolik duygular aşk hikâyelerine uygun gibi görünür. Ancak aşk bağımlı bir şekilde kullanılmaya başlandığında, hem biyolojik hem de psikolojik bir çöküş yaşanır ki bu da depresyon olarak tanımlanır. Bazen romantik kişiler bir uzmandan yardım almama ya da aile ve arkadaşlarıyla depresyonu hakkında konuşmama hatasına düşerler. Bunlardan bazıları kendilerini âşıkmış gibi hissettiren tatlı melankoliye yapışıktır. Bu depresif hâller başlangıçta kısa olabilir ve tekrar iyi hissetmek için aşk objesini ya da fantezisini kullanarak sakinleştirilebilir. Ancak bağımlılık mevcutken devamlı bir şekilde kullan-bırak-kullan döngüsünü beyinde devam ettirmek, mutsuzluğun daha uzun sürmesine ve derinleşmesine sebep olur.

Aşkın kullanılması artık moral bozukluğuna iyi gelmez ve hatta bazı durumlarda bu moral bozukluğu daha önceden de vardır. Depresyon aynı zamanda kişinin ilişkiyle ilgili net bir şekilde düşünebilme yeteneğini de bulandırır. Bir aşk ilişkisi sonrasında gelen depresyonda, kişi hayatını devam ettirme konusunda sorunlar yaşar ve kişiye ya da mükemmel aşk rüyasına bağlanır.

Depresyon belirtisi olabilecek işaretler vardır. Kişi iki hafta ya da daha fazla bir süre boyunca bu işaretlerden sadece birkaç tanesine bile ihtiyaç duyuyorsa depresyonun varlığından söz edilebilir:

- Mutsuzluk, moral bozukluğu ve depresyon hissi
- Çok fazla ya da çok az uyumak ve sürekli uykulu olma sorunu
- Yemek alışkanlıklarında değişim. Kilo artış ya da kaybına sebep olacak şekilde iştahta değişim
- Konsantre olma ve dikkatsizlik problemi, hafıza problemleri
- Düşük enerji ve sürekli yorgunluk hissi
- Motive olma problemi
- Ümitsiz, yardım edilemez, değersiz ya da suçlu hissetme
- Ağlama nöbetleri
- Asosyalleşme
- Sebepsiz fiziksel ağrı
- Ölüm ya da intihar düşünceleri
- Aşırı sinirlilik artışı

Eğer bu işaretler mevcut ve devam ediyorsa, profesyonel yardım arayın. İlaçlı tedavi ve terapi kişinin daha net ve sağlıklı bir şekilde düşünebilmesine, daha iyi kararlar vermesine ve ileriye doğru daha çabuk ilerleyebilmesine yardım edebilir.

Heyecan Verici Duygulara Bağımlılık

Sevgi, kimyası üzerinde kontrolümüz olduğunu düşündüğümüz bir şeydir. Aşk doyumu görünmezdir ve bu hazzın devamı için inanılmaz bir fantezi hayatı yaratabiliriz. Birçok sevgi bağımlısı, bilinen ya da bilinmeyen duygusal ihtiyaçlarını karşılamak için girişimlerine başlar ama sonrasında haz veren duyguların bağımlısı olur.

İnternet, ihtiyaçlarını karşılamak üzere kompülsif bir şekilde romantik ilişkiler arayan insanlar için çok elverişli bir yoldur. Bir sohbet odasında başka biriyle tanışan bir kadın tanımadığı bu insanı olduğundan daha mükemmel bir şekilde canlandırabilir kafasında. Bu durum adrenalin ve dopamin'in yükselmesiyle heyecanı, tehlikeyi ve mutluluğu artırır. Sonuçta bu tarz ilişkiler yanlış bir duygusal his ve kimyasal güven yaratır.

Julie'nin Hikâyesi

"Bir arkadaşım bana internette romantik ilişkiler yaşadığı diğer hayatından bahsettiğinde onun deli olduğunu düşünmüştüm. Bana evli erkek ve kadınlar için olan sitelere bakmamı önerdi ve ben de sadece merakımdan baktım. Kendimi yavaşça duruma kaptırdım. İlk başta konuşmalar arkadaşça ve güvenliydi. Bu şekilde internet üzerinden görüştüğüm erkeklere yakınlık duydum ve kendimi önemli hissettim. Daha sonra çemberi bir insana inecek şekilde daralttım ve bu kişiyle özel konular hakkında konuşmaya başladık. Bu hareket tarzımı kendime, aileme karşı davranışlarımı pozitif yönde etkiliyor diyerek haklı gösteriyordum.

Sonra âşık oldum. Nick'le birlikte olma düşünce ve fantezisi beni tüketiyordu. Çok özel konularla ilgili saatlerce internette konuşuyorduk. Onunla buluşmak istiyordum hatta buna can atıyordum. Her gün onunla ilgili saatlerce fantezi kuruyordum. Bu yansıtılmış hayata sahip olabilmek için evlilik ve çocuklar da dâhil olmak üzere her şeyden vazgeçmeye hazırdım. Beni bu kadar yumuşak bir şekilde seven bir erkekle bir ilişki yaşamak için buna değerdi. Sizce ne kadar çılgın bir şey bu?"

Yükselen Endişe

Aşk bağımlılığı, depresyon zincirine ek olarak normal fonksiyonları sekteye uğratan yüksek boyutta bir endişe üretir. Karşımızdakinin davranışlarını dikkatlice kontrol edebilir ve kişi bizden uzaklaştığında ya da onaylamama işaretleri verdiğinde endişeye kapılırız. Bu durum genellikle geçmişteki bir travmadan, ayrılık korkusundan ya da romantik partnere duyulan güven gelişimi eksikliğinden kaynaklanır. Endişe ayrıca çok yakınlaşma korkusu olarak da ortaya çıkabilir.

Nikki'nin Hikâyesi

Nikki terapiye kafasındaki evrensel sorularla geldi: "Neden belirli çekimlere sahibiz?", "Neden her ikimiz de hem sevgiyi istiyor hem de ondan korkuyoruz?" Nikki panik olarak tanımladığı kalbindeki ve vücudundaki belirgin bir acıdan bahsetti. Yeni bir aşk ilişkisinin başındaydı ve vücudunda da benzer his ve duyguların farkına varıyordu. Karşısındaki kişinin onu reddedeceği olasılığından bahsederken "Bu korkunç bir duygu" diyordu. Onun her nüansını, vücut hareketini ve söylediği her sözü gözlemliyordu. "Beni istemesi için ne yapmam gerek?" diye sordu. Sorusu karşısında şaşırdım ve böyle bir sorunun aklına nereden geldiğini sordum ona.

Bana çocukluğunu ve istenmediğine dair hislerini anlatmaya başladı. "Annem ve babam benim yüzümden evlenmek zorunda kalmışlar. Annem benim doğumumdan önce ve sonra günlerce ağladığını ve depresyona girdiğini anlattı bana. Kariyerinden vazgeçmek zorunda kalmış. Ben doğarken babam orada değilmiş bile, kendi işlerinin peşinde koşuyormuş. Anneme âşık değilmiş zaten. On altı yıl boyunca mutsuz bir birliktelik yaşadıktan sonra nihayet bunu sonlandırdılar. Babam evliliği yüzünden her gün acı çektiğini söyledi bana. Onların mutsuzluğundan hep kendimi sorumlu tuttum ve endişe içinde yaşadım. Hiçbir zaman istendiğimi hissetmedim. Korkarım beni istemeyen erkekleri çekiyorum. İstenmemekten olduğu kadar yakınlaşmaktan da korkuyorum ve böylelikle aşk ilişkilerimde mutsuzluk yaratacak davranışlarda bulunuyorum."

Hayatı Engelleyen Aşk

Bağımlılık insanın enerjisini emer. Haz isteği, haz deneyimi, hazdan sonra hissedilen sarhoşluk kademeli olarak insanın hayatını alır. Her türlü bağımlılıkla birlikte ortaya çıkan negatif sonuçlar vardır ve kişi bağımlı olduğu maddeyle ilişkisini devam ettirir ya da başka bir davranış seçer. Aşk bağımlılığında da durum farklı değildir. Aşk bağımlılığında aşk ilişkisine olan derin yoğunlaşma kişiyi diğer önemli hayat görevlerinden uzaklaştıracak kadar dikkat dağıtan biyolojik ve psikolojik sonuçlar doğurur. İçerdiği sonuçlardan bazıları şunlar olabilir:

- Düşük iş performansı
- Sağlık bozuklukları
- Arkadaşların kaybedilmesi
- İlişki uyuşmazlıkları
- Kişisel hedefleri terk etme
- Duygusal problemler
- Çocukların ihmali

Nadine'in Hikâyesi

Bana daha önce de gelmiş olan hastam Nadine durumunu şöyle anlatmıştı: "Sana bunu söylemekten utanç duyuyorum ama, başka bir ilişkisi olan bir adama âşık oldum. Ümit ederek ve sözlere kanarak bu ilişkide kalmaya devam ettim. İşin daha da kötüsü tam da avukatlık lisansımı alma hedefimi gerçekleştirdikten hemen sonra hayatıma girdi ve böylelikle kendi işime başlama hayalimi bir kenara koydum. Birçok defa ayrıldık ama kendimi çok depresif hissettiğimden ona geri döndüm. Sürekli olarak birlikte geçirdiğimiz mutlu anları ve var olan ilişkisinde onun ne kadar mutsuz olduğunu düşündüm. Onu tekrar terk ettim ve bu sefer iradeli olmam için bana yardım etmeni istiyorum. Duygusal olarak çökmüş durumdayım ve eğer hiçbir şey olmadığını söyleyerek beni ararsa onu göreceğimden eminim. Aramızda çok güçlü bir çekim var çünkü."

Nadine, fiziksel ve duygusal sağlığını, kariyerini, finansal durumunu, arkadaşlarını ve hayallerini kaybetmek uğruna bu aşk ilişkisinde kaybolduğunu kabul etti.

Mükemmelleştirilmiş Aşkın Sınırlarında Yaşamak

Romantik aşk hepimizin aradığı derin ve kalpten hissedilen aşkı tatmamıza yardım eder. Bu idealleştirilmiş bir sevgidir ve bazen hayal ürünü gibi görünür. Romantik ilişkiyi tanımlayan *Amour* kelimesi mutluluk, korku ve mucize gibi ruhun hassas noktalarının bir hâli olarak deneyimlenir. 12. yüzyıl halk ozanlarına göre *Amour*, daha çok başkalarında ve insanın kendisinde görülen erdemlere duyulan aşktır. Aşk objesinin bu erdemlerle güçlendirilmesinden dolayı, ilişkinin sonlanması söz konusu olursa, içimizde canlı olan büyüklüğü kaybedeceğimizden korkarız. Sınırda yaşamak -bu idealleştirilmiş ve bazen yasak olan aşka tümüyle dalmak demek değildir- mükemmelleştirilmiş aşk illüzyonuna ve onun erdemlerine sarılmamıza izin verir. Sevgi ilişkilerinin bizi erdemli yapmadığını ancak kendimizi daha iyi insanlar olma yolunda destek olduğunu anlamakta genellikle zorlanırız. Bu anlayış olmadan acıma, mutsuzluk ve ilişkinin bitmesi gibi beklentilere gireriz.

Clint'in Hikâyesi

Romantik bir ilişki sona erdiğinde bize sanki erdemlerimiz de sonlanıyor gibi görünür. Hastam Clint acı içerisindeydi çünkü hayatının en önemli ve en mükemmel aşk ilişkisi sona ermişti. Bir daha kendini aynı şekilde hissedebileceği bir aşk ilişkisi yaşamasının imkânsız olduğunu düşünüyordu. Sevgilisinin, Clint'e, daha önce onda olmayan herhangi bir özellik katmadığını söyledim. Bu romantik ilişki onu kendisi olmaya davet etmiş ve bu onun için bir armağan olmuştu. Ona ilişki boyunca kendinde en çok neyi sevdiğini sordum. Şöyle cevapladı: "Özgürdüm, daha eğlenceliydim, gülüyordum, hayatın tadını çıkarıyordum ve daha kibardım." Sonrasında ona küçük bir çocukken nasıl olduğunu sordum. Çok taşkın bir çocuk olmasından dolayı sürekli odasına gönderildiğinden bahsetti. Nadiren eğleniyordu ve tek gördüğü çatık kaşlardı.

Mesajı almıştı. Kendini açmak ya da kapamak için mükemmelleştirilmiş aşkın sınırlarında yaşamasına ya da başka birisi için beklemesine gerek yoktu.

Abartılmış Fantezi Hayatı

Fantezinin amacı, zihnimizde bir şeyler tasarlarken, şiir yazarken ve sevdiğimiz insanla beraber olmayı beklerken hayatımızı zenginleştirmektir. Bunlar hayatı katlanabilir kılan iyi hissettiren kimyasalların iyi yönde kullanımıdır. Ama bazı zamanlar vardır ki hayat çekilmez olur ve insan fantezinin içinde kaybolarak acıdan kaçmak ister. Romantik bir aşk ilişkisi bunun en kusursuz yoludur. Bazıları için fanteziyi kaçış yolu olarak kullanmak çocuklukta başlar ve yetişkin sevgi ilişkilerinde de devam eder. Tıpkı Kari'nin hikâyesinde olduğu gibi.

Kari'nin Hikâyesi

"Daha üç yaşımdayken yalnızlığın verdiği acıyla vücudumdan ayrılıp, çok uzak yerleri ziyaret ederek içinde bulunduğum durumdan kaçardım. Ergenlik çağıma geldiğimde sevgi arzum ve dikkatim yoğunlaştı. Benden daha büyük ve popüler delikanlılar tarafından istendiğimi ve onlarla birlikte en popüler kız olduğum fantezisini kurardım. Bu fantezimi gerçeğe döndürmek için çok uğraştım. Ama hâlâ içimdeki büyük ve boş delik dolmuyordu. Kötü bir çember gibiydi. Acı veren duygulardan yeni romantik bir ilişki fantezisine, acı verici duygulara ve sonrasında başka bir fanteziye uzanan bir çember.

Özlemlerim yetişkinliğimde de devam etti. Yalnızlıkla dolu çocukluğumun yaralarını iyileştirecek birini ararken romantik aşkı gördüm. Birçok romantik ilişkide sihirli kurtuluş dünyasına kaçış fantezimi devam ettirdim. Sonra Cliff'i tanıdım. Gerçekten de aradığım kişiyi bulduğumu düşündüm. Birlikte paylaştığımız hayat üzerine fanteziler kurduk. Birbirimize hiç doyamayacak gibi görünüyorduk, aylarca büyülü bir fırtınadaydım sanki. Sonra daha önce var olduğunu bilmediğim bir cinsel bağımlılık onun başka bir kadına gitmesine yol açtı. Harap olmuştum. Şu an büyülü biz'i kaybetmenin acısını çekiyorum. Sanırım dersimi aldım. Artık aşkın aşk olmasına izin verme vakti. Fantezileri doyuran birine bağımlı hâle gelmedim ve fanteziye kaçış ihtiyacımın köklerini iyileştirme zamanının geldiğini düşünüyorum."

Romantik, Dramatik Haz Veren Eğlence Seçimi

Aşkı bağımlı olarak kullanan bir kişi, haz durumunu artıracak farklı yollar bulmak için romantik objenin ötesine bakar. Bağımlı kişi doğası gereği romantik olan, fanteziyi güçlendiren ya da melankoli ve bağlılığa sebep olan ortamlara doğru yönelir. Örneğin aşk romanları, aşk şarkıları, country müzik, pembe diziler, reality showlar, romantik sohbet odaları, müstehcen sanat formları ya da haz verici anımsamalar.

Nancy'nin Hikâyesi

Aşk bağımlısı olarak tedavi gören Nancy, geçmişteki romantik ruh hâline giriş ritüelini şöyle anlatıyor: "İşten eve gelip romantik bir müzik açıyordum. Sevgilimi düşünüyor, birlikte geçirdiğimiz çok romantik bir anı hatırlıyor, rahatlatıcı bir banyo yapıyor ve hislerime uygun romantik kıyafetler giyip parfüm sıkıyordum. Sevgilim beni görmeye ya da ben onu görmeye gidene kadar ben zaten romantik bir doruk noktasına varmış oluyordum. Ve ben bu duyguya romantik bir ilişki içerisinde değilken de, yeni bir sevgili aramak için dışarı çıkmadan önce hazırlanırken de ulaşabiliyordum. Birisinin beni cinsel olarak çekmesine ihtiyacım olmasına rağmen, peşinde olduğum şey tam olarak seks değildi. Romantik heyecandı."

Aşk Objesini Gizlice İzlemek

Webster sözlüğü *izlemeyi* şöyle tanımlar: "Saplantılı bir şekilde ve usandırma noktasına getirinceye kadar takip etmek." Başka bir tanımlama ise şu şekildedir: "Avlanmada olduğu gibi öldürme amacıyla gizlice yaklaşma." Cinsel arzu, sahiplenme, saldırı ve kıskançlık bazı çok uçarı davranışlarla sonuçlanabilir. Günümüzde romantik bir aşk ilişkisinin bitmesi korkusuyla başa çıkmak üzere, birçok sağlıksız yola başvurulduğunu görüyoruz. Romantik sevgi bağımlı olduğunda ve sevgi objesi gittiğinde ya da gitmekle tehdit ettiğinde, aşk bağımlısı genellikle izleyici rolünü üstlenir. Önemli biri terk ettiğinde ya da terk etmekle tehdit ettiğinde ilk ortaya çıkan biyolojik ve psikolojik itici güç bu kişiye yapışmaktır. İkinci eğilim ise sinirlenmektir. Bu eski kurtuluş çabalarına yetişkinliğe yaklaştıkça ihtiyacımız kalmaz. Ancak izleyicinin gündeminde başka bir şey vardır, *kontrol etmek*. İzleyici bir avdaymış gibi diğer kişinin ne yaptığını, nereye gittiğini ve hayatında başka birisinin olup olmadığını bilmek ister.

İzleyici reddedilmekten dolayı korkunç bir psikolojik acıyı deneyimliyor olsa bile yükselen dopamin ve norefinefrinden dolayı diğer taraftan daha kuvvetlidir. Buna ek olarak bu kimyasallar yükseldiğinde seratonin seviyesi düşer ve bundan dolayı vahşi itici güçleri kontrol etmek daha zorlaşır. Her ne kadar insanoğlunun bu itici güçleri kontrol etmek için denenmiş mekanizmaları olsa da psikolog William James'in belirttiği gibi, içimizde aynı zamanda "ölümcül bir refleks" taşımaktayız.[7] Çoğu izleyici bu ölümcül refleksin ortaya çıkmasına izin verir. İçlerindeki itici gücü kontrol etmekten aciz bu kişiler tehlikeli olabilir.

Lance'in Hikâyesi

Kendisi de bir terapist olan Lance, "Bu gerçek bir hikâye" dedi. "Kızım, kendisiyle birlikte olmadan hemen önce, karmaşık romantik aşk ilişkisini sonlandırmış bir adamla çıkıyordu. Önceki kız arkadaşı bitirmeyi kabul etmemiş ve adamla kızımı takip etmeye başlamıştı. Araba yolunda aniden karşılarına çıkıyor, onları otobanda takip ediyor ya da bulundukları restoranda boy gösteriyordu. En dramatik olanı ise, kızın terapi için bana gelerek kim olduğuyla ilgili yalan söylemesi ve sezgilerimin bana yanlış bir şeyler olduğunu söyleyene kadar gerçek niyetini gizlemesiydi. İkiyle ikinin dört olduğunu bulmak kadar kolaydı kim olduğunu keşfetmek. Ona sorduğumda nihayet bana doğruyu söyledi ve ben de onu başka bir terapiste yönlendirdim. Bazı insanlar ilaçlarına ulaşabilmek için her türlü yolu deniyor."

Hayali Kovalamak

Daha önce listelediğim aşk bağımlılığı işaretlerinden, hayali kovalamak dediğimizde akla, politikacıların ve onların cinsel gösterilerinin yer aldığı birçok hikâye geliyor. Bu gibi durumlarda olaya dâhil olan daha genç yaştaki kadınlar sanki bir hayal peşinde koşuyor gibidirler. İdealleri çok toy ve güç olarak daha düşük seviyede olan bu kadınlar en savunmasız olanlardır. Her şeyden öte aslında onlar da aynı bizim yetiştiğimiz peri masallarıyla büyürler. Prensin cazibe, güç ve yakışıklılığından başları döndüğünden, yaşça büyük olgun erkeklerin çekiciliğine karşı koyamayacaklarına inanırlar. Cupid'in okuna da hedef olduktan sonra akıl pencereden uçar gider. Sonuçlar hiç düşünülmez, bu yaşça büyük erkeklerin cinsel arzularını kontrol etmede zorluk çekebilecekleri dikkate alınmaz. Bu erkeklerin eşleri ve aileleriyle derin bir bağları olduğu konusunu göz ardı eden genç kadınlar olaya dâhil olurlar. Bu kadınların bir tarafı bu hayale inanır ve bu liderlere acı verici ve derin bir şekilde âşık olurlar.

Peki ya tam tersi olur ve yaşça büyük bir erkek hayalin peşinden koşar ve genç bir kadın onu kullanırsa? İşte Dan'in dramatik hikâyesi.

Dan'in Hikâyesi

"Ben, birlikte olduğum fahişelerden bir tanesine âşık olan bir seks bağımlısıyım. Onunla birlikte olarak itinayla hazırlanmış bir fantezi hayatı başlattım. O ise benimle sonuna kadar oynadı. Cinsellik vaat ediyordu ama bana sadece oyunda kalmama yetecek kadarını veriyordu. Ara sıra verdiği ödüller işe yaramıştı. Ona para ve kredi kartı verdim, seyahatlere götürdüm, cep telefonu aldım, tüm faturalarını ve diğer giderlerini ödedim. Eroin kullanıyordu böylelikle ben de denedim. Seksi daha zevk verici hâle dönüştürecekti bu. Hepatit C'si olan erkek arkadaşlarının bana kendi kanlarıyla iğne yapmasına izin verdim. Onun da hepatiti olduğunu öğrendim. Devam ettim çünkü onu korkunç hayatından kurtarmak hayali ilacım olmuştu. Kendimi değil, onu bir kurban gibi görüyordum.

Taşınıp fantezi partnerimle yaşamak üzere ortak bir ev aldım. Eşime boşanmak istediğimi söyledim. Dönüp de o günlere baktığımda kendimi fantezi ilişkisine daha da çok kaptırmaya devam ederek eşimin acı çekmesine sebep olduğum için derin bir vicdan azabı duyuyorum. Ama o zamanlarda bunun bir önemi yoktu çünkü kendimi durduramıyordum ve olayları sağlıklı bir şekilde göremiyordum. Eşim evliliğimize son bir şans verip veremeyeceğimi sordu. Bu içimde bir şeyleri harekete geçirdi ve onunla birlikte bir danışmana gitmeyi kabul ettim. Hâlâ daha fantezimden vazgeçmek istediğimden emin değildim. Terapist sonuçları belirtmede çok direkt davrandı: Aptal durumuna düşürülmeme ben izin vermiştim, beni öldürebilecek bir fantezi yaşıyordum ve bana son bir şans vermek isteyen bir eşim vardı. Yavaş yavaş kendi çılgın düşüncelerimin farkına varmaya başladım ve kendimi kurtarmam gerektiğini anladım. Bu kadın bir ilişki yaşamaya yatkın değildi, ben de öyle. Ilımlılık ve eşimle sağlıklı bir ilişki kurabilmek için çalışırken, içimde neyin beni seks ve romantik hayal kırıklıklarına karşı bu kadar savunmasız hâle getirdiğini araştırdım, bulduğum şeyler ise duygusal ensest, yalnızlık ve kendime olan saygımın çok az olmasıydı."

Aralıklı Takviyelerle Cezbetme

Bağımlı sevgi, kumar bağımlılığından pek farklı değildir. Kumar bağımlılığının öne çıkan özelliği aralıklı olarak takviye edilmesidir. Belirli bir davranışın sürekliliğini sağlamak için birçok farklı yol vardır. Bir davranışı, sürekli kabul ederek onu olumlu bir şekilde destekleyebiliriz. Örneğin bir çocuk iyi bir not aldığında övgü alır. Aynı şekilde sürekli olarak uyararak negatif bir davranışı da güçlendirebiliriz. Ya da bir davranışı, negatif önem vererek sınırlayabiliriz. "Eğer notların düşerse Cuma gecesi arkadaşlarınla çıkamazsın" buna bir örnektir. Davranışlara karşı tepkilerinizi değiştirirseniz, davranışlar da bir şekilde kolaylıkla değişmeye hazırdır.

Bir davranışın en zor destekleniş şekli aralıklı olanıdır. Bu durumda hiç bir zaman ödüllendirilip cezalandırılacağını bilemezsin. Örneğin kumarda bir slot makinesinde saatlerce oynayıp hiçbir şey kazanmayabilirsin. Sonra son bozuk paranla oynadığının on katını kazanabilirsin. Ve bundan sonra tekrar oynamaya isteklisindir. Bu durum yüksek derecedeki bağımlı romantik ilişkilerde de böyledir. Aldığının çok daha fazlasını koyabilirsin ortaya, ama tam ilişkiyi bitirmeye niyetlenmişken olasılığın ümidini hissetmeye yetecek kadarı sana verilir ve bundan dolayı ilişkide kalmaya devam edersin.

Trent'in Hikâyesi

40 yaşındaki hastam Trent, bana çok ciddi bir aşk bağımlılığı problemi olduğunu söyleyerek geldi. 13 yıl süren tatsız evliliğini aşk arayışı uğruna sonlandırmıştı. Bu hikâyeyi bitirmeden hayatına devam etmeyi hayal bile edemiyordu. Cassie'yle tanıştı ve hem romantik hem de cinsel anlamda ona âşık oldu. Problem şuydu ki; Cassie hem ilişkinin içinde hem de dışında olmak istiyordu. Bu şekilde başlayan ilişkilerinde Trent'e "Yakınlaş, uzaklaş" mesajları vermeye devam ediyordu. Trent onunla yakınlaşıyor ama sonrasında kendisinden uzaklaşması isteniyordu. Tam kendini ayrılık acısına alıştırdığı zaman Cassie onu arıyor ve onu görmek istiyordu. Trent onu reddedemiyordu. Bir gün Cassie'nin onun ihtiyaçlarını karşılayamayaca-

ğını öğreniyor bir sonraki gün dünyanın merkezi oluyordu. Bu aralıklı ödüllendirme mekanizması devam ettikçe Trent, Cassie'nin onayı için kendini çaresiz hissetmeye başladı ve bir gün sürekli beraber olabilecekleri düşüncesine daha çok bağlandı. Birlikte geçirdikleri iyi vakitler kötüleri yok ediyordu sanki. Masasının sadece bir bacağı vardı ve bu Cassie'ydi. Eğer orada değilse çökerdi. Onu tüm ayakları kendisinin olacak dört bacaklı bir sehpa yapması için yüreklendirdim.

Karşılık Bekleme

Romantik sevgide ümit ve belirsizlik arasında gelip giderken, heyecanı canlı tutmaya yetecek kadar hassas bir denge vardır. Ortaya çıkan kimyasal, fiziksel dokunma ve dokunulmanın açıklanmasına yardımcı olur. Kişi sadece romantik objeyle beraber olmayı arzulamaz aynı zamanda karşısındakinin de kendisini arzuladığını umar. Aşk objesi mevcut olmadığı durumda arzu ve tatlı bir melankoli duygusu çok basit bir şekilde karşılık bekleme arzusu olarak ortaya çıkar. Arzu ve melankoli kendinden geçme özelliğine sahiptir ve acıdan çok âşık olduğumuzu bize hatırlatan hislerdir. Karşılık görme ümidi aşk bağımlısına yüksek duygusal bağımlılık sağladıktan sonra kolayca terk edilemeyecektir. Bu duygu ve deneyimler, kişinin gerçeğe karşı körleşmiş olması durumunda ya da hayatındaki daha önemli konulara zarar vermelerine izin vermesi durumunda problem olabilir.

Trent'in Hikâyesinin Devamı

Trent'in hikâyesi bize, içteki yaraların bir çiftin yakınlığa ve bağlanmaya girememesini ve karşılık bekleme ümidinin ne kadar güçlü olduğunu gösteriyor. Arzu, çaresizlik ve özlem,

Trent'i üç yıl boyunca aşkın uçlarında tuttu. Vücudu gergin ve tetikteydi. Ama geçmişine bakınca bu hep böyle olmuştu. Annesi, babasını kendisiyle evlenmeye mecbur bırakmak için hamile kalmıştı. Trent'i kullanmıştı ve babası da onu reddetmişti. İlk günden itibaren sevilmeyi arzuladı ve bunu elde edememenin gerginliğiyle yaşadı. Şimdi hissetmekte olduğu gerginlik de buna benziyordu. Babası ve annesinden alamadığını Cassie'den almak ve hayatta olma hakkını doğrulamak istiyordu. Psikolojik olarak riske attığı şey çoktu. Problem ise benzer olan ve ona geri dönecek sevgi ümidine bağımlı olmasıydı. Cassie'yle olmak evde olmak gibiydi.

Aşk Objesi Yok Olduğunda Geri Çekilme Belirtileri

Farklı bir eyalette yaşayan genç bir adamdan bir telefon aldım, kız arkadaşıyla yaşadığı ayrılıktan iyileşmek için yardım istiyordu.

Darren'in Hikâyesi

Darren madde bağımlılığı tedavisi görmüş ve bunun bir sonucu olarak bağımlı maddenin geri istenmesi durumunu deneyimlemişti. Aynı tipte rahatsız edici belirtileri, bitmek üzere olan aşk ilişkisinde de yaşadığını ve ona bu konunun çözümüyle ilgili ciddi olarak yaklaşan birilerini bulmakta çok zorlandığını belirtti. "Boş ver gitsin" işe yaramamıştı. Boş vermek istemiyordu. Sonuç olarak ilişkisini bitirmek için iyi sebepleri vardı. Belirtilerin yoğunluğundan dolayı kokain bağımlılığına geri dönebileceğinden endişe duyuyordu. Aşk ve madde bağımlılığının beyindeki etkilerinin benzerliği düşünülecek olursa korkusu hiç de yersiz değildi.

Ona ne geçirmekte olduğunu çok iyi anladığımı söylediğimde hızlı bir rahatlama hissetti. "Deli olduğumu söylemediğiniz için teşekkürler. Şu anda hissettiklerim kokaini bırakmaya çalışırken hissettiklerim kadar acı verici." Ona aşkın biyokimyasını ve beynin kendisine nasıl özlemler geliştirdiğini açıkladım. Normal bir ızdırabın da nörokimyasal dönüşleri olduğuna ve bunların Darren'ın savaş verdiklerinden nasıl farklılaştığına da ışık tuttum.

Bir romantik ilişki bittiğinde, ilişki ne kadar derinse ya da bir kişi daha önce ne kadar çok bağımlılık travması yaşadıysa, o kadar daha fazla geri isteme belirtisi söz konusu olur. Romantik bir ilişki sonunda hissedilen geri isteme belirtilerinden en kritikleri şunlardır:

- Panik Atak
- Düzensiz Kalp Atışı
- Göğüs Ağrısı
- Göğüste Sıkışma
- Mide Ağrıları
- Fazla Terleme
- İshal ve Kusma
- Uyuma ve Yemek Yeme Güçlüğü
- Nefes Alma Güçlüğü
- Başka Bağımlılıklara Karşı İstek ve Geri Dönme
- Depresyon
- Kişiyle Çok Güçlü Bir Şekilde İrtibata Geçme İsteği
- Sorun Merkezi Olma

Bu gibi geri isteme belirtileri yaşayan bir kişinin cevabı, başka bir ilişkiye atlamak ya da acıyı riskli davranışlarla uzaklaştırmaya çalışmak olabilir. Belirtilerden birçoğu var ve devam ediyorsa yardım almak çok önemlidir.

Arkadaş ve Ailenin Endişe Göstermesi

Bir kişinin sorunlu bir ilişki yaşadığına yönelik en içten yorumları ilk yapacak olanlar ailesi ve arkadaşlarıdır. Bazen diğerleri, bir kişinin görmesi gereken ama yeni bir aşkın ortasında olduğundan dolayı göremediği şeyi görebilir. Buna bazen istismar da dâhildir. Burada rahatsız edici olan şey birçok insanın bu durumu, istismarı yapan kişinin onları gerçekten sevdiğinin bir kanıtı olarak açıklamalarıdır.

Beth'in Hikâyesi

Beth'in annesi kızının vücudundaki çürükleri ilk fark eden kişiydi. Beth annesine yalan söyleyerek bunların işte olduğunu açıkladı. Gerçek ise yüksek derecede tacizci romantik bir ilişkiydi. Beth yaşça kendisinden biraz daha büyük, çok yakışıklı, seksi ve duygusal açıdan zor bir dönem geçirmekte olan Kirk'e çılgınca âşıktı.

Kirk'ün aşırı kıskançlığı ve artan çürükler Beth'in arkadaşlarının ve annesinin kaygılarının oluşmasına sebep oldu. Beth'i ilişkiyi bitirmesi yönünde cesaretlendirdiler ancak onların öğüdünü dinlemek yerine Beth, Kirk'ün dairesine taşındı. Dramatik ilişki bu şekilde devam etti. Bir fırsatta, aşırı derecede uyuşturucu almış olan Kirk sinirlendi ve Beth'i sözlü olarak azarlamaya başladı. Hayatından endişe eden Beth, çantasını ve eşyalarını toplamaya başladı. Kirk onu yakalayarak kapıya doğru itti. Kirk'in öfkesinden korkan ve hâlâ ona âşık olan Beth boyun eğdi ve onunla kaldı.

Kirk'in uyuşturucu aldığı bir gece taciz yine başladı. Odaklanarak cesaret gösteren Beth polisi ve arkadaşlarını çağırdı. Vücudundaki çürükler ve daha yeni yaşanan olaylar sayesinde bir yasaklama kararı çıkarttı, güvende olacağı bir yere götürüldü ve travmadan iyileşebilmek için yardım aldı. Travma kadar zor olan şey Kirk'ü aklından çıkarmaktı. Beth'in kendine güven eksikliği ve ufak yaşta babasını kaybetmiş olması, Kirk'ün davranışlarını, arzu edilme ve sevgi işaretleri olarak yorumlamasına sebep olmuştu.

İmkânsıza ya da İstismar Edene Bağlanma

Önceki bölümlerde anlatılan hikâyelerin gösterdiği üzere, sevgi ilişkilerinde oldukça çok istismar var. Bir araştırmaya göre boşanma davası için mahkemeye giden yetişkinlerde salgılanan kimyasallar, cinsel ve romantik doyum anlarında yaşananların aynısıdır. Bu bize, imkânsız bir kişinin ardından gitmenin ya da istismar içeren bir ilişkiye devam etmenin bir haz yarattığını gösterir. Bu, çocukluktaki ilişki eğitiminin bir sonucudur. Karen'in hikâyesi buna işaret ediyor.

Karen'in Hikâyesi

Bir yetişkin olan Karen tam bir Amerikan rüyası gibi görünen Bill'e âşık oldu. Birlikte geçirdikleri ilk yılda, Bill'in saldırganlığı olduğuna yönelik uyarılar olmuştu ama daha yeni bir aşk ilişkisi içinde olmanın heyecanı Karen'in bunları önemsememesine yetmişti. Yavaş yavaş bir şeyler değişmeye başladı. Başkalarının yanında Bill ona iyi davranıyordu ama yalnız kaldıklarında sözlü ve zihinsel olarak saldırganlaşıyordu. İyi günleri de oluyordu, kötü günleri de ve bu döngü bir yıl kadar daha devam etti. Karen ilişkiyi bitirmek istiyordu ama sürekli olarak yaşadıkları güzel anları, onun çocuklarına sahip olma hayalini ve iyi özelliklerini düşünüyordu. Ve hepsinden öte âşıktı.

Sonunda Karen da tuhaf davranışlarda bulunmaya başladı. Bir gün korku içinde ve sessiz bir şekilde uyum sağlarken, bir sonraki gün patlayarak ondan değişmesini istiyordu. Bill ise bazen hiçbir tepki vermeden çekip gidiyor bazen de saldırgan bir şekilde ona hayatından çıkıp gitmesini söylüyordu. Sonrasında bir araya geliyorlar, sevişiyorlar ve bir süre barış içinde yaşıyorlardı. Bu durum Karen'in duygusal gelgitlerden dolayı fiziksel olarak hastalanmasına ve yardım talebinde bulunmasına kadar devam etti.

Terapide, bir zamanlar bağlandığı istismarcı ve alkolik babası yüzünden farkında olmadan romantik ilişkilerinde de bu tipte erkekler aradığını öğrendi. Karen'in babası, tedavi gördükten sonra ona karşı olan sert davranışlarından dolayı Karen'den yürek dolusu özür diledi. Kızına, gelecekte yaşayacağı tüm ilişkilerinde kayıtsız şartsız olarak güvende hissetmeyi ve sevilmeyi hak ettiğini söyledi. Karen babasının sözlerini kavradı ve Bill'in gitmesine izin verdi.

Hayal Kırıcı Sonuçlar

Aşka bağımlı olan bir kişi hayalini gerçekleştirmeye odaklanmıştır. *Nihayet boşluğumu dolduracak, acılarıma son verecek ve sevilmeye değer olduğumu kanıtlayacak biri geldi.* Kişi bunları hayal eder. Bu beklentiyle dolduğundan ve partnerinin onun bütün olma fantezisini gerçekleştiremeyeceğinin (gerçekleştirmesinin gerekmediğinin) farkında olmadığından, kişi kendini terk edilmiş hisseder ve hayalleri süsleyen aşk romanının sonu yok olmaya başlar. Hüsran, kızgınlık ve hayal kırıklığı hisleriyle ilişki solar ve biter. Sonra arayış tekrar başlar. Joanie, hayal kırıklığı yaratan romantik bir ilişkiden diğerine geçmiş bir kişi.

Joanie'nin Hikâyesi

"Kime âşık olacağımla ilgili herhangi bir standardım yok. Pençelerimi derine batıracak kadar uzun süre benimle birlikte olan biri olabilir bu. Hayatımda romantik bir aşk olmadan kendimi gerçekten çok çaresiz hissederim. Eğer bir kişi kendini çeker ya da altmış dakika içinde mailime ya da telefon çağrıma dönüş yapmazsa panik yaparım. Korkunç geri isteme semptomları yaşadım; baş dönmesi, titreme, bulantı ve kalp çarpıntısı. Ama kişi oradayken bu belirtiler kayboluyor. Bu durumda tahmin edebilirsiniz ki o insanı orada tutabilmek için elimden gelen her şeyi yaparım. Kendimi vazgeçilmez yaparım. Baştan çıkarıcı bir şekilde giyinirim. İstemediğim hâlde seks yaparım. Beraber özenilmiş bir geleceğin fantezisini kurarım ve planını yaparım. Kişinin, benim onu sevdiğim kadar onun da beni seveceğine kendimi ikna ederim.

Elbette gerçek dışı beklentilere sahip olduğumdan dolayı hep hayal kırıklığına uğradım. Dünyamın merkezi beni terk edecek ve ben korkunç bir düşüş yaşayacağım. Yeniden âşık olmam ve tekrar hayal kırıklığına uğramam çok uzun sürmeyecek. Kırık kalbimin iyileşmesi ya da son ilişkime kadar ne yaptığımı anlamak için kendime zaman tanımayı hiç düşünmedim. Hayatımı sonlandırma girişiminde bulundum, beni önce hastaneye sonra terapiye götürdüler. Beklentilerimi gerçekleştirmek konusunda güçsüz olduğumu nihayet kabullendiğimde iyileşmeye başladım."

Gerçekliğin Çarpıtılması

Aşk bağımlılığı söz konusu olduğunda "aşkın gözü kördür" söylemi, uydurmadan çok gerçektir. Bir kişi âşık olduğunda, en azından ilişkinin başında, gözüne bir at gözlüğü takar. Aşk objesinin söylediği ya da yaptığı her şey çekici gelir. Romantik sis perdesi algı ve yorumları olumlu bir görüşle etkiler ve bir kişinin aşk ilişkisi içinde daha uzun süre kalmasını sağlar. Aşk bağımlıları, olmayan şeyleri görmek konusunda kayda değer bir özelliğe sahiptirler. Canlı fanteziler, âşık oldukları objenin en ufak pozitif ya da nötr hareketini karşılık olarak alabilir. Bu tarz çarpıtmalar karşılıksız aşk ve reddedilme korkusundan anlık rahatlama sağlar. Aşk bağımlılarının başkalarının net bir şekilde gördüğü, partnerlerinin çok hoş olmayan özelliklerini minimize etme gibi anlaşılmaz bir yetenekleri de vardır. Kötü muameleye maruz kaldıkları zamanlar için bile sorumluluğu üstlerine alırlar. Bu tarz bozulmalar umudu canlı tutar ve keyif duygularının devamını sağlar.

Maren'in Hikâyesi

Maren ne kadar kör olduğuna çok şaşırmıştı. Harika bir adama âşık olmuştu. Ama daha sonra öğreneceği üzere âşık olduğu erkek, Maren'in iş arkadaşları da dâhil olmak üzere başka kadınlar için de harikaydı. Bana şöyle dedi: "Onu baştan itibaren bir tahta oturttum. Önüme attığı her kırıntıyı topladım ve bunlardan bana delicesine âşık olduğu manasını çıkardım. Çok çekici ve harikaydı, çok hoş şeyler söylüyordu, sonra birden aramayı kesti. Huysuz ve rahatsız ediciydi. Daha sonra, başka kadınlarla görüştüğünü öğrendiğimden şüphe ettiğinde tekrar çekici tavırlarına geri döndü, beni romantik akşam yemeklerine çıkardı ve çok nazik davrandı. Bana karşı tekrar iyi davranmaya başladığında kendi kendime yanıldığımı, diğerlerinin de yanıldığını, beni gerçekten de diğerlerinden daha fazla sevdiğini ve tekrar ilk başladığımız zamanki hâlimize geri döneceğimizi düşündüm. İçimde bu çift sesliliği yaşıyordum. Bir tarafım onun iyi bir insan olmadığını âşık olan tarafımsa bana onun ne kadar harika bir insan olduğunu söylüyordu.

Düşüncelerim çarpıklaşmıştı ve kendimi körleştirmiştim. Bana kötü davranmasını, haftalarca kendimi kandırarak görmezden gelmiştim. Bana kendi için neler yaptırdığına inanamıyordum. Yeni evine taşındığında temizlik yaparken belimi bile incitmiştim. Yardımlarımı yüzüne vurma gereği bile duymamıştım. Kuru temizlemeden giysilerini almış, alıverişini yapmıştım çünkü bulanık düşünce sistemimde, benden onun için bir şeyler yapmamı istediğinde bunu, önemli olduğum ve bana âşık olduğu şeklinde yorumlamıştım. Kim bilir ne düşünüyordum?"

Melodram

Aşk oyununda karşılık alma arzusu direkt olarak talep edilemez, bu çok risklidir çünkü. Bundan dolayı istediğiniz takdirde, hassas bir oyun ve kur yapma söz konusu olur. Önemsiz kandırmacaları, utangaçlığı, belirgin hassaslığı ya da aşırı uyanıklığı içeren karşılığı olan coşkulara geçiş yapılır. Kişi, sevgi objesinin verdiği karşılığa ve hareketlerine bağımlı hâle gelir. Ümit ve şüphenin ince çizgisi arzuyu canlı tutar. Ödülü kazanamama korkusu ihtiyatlı olmaya yol açar. Gerçek duyguların açıkça ilan edilmesi süreci engelleyebileceği için bu duygular saklanır. Aşk bağımlılığındaki paradoks, kişinin ödülü hem istemesi hem de istememesidir. Bunun gerçekleştiği kişiler için ilişkiyi bir sonraki adıma taşımak gerekir ki bu karşılıklı sorumluluk demektir. Bir sonraki adıma geçmeye karşı korku ortaya çıkabilir. Bundan dolayı gerginliği, istek ve arzuyu canlı tutmak daha iyi bir alternatif olarak görülür. Diğer bir ihtimal ise belirsizliğin devam ettirilmesidir ki böylelikle reddedilme ya da terk edilme riski ortadan kalkmış olur. Ya da ödülü almışsanız ve bir hayal kırıklığı oluşmuşsa, ilişkiyi terk edebilirsiniz.

Ricardo'nun Hikâyesinin Devamı

Geri dönüp bölüm başında yer alan Ricardo'nun e-mailine bakacak olursak, sizce bu dramda kaç tane aşk bağımlılığı işareti var? Saplantı, kıskançlık, sahiplenme ya da depresyon mu mevcut? İlişki içindeyken bir haz alıyor ya da aşk objesi yokken endişe mi duyuyor? Geri çekilip mükemmelleştirilmiş aşkın sınırlarında yaşarken, aşkın hayatındaki diğer parçalara zararı mı dokunuyor? Zengin fantezilerle dolu bir hayata kaçıp haz duygularının özlemini mi duyuyor? Arkadaşlarını izliyor mu ya da hayallerini mi takip ediyor? Arkadaşlarının aralıklı cesaretlendirmelerine mi sarılmış yoksa partneri onunla olmadığında onu geri mi istiyor? Acısını geçirmek için fantezi ve uygun olmayan bir partnere mi bel bağlıyor? Ricardo'nun fantezilerinin sonuçları onu hayal kırıklığına mı uğratıyor? Aşkı canlı tutmak için gerçekliği saptırıyor mu? Âşık olmanın yumuşak duygusunu kovalarken melankoli, arzu etme, beklenti ve melodramın farkına varabiliyor mu?

Resim ortaya çıkıyor. Siz olsanız onun e-mailini nasıl cevaplardınız? Eğer romantik bir ilişki içindeyseniz kendinizi nasıl derecelendirirsiniz?

Bir sonraki bölümde göreceğimiz gibi, bir sevgiliyle cinsel bir birleşme yaşamaya yönelik itici güç güzel bir şeydir. Bu konuyla ilgili bize ulaşan birçok mesaj olduğundan dolayı biliyoruz ki seks yanlış ya da hor kullanılmış olabilir. Şimdi ilerleyelim ve seks bağımlılığının yirmi belirtisini görelim.

7

Seks Bağımlılığı

Hepimiz garip ya da sinsi düşüncelere sahip olabiliriz, bu çok normal. Bunlar kontrolden çıktığı zaman, beynin yardıma ihtiyacı olduğunun bir belirtisi olabilir.

DANIEL AMEN, Beyinde Seks

Karanlık Eros

Cinsel aşkın gücü hafife alınmamalıdır. Erotik aşkın ilk heyecanlandırıcı yönü hem iyi hem de rahatsız edici hissettirmesidir. Eros tarafından yakalanmak yeni bir dünyaya geçiş demektir. Küçük yaşlarımızda seks hakkında aldığımız mesajlar, cinselliğimizin neşe verici yüzünü görmeyi ya da hayal kırıklığını getirir. Kısa zamanda öğreniriz ki seks aşk değildir, aşk da seks değildir. Sonunda bu iki deneyim bir araya gelir ve bu gerçekleştiğinde cinselliğimizi çok boyutlu olarak deneyimlememiz gerekir. Cinsel aşk heyecanlı ve uyarılmış hissetmemize yardımcı olur. Duygusal bağlanmayı güçlendirecek temeli oluşturur, birleşme için duyduğumuz tutku ve özlemi şiddetlendirir ve bir olma ve haz duyma arayışımızı tatmin eder. Seks bağımlılık değildir, bağımlılık da seks değildir. Ama bu iki deneyim bir araya gelerek acı ve ıstırap olarak da neticelenebilir. Bazen hangi cinsel rotayı takip edeceğimiz üzerinde kontrolümüz yokmuş gibidir, aşk yolu mu yoksa bağımlılık yolu mu? Öğrendiğiniz gibi bunun birçok sebebi vardır. Bunlardan biri seks biyolojisidir. Cinsellik; biyoloji, duygular, tutkulu bir hayat ve aşkla ilgilidir. Karanlık Eros gerçekten de vardır.

Yüzlerce hayat hikâyesi dinlemiş bir kişi olarak size şunu söyleyebilirim ki, genç yaştaki cinsel deneyimler nadiren içlerinde seven bir kalbi barındırır. Bundan dolayı terapilerde seksi dürtüsel bir şekilde kullanmış birçok erkek ve kadın şu sarsıcı soruyu sorarlar: "Sağlıklı cinsellik nedir?" Seksi kompülsif olarak kullananların % 97'si duygusal ihmalden acı çekmiş kişilerdir. %81'i cinsel tacize uğramış, %72'si ise çocukluk ve gençliklerinde fiziksel tacize uğramış kişilerdir ve bu durum bize bir şeyleri açıklamaya yeter.[1] Bu, bize seks ve aşkla ilgili iç içe geçmiş birçok konu olduğunu ve ancak bunları kafamızda çözdükten sonra sağlıklı cinsel aşkı tanıyabileceğimizi anlatır. Aynı zamanda travma yaralarının iz bıraktığını, cinsel enerjimizin tamamıyla kıymetini bilmek için bu yaraların iyileşmesi gerektiğini belirtir. Cinselliğimizin tadını çıkarmak için sağlıklı yollar bulmamızı ve bunu sevdiğimiz kişilerle paylaşmamızı söyler. Ve bir ilişkide cinsel güven yıkıldığı zaman tekrar bir aşk ilişkisine bağlanabilmek için önce bu güveni kurmamız gerektiğini söyler. Bu hiç de kolay bir görev değildir.

Seks bağımlıları bir aşk ilişkisinde yer aldıklarında bu ilişkide sunulan seksten gittikçe artan bir şekilde tatminsizlik duyarlar. Aktif cinsel bağımlıları, ne aşkın boyutu ne çekicilik ne de seks tatmin edebilir. Seksin miktarı ve çeşitleri ile ilgili talepleri partnerlerinde kendilerine duydukları güvende azalma, karmaşa ve suçluluk hislerini doğurur. Ne kadar çok denerlerse partnerleri o kadar çok yeterli olamama ve yeteri kadar yapamama duygularıyla baş başa kalırlar. Bu durum öfkeye ve karışıklığa sebep olur ve bu da kendini cinsel açıdan kapama ya da seks bağımlısını kontrol etme ve mutlu etme çabası içinde aşırı derecede seksüel olma durumunu doğurur.

Bir Bağımlılık Olarak Seks

Seksin bağımlılık olması durumu aslında çok güncel bir sorun. Bu konu toplum, bireyler ve zihin sağlığı alanındaki birçok profesyonel tarafından pek düşünülmemiş ya da gözden kaçırılmıştır. Yıllar boyunca kontrol dışı cinsel problemleri tanımlamak için birçok kötü terim kullanılmıştır: *Erkek delisi, sapık, Don Juan, satir**, *çapkın, kadın avcısı, pis moruk, fahişe, sürtük, düşmüş kadın* ve *kahpe* gibi tanımlamalar dürtüsel seks kullanımının sadece bir tercih olduğunu ve istendiğinde bırakılmasının kolay olduğunu öne sürmüştür. Seksin bir bağımlılık olarak düşünülmesi fikri 1970'li yılların ortalarında duyulmaya başlanmıştır. Bu ise alkol tedavisi gören bir kişinin kontrol dışı cinsel davranışlarının, alkolik hareketleriyle paralellik gösterdiğini ve bu durumun cinsel bağımlılık olduğunu belirtmesiyle olmuştur. Dürtüsel sekse bir bağımlılık modeli açısından bakıldığında bu tip davranışlar bir açıklama kazanmış olmakta ve hem kişilerin hem de çiftlerin bu konuda iyileşebilmesine yönelik bir yol açılmış olmaktadır.

Cinsel bağımlılık tartışmaları, 1983 yılında Dr. Patrick

* Satir: Yunan mitolojisinde zevk ve eğlence peşinde olan yarı insan yarı keçi kır ve orman tanrısı.

Carnes'in *Gölgelerin Dışında* adlı kitabının yayınlanmasıyla birlikte hız kazanmıştır. Yazar kitapta, seks bağımlılığıyla beraber ilerleyen üç davranış seviyesi tanımlamıştır. Birinci seviyedeki davranışlar genellikle toplum tarafından onaylanmış ya da en azında tolere edilmiş ortak davranışlardır. Bunlar belirteceklerimizle sınırlı kalmayıp şu şekilde sıralanabilir: Mastürbasyon, kaçamaklar, pornografi, eskort ve hayat kadınlarıyla birlikte olmak, tek gecelik seks, cinsel cazibe ve sanal seks. İkinci seviyedeki davranışlar, yasalar tarafından sorun teşkil etmelerinin yanında her zaman bir kişinin mağduriyetini içerirler. Teşhircilik, röntgencilik, istenmeyen taciz, evlilik içi cinsel taciz, güçlü kişiler tarafından yapılan şiddet içeren cinsel taciz ve izleme gibi davranışların hepsi bu kategorinin içine girer. Üçüncü seviyedeki davranışlar cinsel sınırların ciddi bir şekilde aşıldığı ve en savunmasızların mağdur olduğu durumları içerir. Bu kategori tecavüz, ensest, cinsel şiddet, sarkıntılık, cinsel kölelik, çocuk cinsel tacizi ve çocuk pornosu gibi davranışları içerir. Şunu belirtmek gerekir ki yukarıdaki davranışlardan herhangi biri dürtüsel olarak kullanılsa bile, bu davranışları yapan kişinin kesinlikle seks bağımlısı olduğu anlamına gelmez.[2] Bu davranışların bir bağımlılık olduğunu nasıl anlarız?

Cinsel Bağımlılık Nedir?

Cinsel bağımlılık obsesif kompülsif bir davranıştır ya da düzensizlik yaratan aşırı cinsel davranışlardır. İlgilenilmediği durumlarda kişi ya da partneri için ciddi gerginlik ve çaresizliğe düşüren durumlara yol açabilir. Kişinin bir ya da birden fazla cinsel davranışı, sorun çözme ya da iyi hissetme amacıyla ve olumsuz sonuçlar doğuracak şekilde kullanmasıyla ortaya çıkar. Sonuçlar ilişki ile ilgili duygusal, fiziksel, yasal, işle ilgili, sosyal ve doğası gereği manevi olabilir. Bu süreçte biyokimyasal ve uyarılma, tatmin olma ve fantezi gibi ruhsal durumu değiştiren bağımlılıklar ortaya çıkabilir. Negatif sonuçlar yerine genellikle tolerans gösterme ve işbirliğine gitme yer alır. Ve tıpkı diğer bağımlılıklar gibi cinsel bağımlılık da bilinçsiz yapılan bir huy, artık bir tercih olmaktan çıkan dürtüsel bir ritüel ve zevk sağlayan teşvik ediciye karşı psikolojik ve biyolojik bir bağımlılık hâline gelir. Bu cinsel teşvik edici ortadan kalktığında geri isteme belirtileri ortaya çıkar ve kaygı, hayatın normal gidişatını engellemeye başlar. Cinsel aktivite ya da cinsel aktiviteden kurtulmayla ilişkili olarak ruhsal durumda değişiklikler olur. Kişi bağımlı, kontrol dışı ya da memnuniyet verici davranışları kesinlikle kabul etmeme ya da rasyonalize etmeye çalışma gibi durumları deneyimler. Yalanlama, bağımlının gerçeği saptırmasına, sorunu görmezden gelmesine, başkalarını suçlamasına ve davranışına yönelik sayısız özürler bulmasına sebep olur.

Şimdi ikinci bölümde öğrendiklerinizi hatırlayın. Hepimiz üç farklı beyin devresine sahibiz: Cinsel uyarılma, romantik çekim ve duygusal bağlanma. Cinsel uyarılma dışında bunların hepsi de tek bir kimyasal karışım ile beslenir. Bu üç itici birlikte ya da yalnız hareket ederler. Cinsel olarak uyarılma sadece cinsel uyarılmadır, başka bir şey değildir. Cinsel objenin sevgi ya da aşk partneri olmasına ihtiyaç yoktur, zaten genellikle de değildir. Birini sevebilirsiniz ve aynı anda şehvet içinde olabilirsiniz. Henüz insanların beyinlerinin içine giremediğimize göre, olumsuz sonuçlar bir problemin var olduğunun en iyi göstergesidir.

Toplumun %3-5'lik bir kısmının cinsel bağımlılık yüzünden acı çektiği ve bu bağımlılığın yetişkinler arasında giderek artmakta olduğu ciddi olarak tahmin edilmektedir.[3] Cinsel bağımlılık yüzünden yatılı tedavi görmesi gerekmiş olan tanıdığım en genç hasta daha henüz 15 yaşındaydı. Ve internette seksi dürtüsel olarak kullanan kişilerin şu an itibariyle %40'ını kadınlar oluşturuyor.[4] Tüm bunlardan anlaşılıyor ki artık bu problemi ciddi olarak ele almamızın zamanı geldi. Eğer bu şekilde davranmazsak gelecekteki sevgi ilişkilerinin birçoğu tehdit altında demektir.

Bir bağımlılığın gelişiminin önlenmesi ya da iyileşmesi için yardım alınmasında uyarıcı işaretlerin farkına varmak çok önemlidir. Seks bağımlılarının büyük bir kısmı kendilerine müdahale edildiğinde ya da çok ciddi sonuçlar ortaya çıktıktan sonra yardım aramaya başlar. Burada en büyük zorluk bu soruna yönelik utancın ortadan kaldırılmasıdır ancak bu şekilde kişi cinsel sorunlarını tartışıp, yardım alma konusunda kendini özgür hissedebilir. Her ne kadar seks bağımlılığının daha derin bir problemin belirtisi olduğunu düşünsem de iyileştirmeye davranışsal seviyeden başlayacağız.

Seks Bağımlılığının/Dürtülerinin Yirmi Belirtisi

Aşağıda bazı uyarıcı işaretleri bulabilirsiniz. Bunlar başkaları tarafından da gözlenebileceği gibi sadece kompulsif seks kullanıcısının içinde de yer alıyor olabilir.

1. Düzeltmek, kaçmak ya da başa çıkmak için seksi kullanmak
2. Cinsel davranışlardan kaynaklanan negatif sonuçlar
3. Cinsel aktivitelerle değişen ruh hâlleri
4. Olumsuz sonuçlara rağmen kendini durduramamak
5. Planlamak, elde etmek ve cinsel aktiviteden iyileşmek için harcanan zamanın, hayatın büyük bir bölümünü kaplaması
6. İlişki veya işini kaybetme riski
7. Davranıştan dolayı suçluluk ve utanç duymak

8. Yüksek risk alma ya da yıkıcı davranışlar
9. Tahmin edilebilir döngü içine girmek
10. Tolerans ya da Aynı hazzı yaşamak için daha fazlasına ihtiyaç duymak
11. Ailevi ve manevi değerlerin ihmal edilmesi
12. Yalanlamak, özür bulmak, savunmak ya da küçümsemek
13. Cinsel özlemler
14. Kaygılanmak
15. Gizli ya da ikili bir hayat yaşamak
16. Geçmiş travmaları hissetmek ya da hissetmemek için seksi kullanmak
17. Başkalarını cinselleştirmek
18. Başkalarının güvenine ihanet etmek
19. Yersiz cinsel davranışlarda bulunmak
20. Cinsel mutluluk için başkalarını kullanmak ve istismar etmek.[5]

Düzeltmek, Kaçmak ya da Başa Çıkmak İçin Seksi Kullanmak

Seks problemlerden kaçış, stresi azaltma ve iç yalnızlığını giderme için iyi bir yol olabilir. Nitekim seks bağımlılığının altında yatan en büyük problem, yakınlaşma korkusundan kaynaklanan duygusal yalnızlıktır. Karen'in hikâyesi çocukluktan itibaren alkol ve sekse sarılarak yalnızlığını nasıl tedavi etmeye çalıştığını anlatıyor.

Karen'in Hikâyesi

"Alkolle sekiz yaşımda tanıştım. Annem istemeden bana içkinin bir insanı nasıl değiştirebileceğini gösterdi. Pazar günleri öğle yemeği hazırlar ve içki içerdi. Soğuk ve kavgacı dört çocuklu bir anneden neredeyse beni seviyor diyebileceğim bir anneye dönüşürdü. Anahtar buydu. Eğer sevilmek istiyorsam demek ki alkol, aradığım sihirli iksirdi. Boş bir şampuan şişesine küçük bir boruyla gizlice içki doldurarak evin dışına kaçırmaya başladım.

Başlarda içki bazı ihtiyaçlarımı karşılıyor gibi görünüyordu. Ruh hâlimi düzeltiyordu, beni daha cesur yapıyordu ve kesinlikle diğer çocukların içinde popüler bir hâle getiriyordu. Ama hep doldurmayı istediğim büyük boşluğu hiçbir zaman dolduramadı. Hâlen sevgiye ve ailemin ilgisine özlem duyuyordum. Onların gözünde özel olmaya ihtiyacım vardı. Son derece yalnızdım.

On yaşıma geldiğimde aradığım şeyi bulduğumu düşündüm. Kırk yaşında bir erkeğin kollarında değerli olduğumdan ve ilgilenildiğimden hiç şüphem yoktu. Tüm zamanımı cinsel armağanlar karşılığında onun çiftliğinde geçiriyordum. Traktör kullanmayı, inekleri sağmayı, buzağıları beslemeyi ve diğer sıradan çocukların yapamayacağı daha milyonlarca başka şeyi yapmayı öğrendim.

On üç yaşlarımdayken dünyam başıma yıkıldı. Kahraman çiftçimin en yakın arkadaşımla da seks yaptığını keşfettim. İhanet duygusu çok eziciydi ve insanlara karşı içimde olan azıcık güven de paramparça oldu. Harap olmuştum ve cinsel açıdan tacize uğradığımın farkında bile değildim.

Her şeye rağmen hepsi kaybolmamıştı, hâlâ çok güçlü iki silahım vardı; seks ve alkol. Diğer çocukların bilmediği şeyler biliyordum ve başka çocukların yapamadığı şeyleri yapıyordum. Alkol ve seksi yan yana koyduğumda yenilmez olduğumu hissediyordum.

Ve işte böylelikle seks ve alkol bağımlılığı döngüsünün derinlerine batmaya başladım. Bazen her ikisini beraber bazen de ayrı ayrı kullanıyordum. Aslında arzuladığım etkiyi yarattıkları sürece nasıl kullandığımın hiç önemi yoktu. Nihayetinde her türlü duygu ve hissin değişebildiğini fark ettim ve hayatımı bir düzene koyduğumu hissettim. Geçmişte bana ne olduysa olsun, eksikliğini çektiğim ve aradığım şey her neyse, seks veya alkol ya da ikisinin karışımı tüm bunların hepsini halledebilirdi. Kendimi ve bir gün olabileceğim insanı mahvettiğimin farkında bile değildim.

Seks ve alkol, hayatımı yönetti. Kim olduğumu ve dünyayla nasıl başa çıktığımı onlar şekillendirdi ve beni sefil görünümlü bir aşk hapishanesinde kilitli tuttular. Geçen yıl kırk sekiz yaşımda nihayet bu bozuk durumumdan bıktım ve bir kliniğe yattım. Koltuk değneklerim alkol ve seks olmadan, tüm o yıllar boyunca terk ettiğim küçük kızla ilgilenmek üzere ona kapılarımı açtım ve gerçek beni keşfetmeye başladım."

Cinsel Davranışlardan Kaynaklanan Negatif Sonuçlar

Seksi bağımlı olarak kullanan bir kişi, cinsel davranışların sebep olabileceği negatif sonuçları ya küçümser ya da bunların farkında değildir. Şimdi bu davranışlardan bazılarını görelim:

- Depresyon, düşük öz saygı
- Skandal, dost tecavüzü, şiddet
- Reddedilmiş hissetmek
- Sevgi yerine şehvet koymak
- Seksi güç oyunu olarak kullanmak
- Sağlıklı cinsel yakınlıkla ilgili karışık hisler
- Duygusal stres ve hastalık

- Tüketim ürünü olarak seks, fuhuş
- İlişki kurma sorunları
- Üretkenlik kaybı
- Sömürü
- Manevi boşluk
- Odaklanma güçsüzlüğü
- Diğer bağımlılık yaratan maddelerin kullanımı
- İhanet hissi
- Ayrılma ve boşanmalar
- HIV ve diğer cinsel yolla bulaşan hastalıklarda artış, beklenmeyen hamilelikler
- Soyutlanma
- Duygusal, fiziksel ve cinsel şiddet
- Saflık ve kendine saygı kaybı
- Cinsel taciz
- Gerçek ihtiyaçlardan kaçınma
- Cinselliğin kutsallığının kaybolması
- Güven ve emniyet duygusunun kaybolması
- Tanımlama eksikliğinde tedavide başarısızlık
- İntihar duygusu

Seksi dürtüsel bir şekilde kullanan kişilerin %60'ı finansal problemlerle karşılaştı. %58'i yasadışı olaylara karıştı. %83'ü aynı anda alkol, uyuşturucu, yemek ve kumar gibi başka bağımlılıklara sahipti. %70-75'i intiharı düşündü. Seks bağımlılarının partnerleri depresyona girer, duygusal zorluklar yaşar, psikosomatik problemler yaratır ve kendi kompülsif davranışlarının içinde kaybolurlarsa bu durumla başa çıkamazlar.[6]

Cinsel Aktivitelerle Değişen Ruh Hâlleri

Seks uyuşturucu gibi kullanıldığında beyinde ruhsal durum farklılıkları meydana gelir. Amen Kliniği'nde Dr. Mark Laaser ve Richard Blankenship tarafından yapılan ve beyin taramalarını içeren araştırmanın sonuçlarına göre, seks bağımlılarının %67'sinin beynin düşünme bölümünde ve %50'sinin ise beynin olumsuz düşünce ve davranışlara yönelen bölümünde problemler olduğu görülmüştür. Araştırma aynı zamanda, duygusal uçluklara katkısı olan, beynin ruh hâli ve endişe bölümleri arasında da çok yüksek bir ilişki olduğunu göstermektedir.[7] Seks bağımlıları korku, suçluluk ve çaresizlik gibi davranışlarla ilişkili hisleri bastırır ve hastalık ilerledikçe tedirgin bir hâle gelirler. Eski ve yeni acıyı iyileştirmeye yardım etmek için yapılan davranışlar daha da fazla acı yaratmaktan başka bir işe yaramaz.

Dena'nın Hikâyesi

Dena, bakıcısının devamlı tacizleri yüzünden altı yaşında cinsellikle tanıştı. Böyle bir durumu deneyimleyen birçok çocuk gibi yaşadığı şeyin yanlış olduğunu biliyordu ve kendince bir anlam çıkararak bu durumdan kendisinin sorumlu olduğu sonucuna vardı. Bakıcısına olan düşkünlüğünü gösterme şeklinden dolayı bu cinsel istismara sebep olduğunu düşündü. Korkmuş ve utanmış olmasından dolayı durumdan kimseye bahsetmedi. Tüm çocukluğu boyunca bu sır ve depresyonla yaşadı. Durumun ortaya çıkacağından tedirgin olduğundan tüm bedeni gerginleşiyordu. Kendini sürekli yalnız ve farklı hissediyordu. Yetişkinliğe doğru ilerlerken cinsel duyguları ortaya çıkmaya başladı ve o sürekli olarak bu duyguların önünü kesmeye çalıştı. Ama iki sebepten dolayı başarılı olamadı. Birincisi bu duygulara engel olabilmesi imkânsızdı ikincisi ise yaşamış olduğu depresyon derinlere gömülmüştü. Böylelikle duygusuzluktan kurtulup cinselliği tecrübe etmeye başladı. Sadece seksten değil ilgi çekmekten dolayı da bir doyum hissettiğinin farkına vardı. Yaşadığı bu anlarda depresyonu tamamen yok oluyordu.

Sürekli farklı insanlarla ve yüksek risk içeren cinsel çılgınlıklarla dolu bir hayata başladı. Tıpkı çocukluğundaki gibi yaşamakta olduğu cinsel tecrübelerin ilgi ve sevgiyle hiçbir ilgisi yoktu. Zamanla seksten duyduğu korku ve utanç derin bir boşluk duygusuyla birlikte geri geldi. Kirlilik duygusunu tekrar hissetmeye başladığında artık tek eşli bir birlikteliğe başlayıp aile kurmanın zamanının geldiğini düşündü. Baştan çıkarma sanatını iyi bildiğinden statüsü ve parası olan bir erkek seçti kendine. Evlilik, statü ve para bir süre işe yaramış gibi gözüküyordu ama içinde sürekli derin bir boşluk duygusu vardı. Geçmişindeki hatıralar canlanmaya başladıkça yavaşça depresyona sürüklendi. Çözüm ise cinsel oyunlardaydı. Daha önce işe yaramıştı neden şimdi de yaramasın?

Daha sonra gerçek ilişkilere dönecek internet kaçamaklarına başladı. Bu sefer farklı olan bir şey vardı, sadece seks ve ilgi değildi elde ettiği, bunların yanında bir de tüm yaşananları gizli tutmanın verdiği heyecan eklenmişti. Farklı kişilerle yaşadığı ilişkiler iki yıl kadar sürdü. Zaman kaybı ve her şeyi gizli tutmanın verdiği ağırlık onu tüketmeye başladı. Fiziksel olarak rahatsızlıklar başladı, depresyon ve utanç duygusu yeniden ortaya çıktı. Ama bu duygular onu durdurmaya yetmedi, aksine depresyon ve utanç davranışlarını daha da ilerletti. Suçüstü yakalandığında gerçeklerle yüzleşmenin şokunu yaşadı. Tedaviye başladı ve şu an kronik depresyon ve endişe teşhisiyle tedavi görüyor, geçmişte yaşadığı travmanın gücünü keşfediyor, kaybettiği saflık yüzünden acı çekiyor ve evliliğini tekrar geri kazanmaya çalışıyor.

Olumsuz Sonuçlara Rağmen Kendini Durduramamak

Seks bağımlılığında iyileşme safhasında olanlara daha önce bu bağımlılıktan kurtulmayı denediniz mi diye soracak olursanız cevapları şüphesiz, "Evet, hem de yüzlerce defa" olacaktır. Seks uyuşturucu gibi kullanıldığında devam etme isteğinin durdurulması imkânsız gibi görünür. Beyin, "Bana bu kendini iyi hissettiren deneyimden daha fazla ver, bunu nasıl yapacağın ya da sana ne olacağı hiç önemli değil" demeye başladığında seks, bağımlılığa doğru olan çizgiyi geçmiş demektir.

Don'un Hikâyesi

Don en son yaşadığı maceraya bakarak şöyle söylüyor: "Ne kadar da trajik bir hikâye. Kendimin psikolojik olarak kirlenmesine izin verdim. Evliliğim ve sağlığım dâhil olmak üzere her şeyi feda etmeye hazırdım. Daha önce de tedavi görmüş biri olarak bunu daha iyi bilmeliydim. Kendimi döngünün içine girerken seyrettim ve tek söylediğim şey şuydu: 'Sadece bir defa daha.' Bu bir defa yüzlerce defaya dönüştü. Her cinsel kaçıştan sonra depresyon başlıyor ve bundan kurtulmak için yapacağım hamle için yeni bir fırsatın peşine düşüyordum. Kendimi güçsüz hissediyordum.

Yeniden hastalanmama atılan ilk adım internet üzerinden fahişelerin reklamlarını aramam oldu. Sadece bakıyordum. Bu daha sonra buluşmak için bir saat belirlemeye döndü. Olayı daha da keyif verici bir hâle getirmek için oynayacağımız oyunları düşündükçe çok heyecanlanıyordum. Gizlilik ve yaramazlık, hissettiğim heyecanı daha da artırıyordu. Eşimle ilgili düşünceleri bir kenara ittim. Fahişenin evime gelmesinin daha az tehlike olacağı yönünde kendimi kandırdım. Çılgın düşüncelerimde eve getireceğim kişinin evimi karıştıracağı ya da tanımadığım bu insanla yapacağım seksin bana cinsel bir hastalık bulaştıracağını hiç düşünmedim. Bu hareketimin evimize saygısızlık olacağını ya da eşimin fark edeceğini düşünmedim. Kendimi durduramadığımdan bunların hiçbirinin önemi yoktu benim için. Fahişelerden biri eroin kullanıyordu ve böylelikle ben de denedim. Seksi daha da heyecanlı bir hâle getirecekti. Duramıyordum ve olayları düzgün bir şekilde göremiyordum ama yine de devam ettim. Sanki yüzme bilmeden bir gölün ortasında kalmıştım. Boğuluyordum ve yardıma ihtiyacım vardı. Durmak için, yapılabilecek her şeyin ötesinde bir güç gerekiyordu sanki. Kulağa tuhaf geliyor ama benim kurtarıcım cinsel yolla bulaşan bir hastalık kaptığımı öğrenmem ve hâlâ daha benimle birlikte olmayı isteyen eşim oldu."

Planlamak, Elde Etmek ve Cinsel Aktiviteden İyileşmek İçin Harcanan Zamanın, Hayatın Büyük Bir Bölümünü Kaplaması

Cinsel arzu bir saplantı hâlini aldığında, bağımlının seksle olan ilişkisi artarken bunun için harcanan zaman da gittikçe artar. Evet, seks bağımlılığı ya da herhangi bir bağımlılık da bir ilişkidir. Ve bu ilişki başka herhangi bir şeyden daha önemli bir hâle gelir. Planlama, elde etme ve hatta cinsel davranışlardan iyileşme süreçlerine girildiğinde, güvende olma hayali vardır. Bağımlılık, tatmin edilmemiş ihtiyaçları doyurmak, acıyı gidermek, korkuyu önlemek, yalnızlığımızı doldurmak ve kişisel hikâyelerimizi devam ettirmek için yapılan alışkanlık hâline dönüşmüş ve öngörülebilen bir harekettir. Yaşanan gerilim ise insanlarla kurulan duygusal yakınlığın yerini alır. Seks, bakım ve huzurla karıştırılır oldu. Gün geçtikçe kendini güvende hissetmek kendini seksi hissetmek manasına geldi. Bu durum sonuçta daha çok yalnızlığa katkıda bulunur ki, bu da kendini sakinleştirmek için daha çok seks anlamına gelir. Ancak kişinin bağımlılığın iç çöküntüyü iyileştirmek yerine daha da çok çöküntü yarattığını anlaması ile iyileşme süreci mümkün hâle gelir.

Bağımlılığı hakkında konuşan bir kişi bana cinsel aktivitelerinin hayatının sadece %1'lik bir kısmını kaplarken beyninin %50'sini meşgul ettiğini söylemişti. Bunu eklememin sebebi konuya biraz açıklık katmak. Bağımlılık durumundaki kişi, partnerinin haberi olmayan gizli bir hayat yaşar ve bu durum hayatının %100'ünü kaplayacak şekilde sürekli beynindedir, tıpkı etrafını saran kara bir bulut gibi.

İlişki veya İşini Kaybetme Riski

Dışarıdan gözlemleyenlere en garip gelen şey, bağımlı insanların tüm iyi duyguları bir çırpıda pencereden dışarı atmaya istekli olmaları ve cinsel ihtiyaçlarını tatmin etmek için kariyerlerini, itibarlarını ve sevdikleri kişiyi kaybetmeyi göze almalarıdır. Bağımlılık sancısı içindeyken, bu gibi kayıpların gerçekleşme ihtimali bir kenara koyulur ve zihin dışına atılır ancak böylelikle arzu doyurulabilir.

John'un Hikâyesi

"Eşimle beş yıl önce tanıştım. Tanıştıktan iki yıl sonra evlendik ve onunla harika bir hayat kurma niyetim vardı ama gereken beceriye sahip olmadığımın farkında değildim. Büyüdüğüm ailede asla kişisel konularla ilgili konuşulmazdı, bu aile geleneğini ben de devam ettirdim ve yaşadığımız zorluklarla ilgili eşimle hiç konuşmadık. Duygusal açıdan dürüst olmaktan korkuyordum çünkü eşimin beni terk edeceğini düşünüyordum kafamda. Duygu ve ihtiyaçlarımı bu şekilde bastırdıkça gerilim ve baskı ortaya çıkmaya başladı.

Cinsel rahatlamanın gücüyle, bana kendimi daha iyi hissettirecek bir yol buldum. Eski bağımlılığım dışarı çıkmaya başladı. Böylelikle gizlice başka kadınlarla görüşmeye başladım; bana hayranlık duyacak, bana güvenecek ve bana ihtiyacı olan kadınlarla. Bana en inanılmaz gelen şeyse çok âşık olduğum ve ömrümün sonuna kadar birlikte olmak istediğim bir kadınla birlikteydim ama buna rağmen onu kaybetme riskini göze alarak başkalarıyla cinsel deneyimler arıyordum. Kendimi durduramıyordum ve eşimin beni yakalayarak beni durdurması için ardımda farkında olmadan ipuçları bırakıyordum. Sırrım nihayet gün ışığına çıktığında kendimi rahatlamış hissettim. Eşimin beni terk edeceğinden ölesiye korkuyordum. Ama o benim yanımda olmaktan hiç vazgeçmedi, aramızdaki sarsılan güveni onarmak ise benim düzeltmem gereken bir şey."

Davranıştan Dolayı Suçluluk ve Utanç Duymak

Size utanç, suçluluk, pişmanlık ve vicdan azabı arasındaki farkı açıklamama izin verin. *Utanç*, zayıf bir duygudur. İnsanın içine işler ve benliğin parçalanması, savunmasızlık hissi ve o an için güç kaybı olarak deneyimlenir. İnsana kendisini tecrübesiz ve çıplak hissettirir. İnsanlar birbirlerini genellikle kim olduklarıyla ya da üzerlerinde kontrolleri olmayan şeylerle utandırırlar. (Örneğin sahnede yürürken tökezleyen bir kişiye seyircilerin gülmesi gibi.) İnsanlar utandıklarında kim olduklarını, ne yaptıklarından ayırt edemezler.

Suçluluk, davranışları son derece yanlış olarak nitelendirildiği zaman insanların hissettikleri duygudur. Son derece yanlış olan bu şey bir sınavdan her zamankinden daha düşük not almak ya da bir insana sarılmak için uzanırken hoşnutsuzlukla karşılanmak ya da itilmek olabilir. Bir süre sonra insanların suçluluk ve utanç duymaları için başkasına ihtiyaçları yoktur. Bunu kendi başlarına yaparlar. Kişiler seksi bir çare olarak kullanmaya başlayıp kendi değerlerinden saptıklarında derin suçluluk ve utancı deneyimlerler. Bu duygular daha sonra kişileri yalanlamaya ve bahane bulmaya sevk eder. Diğer kişilerin kendilerini negatif bir şekilde değerlendireceklerinden korkarak bir problemleri olduğunu kabul edemezler. Çünkü bu durum onlara daha çok suçluluk ve utanç duygusu getirir. Utanç ve suçluluk çocuklukta gelişmiş olan çarpık inançları da doğrular.

İyileşme ortaya çıktıkça seks bağımlıları kontrol dışı hareketlerini kabul ederler ve ortaya suçluluk ve utançtan çok *pişmanlık* ya da *vicdan azabı* çıkar. Suçluluk ve utanç insanların diğerlerinin kendilerini nasıl göreceklerinden doğarken; pişmanlık ve vicdan azabı insanın içinden, kalbinden doğar. Seks bağımlıları davranışlarını beğenmezler çünkü bu davranışlar kendi iyi meziyetlerine ters düşer ve kendileriyle etraflarındakilere zarar verir. Kişisel bütünlüklerinden uzaklaştıkları için pişman olurlar. Davranışları yüzünden diğer insanları incittiklerinden dolayı da vicdan azabı çekerler. Tiksinmeye başladıkları benliklerine sahip olmak ve davranışlarının sorumluluğunu üstlenmek için seks bağımlılarının büyük bir cesarete ihtiyaçları vardır. Tedavide olgunlaştıkça, öz saygıları arttıkça ve insani zaaflara merhamet geliştikçe bu daha kolay bir hâl alır. Alaycı bir "Böyle düşündüğün için üzgünüm" cümlesiyle gönülden söylenen "Gerçekten çok üzgünüm, sana bu şekilde davranmamı hak etmiyorsun" arasında çok büyük bir fark vardır.

Yüksek Risk Alma ya da Yıkıcı Davranışlar

Seks bağımlıları tehlikeli bölgeye adım attıklarında almakta oldukları riski gizlerler. Cinselliklerini karanlık bir şekilde kullanırken heyecan, özgürlük ve güç hissederler. Kimileri için tatmin; gizli hayat, risk alma ve yakalanmanın sınırlarında yaşamaktır. Hem davranışlarının son bulması hem de yardım almaya mecbur kalmak için yakalanmaya ihtiyaç duyabilirler.

Gordon'un Hikâyesi

"Cinsel bağımlılık davranışlarım, sıradan bir yükselme izledi. Tüm hayatım boyunca mastürbasyon ve sınırlı bir şekilde pornografi kullandım. Zamanla yetişkin video dükkânlarına gitmeye başladım. Bunu sakladım çünkü yakalandığım takdirde eşimin ve işverenimin ne yapacağından korktum. Beni rahat yaşantımdan çıkaran yeni bir deneyimdi bu. Tecrübemi artırmak için, mutlu sonla biten tam vücut masajı yaptırabileceğim masaj merkezleri arıyordum. Önceden tahmin etmenin ve yeni yerler bulmanın zorluğu ve bunlara ek olarak bir masörün ne kadar ileriye gidebileceği, güncel masaj seansları kadar ilginç bir hâle gelmişti.

Sokak fahişeleri hakkında bir makale okudum ve merakım uyandı. Bir fahişeyi ilk defa arabama alma riskini göze almam oldukça uzun bir zaman aldı. Korkuyordum ama yine de yaptım, çok tehlikeli bir davranışa ve çevreye adım atmıştım.

Kendime daha çok güvenmeye başladım. Kadını arabaya alma, sekse başlarken arabayı sürmeye devam etme ya da bir park yeri bulma ve en sonunda fahişeyi kendi bölgesine geri götürme, işte tüm bu heyecanlardan zevk alıyordum. Tüm bunları polise yakalanmadan yapmak çok tehlikeli ve heyecan vericiydi. Gizli hayatımdaki karakterim günlük hayatımdakinden tamamen farklıydı. Bir hayattan diğerine bu kadar kolay bir şekilde geçebilmem beni hayrete düşürmüştü. Riskli davranışlarımdan uzaklaşmaya çalıştım ama yapamadım. Cinsel bağımlılık çok güçlü ve gerçektir çünkü.

Sonra bir gün hayal dünyam çöktü. İhmalkâr davrandım ve fahişeyi arabama alıp sokaktan aşağıya doğru sürerken, beni takip etmekte olan bir polis arabası olduğunu fark ettim. Bir fahişeyi taciz etmekten ceza aldım ki bu benim için dibe vurmak demekti.

Eşimin nasıl olup da benimle kaldığını bilmiyorum. İntiharı bile düşündüğünü göz önünde bulundurursak onun çok büyük acılar çekmesine sebep oldum. Bu çok zor dönemde benimle kaldığı için ona minnettarım. İkimiz de dalında uzman profesyoneller bulduğumuzdan dolayı çok şanslıyız. Bununla birlikte birçok insan yardım etti, destek verdi ve böylelikle biz de kaybettiğimiz güveni tekrar geri kazandık."

Tahmin Edilebilir Döngü İçine Girmek

Patrick Carnes, kişisel seks bağımlılığının öngörülebilir bir döngü içinde olduğundan bahseder.[8] Birçokları, dönüp süregelen hareketlerine bakmadıklarından dolayı döngüden habersizdir. Mevcut kurnazlıkları ve bireylerin her adımda deneyimledikleri yolu anlamak gereklidir.

Bağımlılık Sistemi

Patrick Carnes

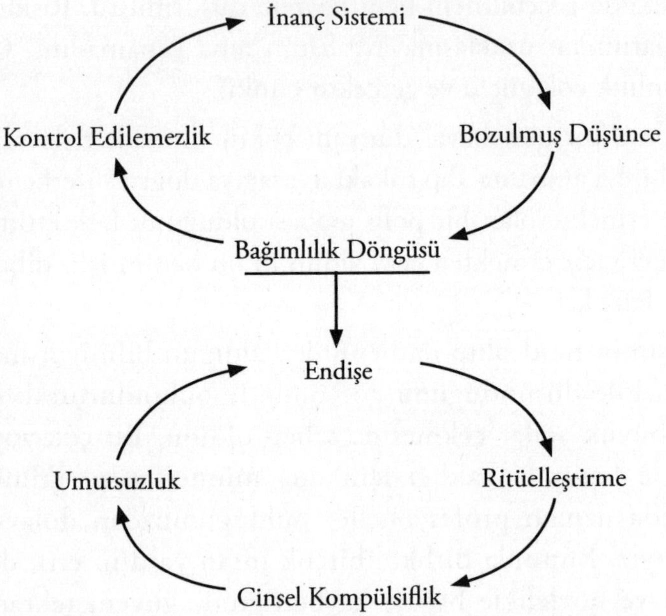

1. *Endişe:* Yeni âşık olmuş bir kişinin, delicesine aşk durumundakine benzer bir trans durumu yaratmasıdır. Heyecan uyandıran davranışta sabitlendikçe, bağımlının ruh hâli değişmeye başlar. İnternette saatler harcayarak seks aradıklarını hayal eder, bir pavyonda biriyle tanışma düşüncesine saplanırlar.
2. *Ritüelleştirme:* Öngörülen rutin; trans, uyarılma ve heyecanı yoğunlaştırır. Ritüele bir kez adım atan bağımlı bir sonra neyin geleceğini düşünerek vakit kaybetmez, bu artık otomatik bir hâle gelmiştir çünkü. Belli bir şekilde makyaj yapmak, en sevdiği kışkırtıcı kıyafeti giymek, pornografinin sanal dünyasına girmek ya da biriyle tanışmak üzere bilgisayarı açmak…

Bağımlılar bilmelidir ki oyuna daha yeni başlıyorlar! Salgılanan bir kimyasal vardır ve bu bağımlıyı ikinci adıma iter, bu adım harekete geçmektir.

3. *Dürtüsel Cinsel Davranış:* Cinsel davranış, ilk iki adımın final hedefidir. Bu noktada seks bağımlısı duramaz. Kimyasal ve zihinsel çoğalma ve dürtü talebinin yoğunluğu, rahatlamayı deneyimlemek üzere sona doğru gider. Ama hedefe ulaştıktan çok kısa bir süre sonra kuvvet ve enerjide azalma görülür.
4. *Umutsuzluk:* Umutsuzluk, güçsüzlük ve boşluk duygularını çöküş izler. Bu çöküş psikolojik olduğu kadar biyolojiktir de. Bir kişi bağımlılık yapan maddenin hazzını sürdüremez ve davranışı hiçbir şeyi düzeltmez. Ancak buna rağmen davranışı sonlandıramadıklarının farkına varınca bağımlılar utanç duyar, acıdan kaçmak için döngüyü yeniden başlatır, davranışlarını haklı gösterecek bir hikâye uydurur, başka bir bağımlılığa kapılır, kendilerine artık duracaklarına dair bir söz daha verir ya da intihara yatkın bir hâle gelirler.

İlk iki adım, içlerinde bulunan kişi tarafından her zaman ciddiyetle ele alınmaz. Bağımlı olmayan kişiler bu noktada durabilir. Ama sekse bağımlı kişi duramaz. Ve döngü her tekrar edilişinde daha yoğun ve kökleşmiş bir hâle gelir. Umutsuzluğa düşmenin, bağımlının temel inanç ve kararları tarafından desteklenen kötü hislerinin, psikolojik bir karşılığı olduğunun farkına varmak önemlidir. Bu inanç ve kararlara örnek verecek olursak; “Ben kötü ve değersiz bir insanım”, “Çaresizim”, “Sevilmeyen bir insan olduğumu kanıtlayacağım.”[9]

Tolerans ya da Aynı Hazzı Yaşamak İçin Daha Fazlasına İhtiyaç Duymak

Aynı hazzı yaşamak için bir madde ya da deneyimden yükselen miktarlarda alma ihtiyacına *tolerans** denir. Davranış arttıkça sonuçları da artar.

Joe'nun Hikâyesi

Başına gelenlere inanamıyordu. Ağır bunalımda olan Joe, ofisimde şoka girmiş olarak oturuyordu. Eşi onun için bir mahkeme emri çıkartmıştı. Tehlikeli olarak nitelendirilmiş ve bundan dolayı eşini ve çocuklarını görmesi yasaklanmıştı.

Joe durumu şöyle anlattı: "Yeterince masum bir şekilde başladı her şey. İkimizin de hoşuna gidiyordu. Önceleri sadece şakadan birkaç şaplaktı. İkimizi de heyecanlandırmıştı. Ama bununla kalmadı ben daha fazlasını istedim. Onun da istediğini sanmıştım. Eğlenceli oyunumuz acı verici ve küçük düşürücü cinsel hareketlere dönüştü. Hamile kaldığında bir süre ara verdim. Ama arzunun gücü ve derinliği öne çıkıyordu ve bebeğimizin doğumundan hemen sonra onu aynı duruma geri dönmeye zorladım. Onun ricalarına kulak asmadan kendi isteğimi zorla üstünde uyguladım. Yatağa zincirleyip ona acı üstüne acı verirken gücümden zevk alıyordum. Sanki içime bir şeytan girmişti. O artık bir anneydi ve bu her şeyden önce gelmeliydi ama durup bebeğiyle ilgilenmesine izin veremezdim. Bebek annesi için ağlıyordu ve ben hâlâ kendimi durduramıyordum. Neredeyse ölüyordu ama buna rağmen hiçbir şey umurumda değildi."

* *Dayanıklılık eşiği*

Ailevi ve Manevi Değerlerin İhmal Edilmesi

Şimdi okuyacağınız hikâye seksin kötüye kullanılmasının, bize temel değerleri nasıl ihmal ettireceğinden bahsediyor.

Ted'in Hikâyesi

"Tanınan bir insanım ve kimse hikâyemi tahmin bile edemez. Saygı duyulan, beğenilen ve sürekli pohpohlanan bir kişiydim. İlgi odağı olmanın yararları olabileceği gibi tehlikeleri de var. Yalancılığım kutsaldı, ikiyüzlülüğüm ise yenilikçi. Çünkü ben bir din öğretmeniyim. Çocuklarım ve sevdiğim bir partnerim vardı. Uzun yıllar boyunca dürüst bir hayat yaşadım. Belki de elli yaşına gelmiş olmak bana kendi çizgimi aşma aceleciliğini hissettirdi. Hayatım kadın enerjisiyle dolu bir açık büfe gibiydi. Etrafım birçok güzel ve güzel olmasa bile bana ihtiyacı olan kadınla doluydu. Bir şeker dükkânında olup da ne istersem yiyebileceğim söylenmiş gibiydi.

Değişim ben farkına varmadan oldu. Bana duyulan hayranlıktan hoşlanmaya başladığımı, yokluğunda ise bunu özlediğimi fark edemedim. Yüksek hazzı istemeye başladım ve tüm bu süre zarfında manevi çalışmalarıma devam ettim. Kendimi şöyle haklı gösteriyordum: 'Maneviyatın sınırı yoktur', 'Sevgi herkese gösterilmelidir', 'Kimse vücuduma sahip değil', 'Zarar vermiyorum, iyileştiriyorum.'

Birçok kadınla ilişki kurmaya başladım. Keyif vericiydi, tutkulu ve kutsaldı. Kendimi tamamıyla manevi yalanıma kaptırmıştım. Çöküş engellenemezdi. Kendimi depresif hissetmeye başladım. Bir şeylerin yanlış olduğunu biliyordum ama öyle bir inkâr içerisindeydim ki neyin yanlış olduğunu net bir şekilde göremiyordum. Manevi inzivaya çekilmem gerekiyordu, ancak bu şekilde sakince düşünebilir, tam bir netliğe kavuşabilirdim.

Aradığım şeyi buldum: Kendi kendimi aldattığımı gördüm. Tutku dolu isteklerimi tatmin etmeye devam edersem geleceğimin nasıl olacağını gördüm, bağışlanacağımı gördüm. Üç gün boyunca gözyaşı döktüm. Çok fazla zarara sebep olmuştum. Güvenebileceğim ve beni çok seven insanları incitmiştim. Öğrencilerimin güvenini sarsmıştım. Erdem ve sevgiden uzak düşmüştüm. Kendi kendime tehlikeli bir hâle gelmiştim.

Tüm bu yaşananlardan öğrendiğim şey; kendimiz için maneviyatımızı bile nasıl kolayca yönlendirebileceğimizdi. Şimdi etrafıma bakınca birçok yalan şeyler görüyorum. Türümüzün erkek kısmını gerçekten de derin bir bela içinde görüyorum. Bunlar ki savaş ve spor kahramanı ilan edilmiş ve en üst pozisyonlara yerleştirilmişler. Çok azının onlara 'Kendini aldatmaktan vazgeç', 'Yaptığın şey yanlış', 'Seni incitiyor bu', 'Diğerlerinin kalpleriyle oynuyor', 'İçindeki maneviyatı öldürüyor', 'Bu kesinlikle sevgi değil!' diyecek başka erkek arkadaşları var."

Yalanlamak, Özür Bulmak, Savunmak ya da Küçümsemek

Belirtilen birçok sebepten dolayı -kendini sakinleştirme, doyuma ulaşmak, yalnızlık ya da sıkıntıdan kurtulmak, depresyondan çıkmak, gizli bir fantezi dünyasına sahip olmak, stresi azaltmak, canlı hissetmek, acıyla başa çıkmak- insanlar bağımlılıklarını canlı tutabilmek için her şeyi yaparlar. Açık şekilde bir problem olduğunu inkâr eder, davranışlarından doğan sonuçları küçümser ve siz gerçeğe yaklaştığınızda veya davranış biçimlerini eleştirdiğinizde sinirlenir ya da savunmaya geçerler. Hatta sizinle ilgili bir sorun bile yaratırlar. Bu davranışlar arttığı zaman genellikle kabuklarına çekilir ya da uzak ve soğuk görünürler. İçlerinde aşağıdaki gibi bir konuşma dönüp durur:

"Bunu herkes yapıyor, hiç de büyütülecek bir şey değil."
"Bunu hak ediyorum."
"Kimse incinmeyecek."
"Oral seks güvenlidir."
"Bir sohbet odasında bulunmak, bir oyundan başka bir şey değildir."
"Seks benim en önemli ihtiyacım."
"Partnerim beni tatmin edemiyor."
"Bir sanal âlem ilişkisi başıma dert açmaz."
"Erkeklerin bir seks pazarına ihtiyacı var."
"Çok yalnızım ve bana kendimi iyi hissettiriyor."
"Heyecanı seviyorum."
"Kullanıldım, şimdi kullanma sırası bende."
"Eğer erkekler benim onları baştan çıkarmamı seviyorlarsa bunda bir zarar yok."

Bir seks bağımlısının savunmadan vazgeçip problemi ciddi bir şekilde ele almak istemesi için ya bir müdahale olması ya da büyük bir çöküş yaşaması gerekir. Ancak o zaman tüm olanların farkına varır ve utanç duyar. Bunun için kat edilmesi gereken uzun bir yol vardır.

Cinsel Özlemler

The Funk & Wagnalls sözlüğü, *özlemi* "doğal veya sağlıksız arzu ya da iştah, yoğun hasret" olarak tanımlar. Özlem bir aciliyet içerir ve bu o kadar büyük bir dürtüdür ki, eğer özlem doyurulmazsa çok kötü bir şey yaşanacakmış gibi hissedilir. Kimi seks bağımlıları özlemi fiziksel bir acı ya da vücutlarında yaşadıkları zorlayıcı bir ihtiyaç olarak açıklar. Peki bir özlem neden normal seksten seks bağımlılığına doğru değişir? Bunun birçok sebebi vardır:

1. Genetik yapı
2. Fiziksel ve duygusal stres
3. Hormonlar
4. İlaç kullanımı yüzünden beyinde oluşan değişiklikler
5. Dengesiz beslenme
6. Ruhsal ve fiziksel travma

Kaygılanmak

Birçoklarında alkol ve diğer ilaçların etkisi altında ortaya çıkan kaygı, kendinden nefret etmeye ve intihar düşüncesine yol açabilir. Tıpkı cinsel bağımlılık yüzünden yatılı tedavi gören, tanıdığım en genç hasta Tess'in durumunda olduğu gibi.

Tess'in Hikâyesi

Bir annenin imdat çağrısı diyerek başlayabiliriz hikâyeye. Bu annenin on beş yaşındaki kızı Tess, son zamanlarda çok mutsuzmuş ve yaşamak istemediğinden bahseder olmuş. Kollarına küçük kesikler yapıyormuş. Annesi benden Tess'le görüşmemi ve bir değerlendirme yaparak yatılı tedavi için hastaneye yönlendirmemi istemişti. Tess benimle özel görüşmek istedi. Sert bir görünüşü vardı ama buna rağmen içindeki küçük kızı görebiliyordum. Korkmuş ve üzgündü. Uzun bir süredir kendine olan öz saygısını geliştirmek için uğraşıyordu ve iyi gelişmeler kat etmişti. Ona bu ani değişimin sebebini sordum. Aykırı tiplerden oluşan bir gruba dâhil olduğunu anlattı. İlk başlarda onların yanında kendini çok rahat hissediyordu çünkü ona çok benziyorlardı. Onlarla birlikte güzel vakit geçirmeye başladı. Ama sonradan işler değişti.

Arkadaşlarından biri onu erkek arkadaşının evine götürdü, burada Tess kendisiyle seks yapmak isteyen birkaç gençle tanıştı. Tess'den daha büyük ve deneyimliydiler. Tess de kendini arzu edilmiş ve heyecanlı hissetti. İlk cinsel deneyimiydi ve çok kötü geçmişti. "Bana çok alçaltıcı şeyler yaptılar" dedi inleyerek. "Ama bu en kötüsü değil, daha fazlasını almak için oraya gitmeye devam ettim. Aylardır bu şekilde sürüyor ve istediğim hâlde buna bir son veremiyorum. Sanki esrar gibi. Sürekli bunu düşünüyorum. Çok heyecanlandığımı, seks yaptığımı düşünüyorum sonra kendimden nefret ediyorum. Sanırım hamileyim ve annemle babama ne söyleyeceğimi bilmiyorum." Bu sert genç kadın karşımda gözyaşlarına boğuldu. "Keşke ölsem. Bu hâlimle, bu kadar riskli bir durumda bile eğer aynı gençler beni ararsa, hayır diyebilecek miyim, bundan bile emin değilim."

Gizli ya da İkili Bir Hayat Yaşamak

Cinsel bağımlılık ayrıştırıcı bir bozukluk olarak nitelendirilir. Bu, bağımlıların kişiliklerinin bir bölümünü diğerinden ayırabileceği anlamına gelir. Ya da uğraşmak istemedikleri bir durumdan kendilerini psikolojik olarak uzak tutabilir ve bunu farklı bir yerlerinde saklayabilirler. Mesela tanınmış bir politikacının cinsel sırları bir şekilde ortaya çıkmışsa cevap genellikle şöyle olur: "Bu kadar aptal olacağını mı düşünüyorsunuz?" Terapiye devam eden bir çift konu olduğunda ise partnerin sorusu şudur: "Böyle farklı bir hayatı varsa nasıl olur da beni sevdiğini söyler?" Her iki sorunun da cevabı, bağımlı kişinin bağımlı benlik ve sağlıklı benlik olarak iki benliğe sahip olması ve bunları birbirinden ayırma yeteneğidir.

Bağımlı kişi gizli hayatını kendisine ve başkalarına yalan söyleyerek korur. Yalan söylemek utancı örter. Her ne kadar yalan söylemek rahatsızlık verse de gerçeği söylemenin sorunu sadece daha da kötü yapmaya yarayacağına inanan bağımlılar, bunun, iki kötü şey arasında daha az önemli olanı olduğunu düşünür. Gerçeği söylemek davranışa son vermek anlamına gelir. Geri çekilmeyle yüzleşme, takılan maskeleri çıkarmak, partnerini incitmek, utanç ve suçluluk duymak demektir. Buradaki zorluk, kişinin sadece bağımlı olduğu şeye ulaşma saplantısı değil, seks bağımlılığı söz konusu olduğunda aynı zamanda durumu bir sır olarak tutma saplantısıdır.[10]

Conrad'ın Hikâyesi

"Seks bağımlılığımı eşimden on dört yıl boyunca sakladım. Evliliğimizin ilk yılında en iyi arkadaşıyla cinsel birlikteliğim oldu. İş yerimde ilişkilerim oldu ve iş kutlamalarında bu kadınlardan bazılarıyla eşimi de tanıştırdım.

Çiftlere destek grubundaydık, burada dürüstlük ve gizlilikle ilgili ipuçları veriyorduk insanlara. Çocuklarımızla birlikte mükemmel bir çift gibi gözüküyorduk, öyleydik de. Her iki hayatımı da birbirinden ayırmamı sağlayacak yöntemlerim vardı. Aynı seks bağımlılığını açıp kapamak gibi bir şeydi.

Eşim ve çocuklarımla birlikteyken tamamen onlarlaydım. Bağımlılığımı yaşarken ise tamamen oradaydım. Bu iki parçamı ayrı tutmak bana yalancı bir iç huzur sağlıyordu. Kimsenin duygularıyla ilgilenmiyordum ve suçluluk duymuyordum.

Daha sonra internetten kadınlarla tanışmaya başladım. Daha güvenli gelmişti. Ama eşim başka bir şehirde buluşmayı planladığım bir kadınla olan yazışmalarımızı gördü. Şaşkın ve kızgındı. Böyle olması da doğaldı. Bu işe son vereceğime dair söz verdim ama alışkanlığım çok ilerlemişti ve tekrar devam ettim. Artık eşim bağımlılığımı bildiğine göre bu durumu eş ve baba rolünden ayrı tutmak daha zorlaşmıştı. Böylelikle bilinçli olarak yalan söylemeye başladım. Yakalanma korkusu yüzünden ilişkilerim heyecanını yitirmeye başlamıştı ve suçluluk duymaya başlamıştım.

İkiyüzlülük beni kemirmeye başladı ve nihayet durmak istedim. Tedaviye başladım ve kişiliğimin iki parçasını birleştirebilmenin, benim için ne kadar önemli olduğunu keşfettim. Bağımlı tarafım uzun süredir benimleydi ve tuhaf bir şekilde sağladığı yararı fazla büyüten ve eğitilmeye ihtiyaç duyan bir dost hâline dönüştü. Pozitif yönlerde kullanmak için onun enerjisine ihtiyacım vardı, böylelikle bütünlük arz eden bir hayat yaşayabilirdim. Hayatımdaki herkesle tanıştı ve artık ortada hiç sır kalmadı."

Geçmiş Travmaları Hissetmek ya da Hissetmemek için Seksi Kullanmak

Daha önce 3. bölümde anlatıldığı gibi travmaya eşlik eden korkuyu deneyimlediğimizde bedenimiz içgüdüsel olarak savaşma, kaçma ve durma tepkilerini verir. Kaçmak ya da terk etmek sağlıklı olmayabilir, bundan dolayı yaşananları dondururuz. Daha önce de belirttiğim gibi, burada sorun daha sonra vücutlarımızın rahatlamasına izin vermememizdir. Eğer buna izin verirsek şok geçirmiş tüm sağlıklı hayvanlarda olduğu gibi bedenimiz titremeye başlar. Korktuğumuzu göstermek toplumumuzda adeta bir tabudur. Tek seçeneğimiz korku veren anılarımızı vücudumuzda saklamak olur. Ancak bastırılan bu enerji basit bir şekilde yok olup gitmez. Genellikle seks ya da daha önce yaşanmış bir travmayı tekrarlamak bu tipte bir enerjiyi serbest bırakmak için yapılan girişimlerdir. Çocukluk travmalarımızın farkında olmayabiliriz, yine de yeni bir son elde edebilmek için bunları sürekli olarak sahneye koyarız. Yaşadığımız travmatik olaya ya da bize ihanet etmiş olan kişiye bağlanırız. Hiç düşünmeden aşağıda belirtilen davranışların benzerlerini ararız:

- Heyecan arayışındaki cinsel davranışlara sıkı bir şekilde bağlanmak
- Korku duyulduğunda şehvet hissetmek
- Tehlike arayışı
- İstismar edenlere bağlanmak
- Yalnız kalma sorunu yaşamak
- Riski fazla cinsel ilişkilere girmek
- Seksi bir kaçış olarak kullanmak
- Kendimize cinsel olarak yapılanların aynısını başkalarına yapmak
- İstismarcıları saplantı hâline getirmek
- İncitilmeyi ummak

İyileşmenin gerçekleşmesi için kişinin bedeninde hapsolmuş korkuya ulaşması ve onu serbest bırakması gerekir. Birçok seks bağımlısı seksi, hissetmek için bir araç olarak kullanır çünkü hissetmekle ilgili sorunları vardır ya da geçmişteki bir travmayı tetikleyerek taşırabilecek duyguların önünü keserler. Buradaki ana nokta, travma geçirmiş bir kişinin duygu ve heyecanlara sahip olmanın güvenli olduğunu öğrenmeye, bunları anlamaya ve daha sonra da bir ihtiyacının karşılanması için uygun hareketi yapmayı öğrenmeye ihtiyacı vardır. Bir ihtiyacın karşılanmaması durumunda duygusal acının oluşacağını ve bunun dayanılabilecek bir acı olduğunu da bilmek gerekir. Duygulara kronik olarak kendini kaptırmış travma mağdurları, ihtiyaçlarını ortaya çıkarma ve bu ihtiyaçların ne şekilde karşılanacağı konusunda duygularını bir yol gösterici olarak kullanma yeteneklerini kaybetmişlerdir. Geçmiş bir travmanın geride bıraktıklarının sonrasında ya da iyileşme sürecinde seks bağımlısı, mevcut tüm hayatının dikkatli bir gözlemcisi hâline gelmelidir. Tedavi altındaki bir bağımlı, mevcut zaman içinde duygusal bir hayatı nasıl rahatlıkla yaşayacağını öğrenmek zorundadır. Ancak bu şekilde geçmişten gelen tetikleyicileri bir uyuşturucu madde seçeneği olan sekse başvurmadan idare etmek ve bunlarla daha kolay bir şekilde başa çıkmanın imkânı olur.[11]

Başkalarını Cinselleştirmek

Toplumumuzda, cinsel mücadeleyi keşfetmek ve bununla övünmek, en seksi kadın ve erkeklerin sıralamasını yapmak ve baştan çıkarma becerilerini öğrenmek üzere yetiştirilmişiz gibi bir izlenim vardır. İnsanlar seksi dürtüsel olarak kullanmaya başladıklarında bu becerilerle birlikte kendi endişelerinin kurbanları hâline gelirler. Tanıştırıldıkları herkes, mücadele içinde oldukları ve gözlemledikleri herhangi bir kişi onlar için bir seks objesidir. Çekici bir insanın farkına varmak ve onu beğenmekten öte bu kişiyle yaşayabilecekleri olasılıkları düşünerek dikkatle incelerler. Böyle bir durumda romantik bir aşk ilişkisinin başında hissedilenle aynı sarhoşluk hissedilir. Arayış esnasındaki kendinden geçme hâli, kovalamaca, belirsizlik ve olası zafer kendi içinde bağımlılıktır. Büyük bir topluluk içine girmek, imkânların fazla olması demektir; örneğin bir sohbet odasına dâhil olmak, beklemekte olan birçok imkânla doludur. Cinsel uyarılma yoğunlaşır ve ruh hâli bekleme ya da fantezi esnasında olduğu gibi farklılaşır. Kalp hızlandıkça vücutta adrenalin salgılanır, göz bebekleri büyür ve vücut uyarılır. Her şey ve herkes seks bağımlılığının merceğinden görülür.

Jerad'ın Hikâyesi

"Şehir dışındaki iş toplantılarına katılmayı dört gözle beklerdim. Yanımda eşim olmadığından özgür bir erkektim. Yeni şehirler arzularımı tatmin edebileceğim yerlerdi. Giyeceğim kıyafeti hazırlarken ve kendime çeki düzen verirken heyecanlanmaya başlardım. Sonra soluğu otelin barında alır ve o gece ya da seyahatim boyunca açlığımı giderecek kişiyi aramaya başlardım. Baştan çıkarıcı kimliğime bürünürdüm. Benimle aynı oyunu oynayan kişiyi bulana kadar birçok kişiyi baştan çıkarırdım. Şimdi anlıyorum ki bu kovalamacanın yarattığı uyarılma seksten çok daha önemliydi benim için. Bazen işin sonunda seks yapmaya mecbur olurdum ama hiç de zevk almazdım."

Başkalarının Güvenine İhanet Etmek

Kişinin kendisine olan güvenine ihanetin yanında, seks bağımlılığı o kadar derin bir güven ihlali yaratır ki, bağımlının partneri genellikle eşine karşı bu güveni tekrar kazanabileceğinden şüphe duyar. Hatta bazısı intiharı bile düşünür. Dürtüsel ya da bağımlı davranış gizli tutulup daha sonra ortaya çıktığında bağımlı kişinin partneri büyük bir şok yaşar. Terk ederek, hissizleşerek ya da saldırarak karşılık verir ve bu esnada birçok travma belirtisi ortaya çıkar. "Bununla nasıl başa çıkabilirim?", "Daha önce hissettiğim güven duygusunu bir daha nasıl hissederim?", "Neden ona yetemedim?" Diğer partnerin davranışını kişiselleştirmemeye ve anlamaya çalışan kişide umutsuzluk, öfke ve ıstırap duyguları ortaya çıkar. İyi bir sevgi temeli var olduğunda ve yıkılan güvenin ancak zamanla tekrar kazanılacağını anlamayla birlikte, çiftler acele bir ayrılık kararı almaz ve ilişkiyi bir yıl daha devam ettirmeye yönelirler. Güven kazanılmış olsun ya da olmasın, her iki kişinin de üstüne düşen görevler vardır. İşte bir partnerin hikâyesi:

Cynthia'nın Hikâyesi

"Evlendikten üç yıl kadar sonra eşim John, bana bir kadın müşterisiyle görüşmesi esnasında ona uygunsuz bir şekilde dokunduğunu anlattı. Sadece bir defa olmuştu, hiçbir şey hissetmemişti ve ortada büyütülecek bir mesele olmadığını düşünüyordu. En çılgın hayal gücümle bile, beni daha fazla şoke edecek bir şey söyleyemeyeceğini düşünüyordum. Yıkılmıştım. Benim evlendiğim adam bu muydu? Bu yaşadıklarımız gerçek olamazdı. Ama kadın onu şikâyet edebilir ve işini bırakmak zorunda kalabilirdi.

Bu kadından başkası olmadığıyla ilgili ısrar ediyordu. Neden bu kadar incindiğime anlam veremiyordu. Birçok defa, sadece benimle evli olmak istediğini ve beni her şeyden fazla sevdiğini tekrarladı. Daha fazla ne isteyebilirdim ki? Sonra bir sabah beraber kahvaltı yaparken bana şöyle dedi: "Başkaları da oldu." Ve sonra bana yaşadığı her şeyi anlattı. O gün dünyam yıkılmıştı. Bu çöküş gerçekleşirken o sene boyunca nasıl bir mücadele içine girdiğimi ancak şimdi anlıyorum. Yaşananlar bir kadınla, benimle ya da evliliğimizle ilgili değildi. Tam olarak ne olduğuyla ilgili hiçbir fikrim yoktu ama büyük bir sorun olduğunu biliyordum. Bir daha içinden çıkamamaktan korktuğum, derin ve karanlık bir umutsuzluk çukuruna düşmüştüm, buradan çıkabilsem bile bir daha hiçbir şeyin aynı olamayacağını biliyordum.

John hemen yardım almaya başladı. Kaybettiğim güveni geri kazanabilecek miydim ve bir zamanlar olduğu gibi kendimi güvende hissedebilecek miydim? Bunu görmek için evliliğe bir süre daha devam ettim. Geçmişi hâlâ çok kolay hatırlıyorum. Biraz geç kalsa hemen endişeleniyorum. Müşterilerinden birini görsem acaba onu arzuluyor mu diye düşünüyorum. Eğer etrafımızda çekici kadınlar varsa zihninden neler geçtiğini merak ediyorum. En basit şeyler bile, mesela bir düğüne gitmek bile beni ağlatıyor. Aşırı şekilde tetikteyim ve sürekli olarak bana karşı dürüst olmadığı hareketleri bulmaya çalışıyorum. Ne kadar saplantı yapmamaya çalışsam da olmuyor. Zamanla ve her ikimizin de üstümüze düşen görevleri yerine getirmemizle bu durumun üstesinden gelebileceğimiz söylenmişti bana. John'un beni sevdiğine inanmak istiyorum ve bazı zamanlar onda evlendiğim adamın izlerini görüyorum. Ama korkarım ki bir daha ona asla güvenmeyeceğim."

Yersiz Cinsel Davranışlarda Bulunmak

Bazen bir seks bağımlısını tanıyabilmek zordur çünkü hareketleri gizlidir. Genellikle sezgilerimizle bu işaretleri alırız. Neyi aradığınızı bilirseniz, bir süre sonra bir seks bağımlısını nerede olursa olsun rahatlıkla fark edebilirsiniz. Birçok seks bağımlısı esprilerinde ana tema olarak seksi kullanır. Cinsel imalar ya da diğerlerini rahatsız hissettirecek şekilde insanların cinsel anatomileri hakkında yorumlar içeren birçok muziplik yaparlar. Çok fazla sarılırlar, uygun olmayan şekillerde dokunur ya da insanların fiziksel sınırlarına tecavüz ederler. Sizi takip eder, size sürtünür ya da sizi baştan çıkarmaya çalışırlar. Vücutlarının bazı bölümlerini gösterip sizin bundan haz almanızdan keyif alırlar. Mecazi anlam çıkarmada üstlerine yoktur, çift anlam içeren kelime ya da deyimlerde cinsel anlamı ağır basanı ön plana çıkarırlar. Cinsel anlam içeren bir şeyi fark edip diğerlerine göstermekte çok hızlıdırlar. Mesela biri şöyle bir şey söylese, "Kız bu sabah tam vaktinde geldi." Bir seks bağımlısı cilveli ya da esprili bir şekilde "geldi" kelimesini cinsellikle bağdaştıracaktır.

Hastalık ilerledikçe bu davranışlar daha açık ve direkt bir hâle gelir. Bir birliktelikte partnerini heyecanlandırmak için hep daha fazlasını yapmak zorunda olduğun hissine kapılırsın. Buradaki anahtar kelime "zorunda olmak"tır. Bu ise ortada karşılıklı tatmine yönelik bir düzenleme olmadığı anlamına gelir ve siz de kendinizi bir seks objesi gibi hissedersiniz.

Cinsel Mutluluk için Başkalarını Kullanmak ve İstismar Etmek

Seks hormonları ergenlik döneminde hareketlenmeye başlar ve birçok yetişkin seks bağımlısı için sorun işte tam da burada başlar. Kişinin seksi bir uyuşturucu olarak kullanmaya başladığı ilk anda sağlıklı duygusal ve cinsel gelişim durur. Greg'in hikâyesi bize ilk yoğun cinsel ilişkisinin iyi bir tecrübe olacak yerde çocukluk yıllarında yaşadığı travmayı nasıl güçlendirdiğini ve yetişkinliğinde de tekrarlanacak sinirsel bir rotayı nasıl oluşturduğunu gösteriyor.

Greg'in Hikâyesi

Greg, seansın tam ortasında bir itirafta bulundu: "Sanırım sekse bağımlıyım. Bu iğrenç sırrı içimde taşıyorum. Korkum devam ediyor. İnsanlara güvenmiyorum ve saçma sapan sinirsel patlamalarım var. Daha sonra pişman olacağım şeyler söylüyor ya da yapıyorum. Kendimi memnun etmek için kadınları kullanıyorum. Seksi kalbimden ayrı tutuyorum."

Ona probleminin temeline inmesinde yardım ettikçe, Greg beş yaşındayken annesinin kucağında oturduğu bir anı hatırladı. Annesine eğilerek yakınlaştığını hatırladı. "Onun çiçeklere benzeyen kokusunu seviyorum. Saçlarımı okşamasını ve boynumun arkasını kaşımasını seviyorum. Sesini seviyorum. Bana artık büyüdüğümü söylüyor. Ama öyle olmadığımı biliyorum. Üzülüyorum ama onu üzmemek için benim de üzülmemem gerekiyor. Onunla ilgilenmem gerek. Babam bir defa daha terk etti onu, ama babam eve geri döndüğünde annem beni tamamen unutuyor."

On yedi yaşındayken hayatı boyunca tanıdığı en nefes kesen insanla karşılaştığını hatırladı. Kız yirmi beş yaşındaydı ve onu seksle tanıştıran ilk kişiydi. Bu arkadaşıyla beraberken Greg, kendini yine beş yaşında hissetmeye başlamıştı: "Kokusuna aşığım" dedi. "Saçımı okşamasını ve ensemi kaşımasını seviyorum. Sesini seviyorum. Bana özel olduğumu söylüyor. Aşk dedikleri bu olsa gerek, bu dokunuş, yakınlık, seziş ve cinsel doyum."

Sonra birdenbire bu heyecan verici arkadaşı, kendi yaşıtı olan başka bir erkeğe âşık olduğunu söyleyerek gitti. Greg bir defa daha, sevildiğini düşündüğü bir kadın tarafından terk edildiğini hissetti. Acı içerisinde kendisine şu sözü verdi: "Bir daha asla! Tıpkı beni kullandıkları gibi ben de kadınları kullanacağım." Ertesi günden itibaren bu sözünü tutarak sürdürdü hayatını. Kadınlar onun baştan çıkaran büyüsüne kapıldı. Aşkın eşiğinde yaşamak onun için bir yaşam şekli oldu. Seks bir yaşam şekli oldu. Korku yok, acı yok, duygusallık yok. Bazen yalnızlık ve kendinden nefret etme ortaya çıkıyordu ama bu duyguları hemen seks, uyuşturucu ve alkol ile bastırıyordu. Sonra bir gün depresyona girdi. Greg, içindeki yardım istemekten korkan kendinden çok uzaktı.

Devam Ederken

Seks, aşk ve sevgi deneyimi olan herkesin bağımlı ya da buna eğilimli olduğunu ileri sürmüyorum. Sadece ilişkilerin dürtüsel bir ihtiyaç, hatta bağımlılık hâline dönüşmesinin üstünde oldukça çok duruyorum. Seks, aşk ve sevgi talimatla gelmez. Sevgi, aşk ve seksin ne zaman ve nasıl bağımlılık hâline dönüştüğüyle ilgili bilgilerimiz, herhangi bir yaş grubunda yeme bozuklukları, alkol ve diğer madde bağımlılıkları ile ilgili bildiklerimizden oldukça azdır. Ama en azından buraya kadar sevgi, seks ve aşkın nasıl ve neden bozulmaya başladığını öğrendiniz ve artık kalp kırıklıklarımızı tamir etmek için kullanılan bu harika deneyimlerin uyarı sinyallerinin bazılarını tanıyabilirsiniz.

Şimdi ilerleyelim ve sevgi, aşk ve seksin iyi yönlerinden bahsedelim. Sağlıklı aidiyetin ayırıcı özelliklerini görelim, sonrasında bağımlılıktan sevgiye giden yolu bulalım ve son olarak da yolculuğunuzda size destek verecek kendine yardım araçlarıyla bitirelim.

III. Bölüm

Geleceğe Ümitle Bakmak

Hepimizin öğreneceği en son ders, koşulsuz sevgidir ve bu sevginin içinde yalnızca başkaları değil, kendimiz de varız.

Simone de Beauvoir

8

Sağlıklı Aidiyet

Birbirinizi sevin ama sevgi bağı kurmayın:
Bırakın ruhunuzun sahilleri arasında hareketli bir deniz olsun.
Birbirinizin kadehlerini doldurun ama tek bir kadehten içmeyin.
Ekmeğinizi diğerleriyle paylaşın ama aynı somundan yemeyin.
Beraber şarkı söyleyin, dans edin ve neşeli olun ama her birinizin yalnız olmasına izin verin,
Udun her bir teli yalnız olsa bile, beraber aynı müzik ile titrerler.
Kalplerinizi verin ama birbiriniz tutasınız diye değil.
Sadece Hayat'ın elleri kalplerinizi içine alabilir.
Ve birbirinize uygun olun ama birlikte çok yakın değil:
Nasıl ki tapınağın sütunları ayrı durur,
Ve meşe ağacıyla selvi birbirinin gölgesinde büyümez.

HALİL CİBRAN, Ermiş

Başkalarına İhtiyaç Duyma

Kendinizde veya yaşadığınız ilişkide, bağımlı sevginin ya da sağlıksız bağımlılığın belirtilerine rastlarsanız, bilmelisiniz ki yalnız değilsiniz. Yalnız kalma, acı ve ilgisizlik duygularımızı sonlandırmak için verdiğimiz mücadelede; kendimizi çok sık, bir gereklilik perdesi içinde kapana kısılmış buluruz.

Başka insanlara ihtiyacımız var. Bunu sağlayan üç farklı biyolojik güdüye sahip olduğumuzu hatırlayın: Tutku, çekicilik ve sevgi bağı. Çiçek açmak için sevgiye ve paylaşmaya ihtiyacımız var. Erich Fromm'un söylediği gibi, "Bir kişinin kendi hayatını, mutluluğunu, gelişimini, özgürlüğünü doğrulaması, kişinin sevme kapasitesiyle sabittir."[1] Şimdi ilgimizi, bir ilişkiye bulaşabilecek hastalıkların teşhisinden sağlıklı sevginin belirtilerine çevirelim.

İnsanoğlu olarak evrimimizde, bizi diğer insanlara çok derin bir şekilde bağlayan, gelişmekte olan manevi bir farkındalık vardır. Her bireyin tek oluşu daha büyük olan insanlık bütününe katkıda bulunur.

Kendimizi bağımsız enerji sistemleri olarak düşünecek olursak, enerjimizi kısıtlamanın ya da onu yıkıcı veya yapıcı bir şekilde kullanmanın kendi elimizde olduğunun farkına varırız. Sevgi de bastırdığımız ya da kullandığımız bir enerji sistemi olabilir. Bilim adamları atomu ve bileşenlerini keşfetti. Şimdi ise atom partiküllerini birbirine bağlı tutmaya sebep olan maddeyi sınıflamaya çalışıyorlar. Bazı fizikçiler aşkın da somut bir kuvvet, bir güç olduğunu öne sürerler. Bu anlayış sevgiyi elektrik kadar gerçek bir güç olarak gösterir. Atom partiküllerini birbirine iten elektromanyetik kuvvet gibi sevgi de evreni birbirine bağlayan ilahi bir harçtır. Durum böyle iken nasıl sevdiğimiz hakkında daha fazla şey bilmek mantıklı geliyor? Bu, egoyu artırma ve ihtiyacı doyurma amaçlı, olgunlaşmamış sevgi olsun ya da zamanla evrimleşmiş olgun sevgi olsun hiç fark etmez.

"Sevmek", "sevginin tam ortasında yerini almak" demektir ve tüm ilişkilerimizin içine bir şekilde sevgiyi koyma cesareti olması demektir. Bir sevgi ilişkisi küçük bir hediye paketi değildir. Canlıdır. Doyurulmaya, korunmaya ve eğitilmeye ihtiyaç duyar. Bu demek oluyor ki bir ilişkiye nasıl girileceğini, ilişkinin içinde nasıl olunacağını ve ilişkinin nasıl terk edileceğini öğrenmemiz gerekir.

Sevgi dolu bir ilişkinin neye benzediğini ve bu gibi bir ilişkiyi oluşturmak ve korumak için beceriler geliştirmeyi öğrenebiliriz.

Sağlıklı Bir Aidiyetin Yirmi İşareti

Sağlıklı bir sevgi ilişkisinin işaretleri; sevgi, aşk ve seks bağımlılığı işaretlerinin tam tersidir. Şimdi bunlardan bazılarını görelim. Sağlıklı aidiyet sergileyen bir ilişki:

1. Birlik ve ayrılığa izin verir
2. Sağlıklı sınırları vardır
3. Güven duygusu yaratır
4. Kendimizdeki ve başkalarındaki en iyi özellikleri dışarı çıkarır
5. Sonları kabul eder
6. Değişime açıktır
7. Hayat dolu ve canlıdır
8. Gerçek yakınlığı teşvik eder
9. Duyguları göstermekten korkmaz
10. Kalpten verir
11. Farklılıkları ve sınırlamaları kabul eder
12. Kendine yeterlilik ve öz saygıyı cesaretlendirir

13. Sevginin ne olduğunu bilir
14. Kendini ilişkiye adamayı kabul eder ve saygı duyar
15. Alt sınırı vardır
16. Yüksek derecede güven barındırır
17. Sağlıklı cinselliği yaşar
18. Aşka gerçekçi bir bakış açısı vardır.
19. Tarafsız olarak bakar
20. Kendisinin ve diğerlerinin eşitlik ve kişisel gücünü kabul eder

Birlik ve Ayrılığa İzin Verir

Her ne kadar olgun sevgililer yakınlıklarını birlik olarak tanımlasalar da aynı zamanda farklı bireyler olduklarına yönelik net bir duyguları vardır. Bu şu anlama gelir: *Birlik ve ayrılığın her ikisi de yaşanır ve birbirleriyle tutarsız değillerdir.* Bu, benlikleri pahasına ilişkiyi saplantı hâline getiren sevgi bağımlıları için inkâr edilen bir coşku hâline olanak tanır.

Bağımlı sevgide tükendiğimizi hissederiz, sağlıklı sevgi ise bireyselliğe izin verir. Sağlıklı bir ilişki hiçbir duyguyu tehdit etmeden her insanın farklı yönlerde değişip gelişmesine olanak tanır. Partnere duyulan saygı ve güven bu gibi bir özgürlüğe imkân verir. Bireysel düşünceler ve duygular bastırılmaz, kabullenilir. Farklılıklar ve çelişkiler arttığında, beden ve zihin sakin kalabilir çünkü farklılıklar kabul edilebilir ve çelişkilerin çözümü ise normal günlük hayatın bir parçası olarak ele alınır. Bir kişi başkalarının duygularıyla ilgilenmek zorunda olduğunu hissetmez ve kendini yeterince idare edebildiğinden sevdiği kişinin kafası meşgulse bile bundan dolayı panik yapmaz.

Sağlıklı Sınırları Vardır

Sağlıklı sınırlar, birlik ve ayrılığı deneyimlemek için gereklidir. Sağlıklı sınırı düşünce, söz, duygu ve hareketlerinizde sizi başkalarından ayıran herhangi bir şey olarak düşünebilirsiniz. Çok sık olarak hastalarım bana şunu söyler: "Artık kim olduğumu bilmiyorum" ya da "Kendime geri dönmem lazım." Bir hastam şöyle demişti: "Kendim olmayı ve bir ilişki yaşamayı öğreniyorum. Ancak bu şekilde bir ilişkide kim olduğumu ve kim olmam gerektiğini bulabilirim."

Sağlıklı sınırın bize sundukları ve içeriği şunlardır:

- İçinizdeki çocuğa sahip çıkıp onu korumak
- Kendinizi bir durumdan soyutlayarak harekete geçmeden önce gözlemleyebilmek
- Ne istediğini, ihtiyacını bilmek ve bunu ifade etmek
- Diğerlerinin anlayışlarına tepki göstermeden önce gerçekliğini araştırmak
- Sınırları bilmek ve belirtmek
- İnsanların senden ne istediklerini düşünmek ve hayır demekte özgür olmak
- Saldırıya uğradığınızı hissettiğinizde bunu ifade edebilmek
- Diğerlerinin sizin hakkınızdaki eleştirilerini kişisel algılamamak
- Sezgilerinize güvenmek
- Sizi diğerlerinden farklı kılan benzersiz yönlerinizi geliştirmek

Güven Duygusu Yaratır

Bir arkadaşla ya da sevgiliyle olsun, sağlıklı bir ilişkinin en önemli işareti, kendini ilişki içinde güvende hissetmektir: Kendin olmak, dürüst olmak, istediğin şeyi talep etmek, aynı fikirde olmamak gibi durumlarda güvende hissetmektir. Kendimizi güvende hissettiğimizde kalplerimiz, düşüncelerimiz rahat ve açıktır. Bu durumda sıcaklık, keyif ve başka bir insanla olma arzusu gibi duyguları deneyimleriz. Güvende hissetmek birine güvenmenin ön koşuludur ve güven sağlıklı bir ilişkinin temelidir.

Bir kişiye güvenmenin tehlikesiz olduğunu gösteren beş özellik vardır:

1. *Kabul (Koşulsuz pozitif saygı):* "Seninle aynı fikirde olmayabilirim ya da senin tavır ve sözlerinden hoşlanmayabilirim ama sana olan sevgim bundan etkilenmez."
2. *Açıklık:* "Seninle riskler alacağım ve kim olduğumu, ne hissettiğimi, ne düşündüğümü ve ne yaptığımı seninle paylaşacağım."
3. *Güvenilirlik:* "İhtiyacın olduğu her zaman yanında olacağım ve sana tüm gücümle destek olacağım."
4. *Uyum:* "Söz ve davranışlarımın birbiriyle örtüşmesi için çabalayacağım."
5. *Dürüstlük:* "Sana söz veriyorum. Eğer seni ya da kendimi başarısızlığa uğratırsam, sorumluluğu üstleneceğim ve özür dileyeceğim."

Kişinin düşünce ve davranışları örtüşmediğinde, bu uyuşmazlığı kabul etmek onları uyumlu hâle getirir. Mesela "Seni seviyorum ama sevgimi göstermede bazı problemler yaşıyorum" gibi bir açıklamada bulunmak kişiyi uyumlu duruma sokar.

Şimdi okuyacağınız hikâye güvenin nasıl yıkıldığını ve güvenmek için gerekli şartların nasıl tekrar kurulduğunu anlatıyor.

Cynthia'nın Hikâyesinin Devamı

"John bana cinsel bağımlılığından ilk defa bahsettiğinde hayatım karardı. Kendimi o kadar düşmüş hissediyordum ki hayatımı sonlandırmayı bile düşündüm. Kendime onu gerçekten sevmiş miydim, sorusunu sormalıydım. Kendimi toparlamak için uğraşmak istiyor muyum ve bu ilişkiyi bir süre daha sürdürmeyi istiyor muyum? Üçüne de cevabım evet oldu.

Her ne kadar başlangıçta ilişki için heyecanım ve sevgim sarsılmış olsa da saygı ve açıklığın (bu iki kavrama bağlılığımı söylememe gerek yok sanırım) önemini biliyordum. John'u koşulsuz sevdiğimi söylemiştim ve bu da benim sınavım olmalıydı. Güveni kendi başıma düzeltemeyeceğimi bilecek kadar da akıllıydım.

Ne kadar korkutucu olursa olsun birbirimize karşı merhametsizce dürüst olmaya karar verdik. Neden yıllar boyunca bir yalan içinde yaşadığımızı tanımladık ve yüzlerimizdeki sahtekârlığın nasıl da uçup gittiğini gördük. Birbirimizin acılarını ve hikâyesini dinlemek, güvenlik duygusu yaratmakta tuhaf bir şekilde yeterli olmuştu.

Hayatımızın çöküşünün üstünden bir yıldan fazla zaman geçti. Bağımlılık engeli üzerinde yavaşça emeklerken, çoğu zaman John'u davranışından ayrı tutabiliyordum. Her ne kadar bu, evliliğimiz süresince yaptığı o davranışları affettirmese de ona hâlâ saygıyla ve birlikteliğimiz başlarken verdiğimiz sevgi sözüyle yaklaşabiliyorum. İşte bu bana gerçek sevginin ne olduğunu gösteriyor, eğer her iki taraf da bozulmuş bir sözü onarmak istiyorsa tüm sorunlar çözülür."

Kendimizdeki ve Başkalarındaki En İyi Özellikleri Ortaya Çıkarır

Bu, küçük denebilecek ama sağlıklı sevginin görünür ve muhteşem yönlerinden biridir. Nitekim hayatı daha yüksek bir kalitede yaşamaya davet eder. Bunun için derinlerdeki yüksek insani erdemlerimizi teşvik eder ki bu erdemleri şöyle sıralayabiliriz: Saygı, sabır, disiplin, sorumluluk, dayanışma, cömertlik ve alçak gönüllülük. Yeni bir sevgi ilişkisinde hissedilen mutluluk kimyasallarının bir avantajı, içimizdeki en iyi yönleri ortaya çıkarmasıdır. Öyle ki daha eğlenceli, konuşkan, sempatik, romantik, anlayışlı ve hep vericiyizdir. Başkalarının söylemesi gerekenleri dinleriz, birini kırdığımızda özür dileriz.

Başka bir deyişle; sevdiğiniz obje yakınınızdayken kendinizi özel, huzurlu ve iyi hissediyorsanız ve bu duygular her zaman olduğundan daha sık bir şekilde hissediliyorsa, bu sağlıklı bir ilişki demektir. Hepimiz kötü günler geçiririz, daha sonra pişman olacağımız şeyler söyler ve yaparız ancak eğer ilişki güvenli ve destekleyiciyse kendimizi toparlar, hatalarımızı düzeltir ve hayata devam ederiz. Öz saygımız ne kadar fazlaysa eksikliklerimizi kabullenmek ve bunları başkalarına yansıtmamak o kadar kolay olur. Buradaki zorluk, ilişkiye yeni başladığınızda nasıl olduğunuzu hiç unutmamanız ve coşku hissi azalmaya başladığında bile bu özelliklerinizi hatırlamanızdır.

Sonları Kabul Eder

Bir ilişkinin sona ermesi acı vericidir ama olgun insanların, kendilerine ve hatta bazen partnerlerine bunun üstesinden gelmeye yetecek kadar saygıları vardır. Olgun insanlar, sağlıklı ilişkilerdeki krizlerle başa çıkabildikleri gibi kurtarılması imkânsız olan ilişkilerin peşini nasıl bırakacaklarını bilirler. Acı çekerken bile bir gün yeniden seveceklerinden şüphe duymazlar. Bırakacağı etkileri göz ardı edemesek de acıya göğüs gerebiliriz.

Kendileri de eşlerini aldatmış oldukları hâlde, sevdikleri tarafından cinsel açıdan ihanete uğramış çok güçlü insanların ruhen yıkılarak ağladıklarına tanık oldum. Eşinin başka bir erkekle ilişki yaşadığını öğrenen bir adam bana şöyle dedi: "Hayatım boyunca hiç böyle bir acı hissetmedim. Dürüst olmak gerekirse bununla yaşamaya devam edebilecek miyim bilmiyorum. Komik olansa, bu olay yaşanana kadar sevgiyi asla düşünmemiştim. Eşim oradaydı, eşimdi ve benim destekleyicimdi, çocuklarımı büyütüyordu. Tanrım, berbat bir şey. Bir daha asla böyle bir şey yaşamak istemem."

Son cümledeki trajik karar, bu kişinin bir daha asla sevgiye açık olmamaya kendini programlıyor olmasıydı. Bu kadar hayati olan sevgiye açıklığı kaybetmemek için yaralı bir sevgili; öfke, korku ve panikle tepki vermeye doğru olan doğal eğilimin üstesinden gelmelidir. Acı ve kederin üstesinden gelmeye ve bir kez daha affedip sevmeye yetecek kadar gücümüz var.

Kulağa çok zor geliyor, aslında öyle de. Acı ve öfkenin kişiyi yok etmesine ancak kişinin manevi tarafı karşı gelebilir. Olgun insanlar, acı verse bile bu gerçeği kabul ederler ve hayatlarındaki bir sonraki bölüme geçerler.

Şimdi okuyacağınız hikâye çok önemli bir gerçeği ortaya çıkarıyor: Bekâr olmak da kutsaldır. Kişi genellikle acı çekme ya da hata yapma korkusundan dolayı son derece yıkıcı bir ilişkinin içinde yer almaya devam eder. *Bağlılığın sorumluluğunu üstlensek ve ilişkideki diğer yarımızı iyileştirmek için elimizden gelen her şeyi yapsak da ne pahasına olursa olsun bu ilişkiyi sürdürme mecburiyetini hissetmemeliyiz. İlişkide kalmaya ya da ilişkiyi terk etmeye neden olan doğru ve yanlış sebepleri ayırt etmeyi öğrenmemiz gerekir.* Arada bir fark vardır. Sağlıklı bir insan durması gereken yeri ve ayrılma zamanının geldiğini bilir.

Charlie'nin Hikâyesi

"On yıllık evlilikten sonra eşimin başka bir erkekle ilişki yaşadığını öğrendim. Onunla yüzleşemeyecek kadar zayıftım. Ne zaman ilişkimiz ile ilgili problemleri gündeme getirsem, soğuk bir öfkeyle gözlerini boşluğa diker ve ben de vazgeçerdim. Derin bir depresyona girdim. Onu bir evlilik danışmanına sürükledim ve danışmanın davranış reçetesini bir bir uyguladığım hâlde, kendimi daha da fazla depresif hissetmeye başladım. Sonra hayatıma son vermek istediğim gün geldi. Bu düşünceyi kafamdan sildiğim anda içimde bir şey hareket etti, hayatımda ilk defa ruhumun derinliklerine baktım ve orada var olduğundan hiç haberim olmayan bir güç gördüm. Depresyon yok olup gitti. Eşimin sevgilisini gördüm, onunla yüzleştim ve eğer hayatımızdan çıkıp gitmezse kariyerini mahvedeceğimi söyledim. Ve o da hayatımızdan çıktı.

Yine de evliliğim düzelmedi. Beni kontrol edemediğinden dolayı, eşimin öfkesi artmaya devam etti. Onu, altından kalkamayacağımız kadar pahalı seyahatlere götürmemi istemeye başladı. Beni suçlamak için hep daha fazla hata buldu. Sonra pasifliğime son verecek bir şey oldu. Bir gece gerçek kadar canlı bir rüya gördüm. Rüyamda eşim beni bağlamıştı ve hadım ediyordu. Rüya beni uyandırdı!

Sessiz bir şekilde, bir süre arkadaşlarımla kalmak üzere hazırlıklarımı yaptım. Sonra onunla yüzleştim ve bu ilişki devam ettikçe ruhumun öldüğünü, birkaç hafta evden uzak kalacağımı ve böylelikle geri dönmek isteyip istemeyeceğime karar vereceğimi söyledim. On gün içinde boşanma davası için başvurmuştu bile.

Sonuç olarak elli sekiz yaşında ve boşanmak üzereyim, maddi olarak fakirleştim ama hatırladığımdan çok daha fazla huzur içindeyim. İlgi ve destek veren arkadaşlarla birlikteyim. Her günüm farklı ve daha güzel."

Değişime Açıktır

Hayat bir değişimler zinciridir. Hâlâ birçoğumuz farklı bireyler olarak gelişimlerimizi sağlayacak iç arzularımızı görmezden gelerek, etrafımızdaki benzer insan ve şeylere sarılırız. Değişime açık olmak riskli olabilir, sonu ayrılmalara kadar gidebilir ama onsuz bir ilişki canlılığını kaybeder. Genellikle partnerlerden biri etrafındaki çemberi genişletmeye devam ederken diğeri inatla benzer olan ve güvenli gözüken şeylere sarılır. Ve bu durum ortada bir sorunun var olduğunun habercisidir.

Grant ve Barbara'nın Hikâyesi

Grant ve Barbara üniversitede tanışıp birbirlerine âşık oldular. Yeni fikirler ve deneyimler keşfedip paylaşmanın heyecanıyla birlikteliklerini canlı tuttular. Evlendikten sonra hayatları değişmeye başladı ve sonra birdenbire her şey durağanlaştı. Grant çalışıyordu, Barbara ise bir ev kadınıydı. Orta seviyenin yukarılarındaki hayat standartları, öne çıkan yoğun sosyal yaşantıları, üniversitedeki ideallerinden çok farklıydı. Grant sağlayıcı rolünü benimsemişti, sadık bir eş ve alıcıydı. Barbara, vefakâr ve kocasının kariyerine destek olan eş rolünü oynuyordu.

Sıkıntı ve huzursuzluk aralarındaki uyumu bozmaya başladığında on iki yıllık evliydiler. Orta yaşa yaklaşan Barbara bir yüksek lisans programına kayıt oldu ve bir kez daha yeni fikir ve deneyimlerin etkisiyle hareket etmeye başladı. Bunların tümünü Grant'le paylaşmaya çok hevesliydi ama hayretler içerisinde Grant'in bu duruma karşı koyduğunu ve onu küçük gördüğünü fark etti. Bu durumdan korkan Barbara yeni deneyimlerini Grant'e anlatmaktan vazgeçti. Bu esnada Grant evlilik dışı ilişkiler yaşamaya ve çok fazla içmeye başladı. Birbirlerinden uzaklaştıkları çok açıktı. İlişkileri sıcaklık ve heyecandan yoksundu. Bu noktada evliliklerinin tehlikeye girdiğini fark ederek danışmanlığa başvurdular.

Grant ve Barbara önceleri sorunun bir iletişim kurma problemi olduğunu düşündüler ama sonra bunun daha derin bir şey olduğunu anladılar. Çünkü yoğun sosyal yaşantı, iş ve kariyer için rekabet uğruna kendi bireysel gelişimlerini ihmal etmişlerdi ve manevi yanları gelişememişti. Bir şeylerin eksik olduğuna yönelik güçlü ama bulanık olan bu duygudan dolayı acı çektiler. Danışmanlık sayesinde Grant ve Barbara, değişim ve keşfetmeye açık olmayan bir ilişkinin; hiç egzersiz yapmayan, esnekliğini ve gücünü kaybetmiş, zayıflamış ve hatta ölebilecek bir bedene benzediğini öğrendiler.

Sonsuza Uzanan Köprü adlı kitabında Richard Bach şöyle yazar: "İki insan arasındaki bıkkınlık, sürekli fiziksel beraberlikten kaynaklanmaz. Zihinsel ve ruhsal olarak uzaklaşmaktan kaynaklanır."[2]

Hayat Dolu ve Canlıdır

İstikrar ve macera ihtiyacımız arasında hassas bir denge vardır. Kendimizi evimizde hissetmeyi, ilişkilerimize çok güçlü bir şekilde bağlı kalmayı isteriz hatta bunu şiddetli bir şekilde arzularız. Öğrendiğimiz gibi, birine bağlanmaya sebep olan biyolojik dürtü beynimizin içinde tetiklenir. Yakınlık ararız, çocukken ihtiyacımız olandan farklı olmayan bir yeri hissetmek isteriz. Diğer taraftan ise, hareket etmek ve keşfetmek için özgürlüğü arzularız. Sağlıklı bir aidiyet her zaman için bağlanma ve macera dürtüsünün birleşimidir.[3]

Bireyler olarak sadece yaşama gücü, tutku ve heyecan tecrübe etmeyiz ama bir ilişkinin bunlara da ihtiyacı vardır. Ruhlarımız kadar bedenlerimiz de bir ilişkinin başında sahip olduğumuz iyi hissetme kimyasallarına ihtiyaç duyar. Melodramdan, ateşli tartışmalardan, bağımlı sevgide yaşanan dramatik cinsel karşılaşmalardan vazgeçtiğinizde, bunları başka bir şey ile değiştirme ihtiyacı duyarsınız. Ve nasıl yaşadığımız, partnerimizin beyinde de hatıralar yaratır. Daniel Amen'den yaptığımız şu alıntı çok yerindedir: "Eşinizin kafasında pozitif bir etki yaratmak istiyorsanız, öfke ve güvensizlik yerine heyecan, mutluluk, yenilik ve neşe tohumları ekmenin önemini unutmayın."[4]

Bir ilişkiyi canlı tutmanın ipuçları şunları içerir:

- İlişkiye olan bağlılığı doğallıkla dengelemek
- Romantizm yaratmak
- Hiç beklenmedik bir şey yapmak
- Unutulmaz anları tekrar yaşamak ve zihne kazımak
- Bir macera yaşamak
- Asla sıkılmamak

Gerçek Yakınlığı Teşvik Eder

Sağlıklı sevgi ilişkisinin en büyük armağanı, duygusal içtenlik deneyimini tecrübe ettirmesidir. Dr. Eric Berne'in tanımlamasını hatırlayalım: "İçtenlik; düşünce, duygu ve davranışların derin bir şekilde karşılıklı paylaşılmasıdır." Bu, sözlü olabilir ya da olmayabilir. Sevgi ve pozitif duyguların dışavurumunu davet eder. İçten ilişkiler, bize denge sağlar ve başkalarına olan ihtiyacımızı hatırlatır. Bağlanma dürtüsünü tatmin eden derin bağın paylaşılması, bir ilişkinin gelişmekte olduğunun göstergesidir. Fiziksel, cinsel ve romantik içtenlik bir sevgi ilişkisine büyük oranda katkıda bulunurken eğer ortada duygusal bağlanma yoksa kişi boşluk, bağlanmak için özlem ve bazen kalbinde gerçek bir acı hisseder.

Bağ, gerçek içtenliğin her anında ortaya çıkan doğal bir sonuçtur. Aşkı kurtaran ve cinsel içtenlikten daha üstün olan duygusal yakınlıktır.

Olgun sevgililer çocukluktaki korku ve yasaklarla zincirlenmediğinden, ilişkileri gerçek ve yoğun içtenlik içerir. Sevginin risklerinden korkmak içtenliği kısıtlar, bunu davet edense risk almaya yönelik güven ve istekliliktir. Gerçek sevgi çelişki sergiler: Kendine yeten bağımsız kişiler, karşılarındakini derin ve şefkatli bir şekilde sevmekte daha yeteneklidirler. Çünkü onların sevgisi saplantılı ya da bağımlı değildir, partnerleriyle birbirlerine bağlanma ve onları tamamlama konusunda özgürdürler. Birey olarak özgür olan kişiler, sevgide içten bir şekilde yakınlaşmada da özgürdürler. Sağlıklı aidiyette partnerler duygusal içtenliğe zemin hazırlayan güven, saygı ve emniyeti içine alan bir atmosfer yaratmak için çabalarlar. Kendimiz olmamıza izin veren ilişkiler, yakınlığı besler ve çelişkiden kurtulmamıza izin verir.

Kusurlu olmakta özgür, çelişkili olarak mükemmelliği destekleyen riskler alırız. Bundan sonra, ilişkilerimizde kalmaya daha yatkın oluruz ve sevgi ilişkilerinin bize öğretebileceği dersleri alırız.

Dawn ve Dale'nin Hikâyesi

"Kocam ve ben, başarılı ve kolay anlaşılan insanlarız. Kendi iş hayatlarımızda her ikimiz de farklı gruplar arasında görüş birliğini severek sağlayabilen nadir aracılar olarak tanınırız. Ama durum evde böyle değil. Yakın seviyede iletişim kurma beceriksizliği beni ve sanırım eşimi de birbirimizden uzaklaştırdı ve yalnızlığa sürükledi. Terapiye gittiğimizde farkına vardık ki, iletişim becerilerinden daha fazla öğreneceğimiz şey vardı; duygusal yakınlık konusunda da rahat olmayı öğrenmemiz gerekiyordu. Bu da geçmişimizde buna neyin engel olduğunu araştırmak anlamına geliyordu. Birbirimizle daha derinden iletişim kurmaya çalıştıkça, bu kadar beceriksiz ve hatta bazen yetersiz olduğumuzu hissetmek benim alışık olmadığım ve rahatsız edici bir durumdu. Birbirimizle daha açık bir şekilde konuşabilmek için öncelikle kendi beden, zihin ve ruhumuzun bize ne söylediğini dürüstçe dinlememiz ve işlememiz gerekti.

Duygusal yakınlığın dilini öğrenmenin bizi germesini bekledik. Açık sözlülük, şefkat, hassasiyet ve güvene dair yeni kademeler geliştirme ihtiyacı duyacaktık. İletişimimizde daha amaç odaklı olmamız gerekecekti. Buna gerekli zamanı ayırabilmek için de daha aktif düşünceli dinleyiciler olmaya ihtiyacımız olacaktı.

Daha önce sakındığımız konu ve duygulara dalarken kesinlikle sendeliyorduk. Sadece deneyerek ve hata yaparak her birimiz için hangi kelimelerin ve davranışların farklı anlamları ve tetiklenmiş cevapları olduğunu keşfediyorduk. Kendi sözlü kısaltmalarımızı yaratıyorduk, böylece karmaşık mesajların anlaşılmaları için uzatılmış açıklamalar kullanmak yerine basit cümleler kullanıyorduk. Garip ve genellikle gözyaşına sebep olan sohbetlerimizde elde edeceğimiz şeyleri kabullenmeyi öğreniyoruz. En önemlisi de duygusal yakınlıktaki tartışmalarımızdan, bizi birbirimize bağlı ve paylaştığımız geleceği güvenli tutacak yollar çıkarmayı keşfediyoruz."

Duyguları Belli Etmekten Korkmaz

Kısa bir süre önce bir hastam bana, neden hisleriyle iletişim kurması gerektiğini sordu. Benim cevabım ise, kendi hislerine sahip çıkmadığı takdirde, ortada duygusal dürüstlük diye bir şey olmayacağı ve bu olmadan da duygusal içtenlikten söz edilemeyeceği oldu. O da, tıpkı birçok diğerleri gibi duygularını göstermekten, duygularını tartışmaya açmaktan çok korkuyordu. Ve daha önce yaşamış olduğu bir travmada ne hissettiğini hatırlamamak için kendini kapamıştı.

Duygular aldatıcı olabilir. Ve bütün duygular mantıklı değildir. Üç çeşit duygu tipi vardır:

1. *Reaktif*– Belirli bir durum için mantıklı olan bir duygudur. Onu hissederiz, hareket planı buluruz ya da olacağı hissederiz ve gitmesine izin veririz. Hiç kimse duygusuz değildir. Örneğin, bir ilişki bittiğinde kendimizi üzgün hissederiz.
2. *Paket lastiği* – Olan şeyle orantısız bir histir ve bunun nedenini anlayamayız. Hislere yüklenmiş, içimizde bas-

tırdığımız ve unuttuğumuz geçmişteki bazı olaylarla ilişkilidir. İlişkilerde paket lastiği tipi hisler, tetikleyici ya da duygusal zaaf olarak adlandırılır. Örneğin geçmişte bizi cinsel açıdan taciz etmiş birine benzeyen bir kişiyle karşılaştığımızda korkarız.

3. *Raket* – Bu bizim favori kötü hissimizdir. Bir hisse tepki gösterdiğimizde ortaya çıkar. Örneğin üzüntümüz onaylanmadığında, bunun yerini tutacak ve etrafımızdaki insanlar tarafından kabul görecek başka bir his buluruz. Tıpkı kendini beğenmişlik, öfke, utanç, yetersizlik, yalnızlık, endişe ve hatta sahte mutluluk gibi. Örneğin "Ben kötüyüm" gibi bir çekirdek inanç bütünü, raketi canlı tutar.[5]

Sağlıklı bir ilişkide; ruh hâlimizi, dürtülerimizi, hazzı ertelemeyi, düş kırıklığına rağmen devam etmeyi, kendimizi motive etmeyi ve başkalarıyla empati kurmak gibi faaliyetleri kendiliğinden düzenleme yetimiz vardır. İkinci bölümdeki yetişkin problem çözme diyagramını hatırlayalım. Hislerimizi okumayı, üç his kategorisini ayırt etmeyi, hislerimizi düşünmeyi ve onlara göre davranmayı sağlayacak yeteneğimiz var. Üzgün olduğumuzu hissederiz, neden üzgün olduğumuzu düşünürüz, istek ya da ihtiyacı onaylarız, bunu söze dökeriz ve akışına bırakırız. Eğer ihtiyaç ya da istek tatmin edilirse kendimizi rahatlamış hissederiz. Eğer edilmezse, bu eksiklikten dolayı acı çekeriz ve hayata bu şekilde devam ederiz. İstediğimizi direkt olarak sormak ya da birine nasıl hissettiğimizi söylemek bir terapist olarak, birlikte çalıştığım çiftlerde karşılaştığım en büyük zorluklardan biridir.[6]

Kalpten Verir

Kalpten verdiğimiz zaman, vermeyi ve verdiğimiz şekilde almayı deneyimleriz. Sevdiğimiz bir kişiye verdiğimizde elde ettiğimiz memnuniyet, bu kişiden aldığımız zaman elde ettiğimiz kadar yoğundur. Sağlıklı ilişkide kolaylıkla veririz ve karşılık beklemeyiz.

Betsy'nin Hikâyesi

Sık sık almak için veren bir kişideki öfke ve hayal kırıklığı bir dönüm noktasıdır. Bu noktada veren kişi, bu türde hayal kırıklığı yaratacak bencil bir vermeden vazgeçebilir ve partnerine karşı daha dürüst olabilir. Bir gün bir hastamın kocası beni arayarak şöyle dedi: "Bu terapinin işe yaradığından emin değilim. Eşim Betsy beni delirtiyor. Sürekli sinirli ve benim için herhangi bir şey yapmayı reddediyor." Ona şöyle cevap verdim: "Bu sadece bir geçiş dönemi ve bir gün bunu anlayacaksın."

Haftalar sonra beni arayarak şunları söyledi: "Haklıymışsın. Eski hâline geri döndü." Aslında almak için vermekte olan bu kadın, eski hâline dönmemişti, çok farklıydı artık. Kocasına bir şeyler vermeyi, onu mutlu edecek şeyler yapmayı bir karşılık bekleyerek değil, sadece onu sevdiğinden ve kendi iyiliği için vermenin tadını çıkarmak amacıyla öğreniyordu. Betsy'nin almak için verme hatası yüzünden oluşan öfke ve hayal kırıklığı doğal bir dönemdi, kimi ilişkiler böyle dönemler için boşuna debelenip dururlar. Rahat bir şekilde evet demeden önce Betsy'nin hayır demeyi öğrenmesi gerekliydi. Kalbimizle isteyerek vermek, diğer taraftan başkalarına vermemizi artıracak çok derin bir deneyimdir.

İnsanlar ancak saf ve cömertçe vermenin anlamını öğrendiğinde duygusal olgunluğa erişebilirler. Eğer başkalarına verdiğinizde kendinizi rahatlamış, enerjik, canlı ve özgür hissediyorsanız, gerçek anlamda vermeyi deneyimliyorsunuz demektir. Herhangi biri verdiğinizi kabul etmese bile, siz üzerinize düşeni yaptığınızı bilirsiniz. Ve aldığınızdan daha çoğunu vermekten korkmazsınız.

Farklılıkları ve Sınırlamaları Kabul Eder

Çok kolay gibi görünse de sevginin en zor taraflarından biri başkalarını ve kendimizi olduğu gibi kabul etmeyi öğrenmektir. Bu, ne bir kişinin partnerindeki ve kendindeki her şeyi sevmesi ne de çekilmez ve acı verici ilişkiler sahipsiz bırakılacak anlamına gelir. İlişkide ortaya çıkan her türlü istismarla yüzleşmek her zaman için çok önemlidir. Kabul etmek, karşımızdaki kişinin benzeri olmayan kişilik özelliklerine ve hayat görüşüne saygı duymamız anlamına gelir. Olgun sevgide başkalarıyla empati kurarız ancak bu şekilde onların gerçeğini görebiliriz. Bir ilişkideki her kişinin benzersiz bir hikâyesi ve benzersiz bir kişiliği vardır, işte bu yüzden hayatı kimse aynı bakış açısıyla göremez.

En iyi aşk hikâyeleri gerçekçilik üstüne kurulanlardır. Olgun sevgide, bir kişiyi ya da ilişkiyi olmasını istediğimize uydurmak için değiştirmeye çalışmak yerine, inançlarımızı gerçeğe uydurmaya çalışırız. Hayat ve ilişkiler seçeneklerle doludur. Başarısızlığa uğrayan ilişkiler, kişilerin birbirlerinin sınırlama ve dünya görüşlerini kabul etmek istemediği ilişkilerdir. Çekme, itme ve güç oyunları keyif ve sevgiye ağır basar. Böylelikle genellikle başta bizi bir ilişkiye başlamaya iten sebep, bizi kızdırmaya başlar. Bu farkların neden başta bizi çekmiş olduğunun sebebini bulmak ve bunu unutmamak önemlidir. İnsanları ancak bu farkları değiştirmeye davet edebiliriz, onları zorlayamayız. Ancak bundan sonra değiştirme mücadelesine son vermemiz gerekir. Sağlıklı sevginin izlediği yol budur.

Kendine Yeterlilik ve Öz Saygıyı Cesaretlendirir

Fromm şöyle yazar: "Öğrenilmesi gereken en önemli adım; okumadan, radyo dinlemeden, sigara ve içki içmeden kendiyle baş başa kalmayı öğrenmektir... Bu beceri, sevme yeteneği için kesinlikle bir koşuldur."[7] Sahip olduğumuz özelliklerin bizi bir bütün yaptığının, bebeklik ve çocukluk dönemlerimizdeki gibi muhtaç durumda olmadığımızın ve yalnız olmanın bir değer olduğunun farkına vardığımız zaman olgun sevgi ortaya çıkar. Sağlıklı bir ilişkide her iki birey de mutludur. Kendilerine ve başkalarına güvenirler; kendilerini koşulsuz ve suçluluk duymadan severler.

Sağlıklı ilişki, kişilerin öz saygısını besler. Sevgililer şansı, başarıları ve karşılarındaki kişinin yeteneklerini göklere çıkarır. Birbirlerini över, cesaretlendirirler ve tüm bunların içinde yüksek egolara yer yoktur. Bir defasında alçakgönüllülüğün, "kişinin kendisini şefkatli bir şekilde kabul etmesidir" şeklinde tanımlandığını duymuştum. Olgun sevgi yalnız başına ve birlikte bu sessiz özgüvenin ifadesidir.

Birbirimizin değer ve iyiliklerini ifade ederken, birbirimize eksikliği içinde olduğumuz öz saygıyı veremeyiz. İnsanlar sizi baş tacı edebilir ve siz o seviyede kalabilmek ve bunun tadını çıkarmak için cezbedilmiş olabilirsiniz. Bu çok tehlikeli bir durumdur çünkü her çıkışın bir inişi vardır.

Sevginin Ne Olduğunu Bilir

Olgun sevgi ilişkilerinde artık eşlerimizin bizi koşulsuz bir şekilde sevmelerini arzulamayız. Bunu, bize başkalarının sağlamasına ihtiyaç duymayız çünkü kendimiz koşulsuz sevgiyizdir. Koşulsuz sevginin etrafımızdaki herhangi bir şeyden değil, içimizde yer alan ve buradan doğan bir olma hâli olduğunu anlarız. Buradaki çelişki, koşulsuz sevgimizi aramaktan vazgeçtiğimiz ya da onu gizlediğimiz zaman, bizi sadece bu şekilde seven birini bulduğumuzda ortaya çıkan şaşkınlıktır. Bunun sebebi, belki de kendimizi koşulsuz sevgi olarak deneyimlediğimizde, başkalarının bizimle sevgilerini daha açık şekilde paylaşmalarına yardımcı olan güveni vermemizdir.

Steve ve Alisa'nın Hikâyesi

Bir seansta Steve ve Alisa'ya sevginin ne olduğunu sordum. Kendilerine yöneltilen bu soru onları şaşırttı.

Her ikisi de durakladı. İlk konuşan Steve oldu: "Sevgiyi tanımlayabilir miyim bilmiyorum. Bizim ilişkimizde kendini, en dingin anlarda bile yakınlık olarak gösteriyor. Zihinlerimizin buluşması, çok güçlü bir bağlantı ve iyi bir dostluk. Saygı var. Yine de Alisa'yla birlikteyken kendim olmam gerektiğine yönelik güvenli hisse de sahibim."

Konuşma sırası Alisa'daydı: "Sevgi, ilişkimizden çok daha büyük. Steve'le aynı fikirdeyim. Kendimi hiçbir zaman bu ilişkide olduğum kadar güvende hissetmedim. Bazen incinmekten korktuğumu biliyorum ama biz çok konuşuyoruz. Geçmişte yaşadığım korkunç tecrübeden öğrendiğim şey şu ki, sorun ilişkilerde değil, sorunların ortaya çıktığı yerlerde. Aynı şekilde bu yerler sevgi değil ama sevgiyi yaşadığımız ya da yaşayamadığımız yerler. "

Kendini İlişkiye Adamayı Kabul Eder ve Saygı Duyar

Eğer ben kendi işime sen kendi işine bakarsan
Ve birbirimizin ihtiyaçları doğrultusunda yaşamazsak
Yaşayabiliriz, ama dünya kurtulmaz.
Sen sensin, ben benim ve beraberiz, bir tercih değil
Ellerimizi birleştirip birbirimizin güzelliğini keşfedeceğiz
Olmazsa, yardım edenimiz bulunmaz.

CLAUDE STEINER

Bağımlı sevgide, kendini adamak genellikle kendini kaybetme hissi olarak tecrübe edilir. Olgun sevgide bunun tersi olarak öz saygı artar. Bu durumda kendimizi ilişkiye adamayı, kendimizi geliştirmek olarak deneyimleriz. Kendini beğenmiş benlikçi hazzın ötesine geçerek paylaşmaya, vermeye ve sevdiğimiz insanlar için feda etmeye yöneliriz. Kendini adamak, direnç göstermeden bireyin hayatındaki diğer kişinin önem ve değerini kabul etmektir. Bu durum, kendini adamayı yaralayıcı hareketler için bir özür olarak kullanan bağımlı sevgiye ters düşer. Örneğin: "Sen benim karımsın, seninle seks yapmak benim doğal hakkım" gibi bir düşünce. Karşımızdaki insanın iyi olması için kendimizi adarız ve bu konuda samimi bir endişe duyarız. Davranışlarımızın, ilişkimizi nasıl etkileyeceğini göz önünde bulundururuz. Bağımsızlığın her zaman "Ne zaman, ne istersem yaparım" şeklinde davranmak olmadığının, tersine kendimiz ve diğerleri için en az incitici olacak şekillerde, hayatlarımız için sorumluluk almak olduğunun farkına varırız. Bağımsızlık, sınırlarla kısıtlamaları içerir ve olgun sevgililer, bağlılıklarını büyütmek üzere karşılıklı olarak ilişkilerinin sınırlarını belirlerler. Kendini adamak en derin değerlerimizi ifade eder ve korkularımızın üstüne çıkar.

Birçok problemin temelinde bir kişinin daha önceki ilişkilerinde bir ihanet acısı çekmiş olması yatar. Bu gibi ihanetler, kendini yeni bir ilişkiye adamakla iyileşebilir. Kendini adamak bir kişiye karşı değildir, sonuçlarla ilgilenmez ve hiçbir garanti vermez. Tersine şunu ifade eder: "Kendimi seninle olmaya ve olabileceğimin en iyisi olmaya adadım. İlişkimizin şekli değişse bile aramızdaki bağı korumak için üzerime düşeni yapacağım." Kendimizi sevginin değişen işlevine adadığımız için, ilişkideki rolümüzü daha çok isteyerek üstleniriz.

Alt Sınırı Vardır

Sıradan kavgalar ve sürtüşmeler, büyüyen acılar, bir ilişkide olmazsa olmazlardır. Doğru bir şekilde davranmaya çalışırız ve hata yaparız. Bocalarız. Bir avuç içini dolduracak kadar parçası olan bir ilişki yapbozunu, yüz parçalık bir ilişki yapbozuyla aynı kefeye koymaya çalışırız. Birçoğumuz sevgi ilişkilerinde mutlaka acı yaşar. Bu durumda cevaplanması gereken sorular şunlardır: "Sınırı çizene kadar mı katlanmalıyım? Bir ilişki sağlıklı olmaktan hastalıklı olmaya ne zaman dönüşür?" Cevaplar gelişmede yatar. Sağlıklı bir ilişki toydur ve zamanla gelişir; sağlıksız ya da bağımlı sevgi ise öyle değildir. Duygusal açıdan dürüst olmak kırıcı ve saldırgan davranışlarla mı sonuçlanır? Duygusal incinme zihinsel, fiziksel ya da cinsel zararla mı sonuçlanır? Sağlıksız bir ilişkide açıkça konuştuğumuzda, karşımızdaki kişi bizi susturmaya, sakinleştirmeye çalışır, savunmaya geçer, bizi düzeltmeye çalışır, küçümser, yargılar, analiz eder, saldırır, bizi uzaklaştırır, ağlar ya da terk eder. Sağlıklı ilişki rahatsızlıkla kalır, bir alt sınır belirler ve çok fazla zarar görmeyecek şekilde problemi çözmeye çalışır.

Olgun sevgi; ilgi, alâka ve güçlü sevgi ile işler. "Alt sınır" için şu ifade bir örnek teşkil ediyor: "Bu ilişkide seninle kalmak istiyorum ve kalmam için gerekli olan şey senin cinsel bağımlılığın için tedavi görmen. Bir bağımlı olarak biliyorum ki, bir daha aynı davranışı yapmayacağına dair söz veremezsin ama senin bunu bana taahhüt ettiğini bilmek istiyorum." Koyduğumuz alt sınırın gerçekçi olması ve ilişkinin başarısızlığı için bir plan olmaması gerekir.

Yüksek Derecede Güven Barındırır

Gerçek sevginin en önemli göstergesi, kişinin sevgilisi yanında olmadığında onu hatırlamak için hafızasına güvenmesidir. Böylelikle yalnız kalacağımız zamana razı olup tadını çıkarabiliriz. Her ne kadar eşlerimizle olmak istesek de onların nihayetinde döneceğine güveniriz. Bu süre içerisinde güzel hislerin hatırası bizi tatmin etmeye yeter. Ayrılık endişesi ve sevdiğimiz kişiyi saplantı yapmak, kendimize ve hayatımıza olan güçlü bir bağ ile yer değiştirir. Kendi kendimize olmayı severiz, zamanı ve mekânı nasıl dolduracağımızı biliriz. Bunlarla birlikte kendimize yakınlık ve kendimizi tecrit etmek arasındaki farkı da biliriz.

Bir sevgilinin diğerine dediği gibi: "Birbirimizden ayrı olduğumuzda senin için hissettiklerim daha önce hissettiklerimden çok farklı oluyor. Seninle olmak istiyorum, seni düşünüyorum, varlığını hissediyorum ve seninle olacağımız anı hevesle bekliyorum. Aramızdaki bağa güveniyorum, endişe ve hasret yok artık. Bunun sebebi belki de senin de benimle olmak istediğine güvenmem."

Saf olduğumun düşünülmesini istemem. Sevgi ilişkilerinde muhtemelen yaşadığımız birçok güvene ihanet deneyimi yüzünden, birçoğumuz iyileşmek ve kendimizi bir defa daha güvene açmak için çok çabalarız. Bu belki de sevginin bize sunduğu en büyük sınavdır.

Sağlıklı Cinselliği Yaşar

Bizler cinsel varlıklarız. Cinsel olmak güzel bir şey. Seks hâlâ terbiye, duygusallık ve cinsellik ile karıştırılır. Size hatırlatması açısından belirteyim ki seks biyolojiktir. Alt beynin fonksiyonudur. Cinsellik, tam bir insana dönüşürken yaşadığımız büyümedir ve bir başkasıyla güzel, heyecan verici yollarla cinselliği paylaşmak için hazırlık yapma ile ilgilidir. Üç beynin tümünü kullanır: İçgüdüsel, duygusal ve rasyonel.

Sağlıklı cinsellik, bir kişinin vücut ve cinselliklerine değer verme yeteneğiyle ilgilidir, onu kullanmak ya da istismar etmek ile değil. Yetişkin bedenlerine girmek üzereyken çocuklarıma bundan sonra hem korkutucu hem de heyecan verici olacak duygu ve hislere sahip olacaklarını söylediğimi hatırlıyorum. Bunlar cinsel duygulardır ve hayatın bize çok özel bir armağanıdır. İlişkileri keşfederken bu hediyeyi kabul etmek, korumak ve ona saygıyla yaklaşmak çok önemlidir.

Birçokları, cinsel olarak istismar edildikleri, seksin kötü olduğu yönünde eğitildikleri ya da başka bu gibi negatif düşünceler aldıkları için enerjiyi ya cinsel arzuları reddetme ya da isyan etme ve onlara uygun davranma üzerinde harcama eğilimindedirler. Seks, ilişkinin bir parçası olduğunda, bu karşılıklı istek ile olur. Sınır ve limitler için anlaşmaya açıktır ve hile ya da sorumluluğun sınanmasına yönelik en ufak bir iz barındırmaz. Sevgiye daha yeni dâhil olmuşsak, ilk önce şehvetli arzularla karşılık veririz, ikinci olarak romantik duygusallık başlar ve sonrasında bağlanmaya doğru ilerlenir. Bir cinsel ilişkide problemler varsa ya da cinsel aldatma yaşandıysa işleyiş tersine döner. Yani kendini iyileştirmek bağlanmaktan önce gelir, bağlanmak duygusallıktan önce ve duygusallık da cinsel yakınlaşmadan önce gelir. Birçokları bu işleyişi tersinden yapmak ister ve birçok problem yaratır. Sağlıklı cinsellik:

- Partnerlerin farklı miktarda ve çeşitteki seks isteklerini onaylar
- Hayır cevabını kişiselleştirmez
- Kendini medyada sunulanlarla karşılaştırmaz
- Seksin birbirini seven iki insanı bağladığını bilir
- Seksin iki insanın içinden gelmesini anlar
- Seksi, bir zorunluluğu, kendine saygının azlığının ya da yalnızlık gibi duyguların düzeltilmesi için kullanmaz
- Performansı yargılamaz
- Birçok insanın yanlış bilgi ve cinsel travma yüzünden cinsel açıdan tutuk olmasını anlar
- Cinsel tecrübe ilişkiye ne getirdiyse, utanmadan öğrenme ve gelişme isteğiyle bunun sorumluluğunu alır.

Ward'ın Hikâyesi

"Seksin; arzu, ilgi ve bağlanma için uygun bir ifade olduğunu keşfetme şansım olmadan önce ideal olmayan şartlarda cinselliği; uzaklaşma, idare etme ve kontrol etmenin bir yolu olarak yaşadım.

Seks, bedeli ne olursa olsun, acil rahatlama arayışı içindeyken dâhil olduğum, fonksiyon bozukluğu olan birçok davranış tarzından biri oldu. Elde ettiğim ya da devam ettirebildiğim tek şey hayatın karışıklık ve rahatsızlığına karşı bir anlık rahatlamaydı. Yapıcı herhangi bir ilişki olmadığından seks, yakın bir birlikteliğe yönelik güçlükleri her zaman büyüttü. Ancak elli yaşıma geldiğim bu günlerde oturup derinliklerime inebiliyorum. Sağlıklı cinsel içtenliğin ilk önce kendim için gerekliliğini fark ettim. Bu hep bende olan bir şeydi. Sadece oraya gidip bunu çıkarmam gerekiyordu o kadar."

Aşka Gerçekçi Bir Bakış Açısı Vardır

Romantik sevginin yani aşkın, hayatımızda önemli bir yeri vardır. Kur yapma ve flört, romantik sıcaklık ve derin yakınlığı içerir. Artık tutku ve temel duyularımızı (dokunma, görme, işitme, koklama, tat alma, hareket etme) öğrenme ve bunları paylaşma zamanı. Sağlıklı sevgide bir şeye tutunmak ya da bir şeyleri düzeltmeye çalışmak gerekmeden, aşkın ateşinin bizi sarmasını isteriz. Aynı zamanda bu ateşin için için yanmasına izin veririz çünkü kimyasal hazzın yerini daha iyi bir şeye bırakması gerektiğini hatırlayarak, bu hazzı korumayabilmenin gerçekçi olmadığını biliriz. Ancak haz azaldıktan sonra düşünen beyin aktive olur ve ilişkinin gerçek meziyetlerini değerlendirmeye yardımcı olmaya başlar.

Olgun sevgi ilişkilerinde seven kişi, ilişkinin bitmesinden korku duymadan, romantik hazzın doruklarından, ayakları yere basan bir dostluğa rahatlıkla geçer. Her ilişki bitebileceği gibi bu, her şeyden hemen vazgeçilmesi ve partnerlerden birinin hemen başka bir hazzı kovalamaya başlaması anlamına gelmez. Ama eğer ortada sebepler varsa bu anlamlı olabilir. Daha önce göz ardı edilmiş tehlike uyarıları, yeni bir ilişkiyi deneyimlerken, daha aşikâr hâle gelirler ve değerlendirilirler ya da devam edip başka bir ilişki keşfetmek için bir işaret olarak algılanırlar. Şunu sıklıkla duyarız: "Bu insanın nesi beni bu kadar etkiledi?"

Sağlıklı bağlanmada eşler, yaşantılarındaki heyecanı ve sevgilerini canlı tutmak için hayatlarında maceralar yaratırlar. Tıpkı Kızılderili geleneğinde yer alan ve görevleri ateşin yanmasını devam ettirmek olan "ateş taşıyıcıları" gibi. Bir kere kor söndü mü ateşi tekrar yakmanın zor olduğunun bilincindeki eşler, ateşi canlı tutmak zorundadır.

Peki dopaminin* devam etmesini nasıl sağlayacağız? Bir ilişkiyi canlı tutma konusunda söylediklerime ek olarak, bu konuda işe yarayan birkaç çözüm önerim var:

- Değişiklik, değişiklik, değişiklik – heyecan uyarılmayı tetikler.
- Gizemli olmak – belirsizlik yüksek miktarda dopamin salgılanmasını tetikler.
- Romantik bir ruh hâli yaratmak – eski güzel anıları canlandırır.
- Dokunma, tatma, koklama ve duyma aracılığıyla duyguları okşama.
- İyi seks – kimyasalların çok miktarda salgılanmasını sağlar.
- Gülmek ve eğlenmek – iyi hissettiren kimyasalları harekete geçirir ve içimizdeki çocuğu dışarı çıkarır.
- Heyecanlı olmak ve kendi kimyasal salgılarımızın devamını sağlamak
- Değişik ve yeni şeyler yapmak – salgılanan adrenalin kalbin sevgi dolmasını sağlar.
- İyi ve adil bir tartışma yaşamak ve dertlerden kurtulmak – öfke, uyarıcı kimyasallar üretir ve bağlanma kimyasallarını meydana getirir.
- Partnerinizde romantik duyguları neyin tetiklediğini bilmek.
- Şehvetli olmak – rahatlamış bir beden yakınlaşmayı davet eder.
- Duygusal içtenliğe sahip olmak – bağlanmaya yarayan kimyasalların salgılanmasını sağlar.

Sevgi, Tabiat Ana tarafından döşenmiş
ve hayal gücü ile işlenmiş bir kumaştır.

VOLTAİRE

---

* Vücutta doğal olarak üretilen bir kimyasaldır. Kalp atışları hızlanır ve kan basıncı yükselir.

Tarafsız Olarak Bakar

Olgunluk bize başkalarının hisleriyle ilgilenme, onları dinleme ve cevaplama bilgeliğini sağlar. Ancak şu da unutulmamalıdır ki başkalarının sorunlu duygularını iyileştirmemiz ya da yok etmemiz imkânsızdır. Bundan dolayı tarafsız olarak ilgilenme hissi, bir ilişkinin barındırdığı sağlıklı işaretlerdendir. Eşler şöyle der: "Ne hissettiğini anlıyorum ve ben senin için buradayım." Ama şöyle bir yaklaşım doğru değildir: "Senin yerine benim acı çekmeme izin ver" ya da "Sana kendini daha iyi hissettirmeme izin ver." Şefkatli tarafsızlık, ilgisizlik demek değildir. Karşınızdaki kişinin acısını kabul edersiniz, düşünceli davranırsınız, kişinin onu dinlediğinizin ya da ona destek olduğunuzun farkında olmasını sağlarsınız ve daha fazlasını yapamadığınız zaman kendinizi suçlu ya da rahatsız hissetmezsiniz. Kendinizi rahat ettirmek için kişiyi, kötü hissetmesine bir son vermeye itmezsiniz çünkü buradan doğacak mesaj şudur: "Hislerin ya da ihtiyaçların olmasın." Bu durum ise acının sadece daha da büyümesine yol açar. Acının ve hayal kırıklığının sebebi siz olduğunuzda ya da güvene ihanet ettiğinizde, bazen bu şekilde davranabilmek gerçekten de zordur.

Kendisinin ve Diğerlerinin Eşit Olduğunu ve Kişisel Gücünü Kabul Eder

Olgun sevgide eşler birbirlerini eşit olarak kabul ederler, psikolojik oyunlara kendilerini kaptırmazlar ve birbirlerine üstünlük sağlamaya çalışmazlar. Sağlıklı rekabet eşlerin, birbirleri üzerinde güç kullanmaya kalkışmadan gelişmelerine olanak tanır. İki insan mutlu ve birey olarak özgür oldukları zaman, mutlu ve özgür bir ilişkiye çok daha yakındırlar. İnkâr etmek zorunda kalmazlar, güç oyunlarının çekiciliğinin farkındadırlar ve güç paylaşımı için bilinçli olarak çabalarlar.

Kusurları başkalarına yansıtma, hayata karşı güvenilir ve heyecanlı olmaya izin vermeyle yer değiştirir. Başkalarının davranışlarını kişiselleştirmenin yerini, koruma ve bireysellik sağlayan net sınırlar alır.

Bundan sonra güç, artık ölçülebilen somut bir şey olmaktan çıkıp hayat enerjisinin hiç bitmeyen kaynağı olarak görülür. Güç bizim kişisel canlılık, kuvvet, tutku ve yoğunluğumuzdur ve hayatı değiştirme yetisini yöneten budur. Şöyle bir ifadedir: "Ben senin duygusal ve ruhsal eşin olarak burada seninle birlikteyim." Bizi kötü bir hisle ortada bırakan güç oyunlarının aksine güç paylaşımı bizi aydınlatır. Kendimizi daha hafiflemiş hissederiz. Daha yufka yürekli oluruz! Yanında bulunulacak daha kolay bir insan oluruz. İlişkiler beslenir. Eşitsizlik aldatmacasının farkına varıp da iyileşme arayışına girdiğimizde, sevgi güç ile kaynaşır.

Güç Paylaşımı

Çocuksu olan güçten, güç paylaşımına giden değişim hiç bitmeyen bir mücadele gibi görünür. Oysa çeşitli şekillerdeki paylaşım bizi güçlendirir ve başkalarının gücünü kabul etmek daha doğal bir hâl alır. İşte sağlıklı sevgiyi destekleyen güç paylaşımı davranışlarının bir listesi:

- İnanç, değer ve düşünceleri özgürce ifade etmek ve bunların başkaları tarafından dinlenip saygı duyulması.
- İhtiyaç, istek ve hisleri özgürce ifade etmek, destek ve sevgi talebinde bulunmak.
- Ego kökenli beklenti ve sonuçlardan bağımsız olmak.
- İnsanları pozitif yönde etkilemek üzere diğerleriyle birlikte katılımcı bir şekilde hareket etmek.

- Başka bir kişinin zekâ, bilgi ve diğer meziyetlerini takdir etmek; başkasının sahip olduğu bir şeye kıskançlık duymaktan vazgeçmek.
- Vermek ve almak düşüncesini bir yana bırakıp, başkalarıyla yakından etkileşime girmek için istekli olmak.
- Kişisel gücün sakin ve güvenli bir şekilde ifade edilmesi, sözüne sadık kalmak.
- Duygusal açıdan destekleyici bir yolda abartılı olmadan kendinden vermek, sadece orada olmak yeterlidir.
- Ödün vermek, duygusal olarak eşit olduğumuzu ve yönetimin paylaşılabileceğini kabul etmek.
- Karşılıklı problem çözme ve karar almak, her türlü konunun daha etkili olarak nasıl uygulanacağını araştırmak.
- Hataları, suçluluk duymadan bağımsız bir şekilde sahiplenmek; kendimizi ve başkalarını iyileştirmek.
- Soru ve talepler karşısında direkt ve net cevaplar vermek.
- Eşitliği ve karşılıklı kazanmayı destekleyen hareketlerde bulunmak, az ya da çok kıyaslaması yapmamak.
- Diğerlerini oldukları şekilde kabul etmek, uygunsuz davranışlarla karşı karşıya kaldığımız durumlarda, karşımızdaki kişinin varlığına saygı duymak.
- İnsanlara, özellikle savunmasız oldukları zamanlarda saygıyla ve hassasiyetle yaklaşmak.
- Sağlam bir kişilik duygusuna sahip olmak ve kendimizi başkalarıyla paylaşma gereksinimini onaylamak.
- Israrcı olmak, rüşvet vermek ya da tehdit etmek yerine dinlemek, tartışmak, önermek ve davet etmek.
- Değişim beklentisi içinde olmadan öfke ve hayal kırıklıklarımızı ifade etmek, oluruna bırakmak.

- Kararlı ve saygılı bir şekilde sözel, duygusal ve fiziksel istismarı durdurmak.
- Pasif ya da agresif değil iddialı olmak.
- Karar almayı ve sonuçlarıyla yaşamayı paylaşmak.
- Kabullenmek ya da zamana bırakmak için istekli olmak; her zaman istediğimizi alamayacağımızı bilmek.
- Durumları net değerlendirmek ve sonrasında sonucun olumlu olacağına güvenerek oluruna bırakmak.

Sonuç olarak olgun sevgililer, sevgi ihtiyacını ve kırılganlık riskini göze alırlar. Yalnızlıklarıyla yüzleşirler ve paylaşmanın mutluluğunu bilirler. Bir zamanlar çocukluklarında olduğu gibi artık hayatta kalmak için kimseye ihtiyaçları olmadığını, hayatın bazen çok acımasız bazen haksız olduğunu ama bir gün iyi olmak üzere devam ettiğini bilirler.

Sevgi tecrübesini yaşadınız ve artık tanıyorsunuz. Onu yeniden her deneyimlediğinizde kendinize şunu söyleyin: "Bu sevgi, bu gerçek ve ben bunu tekrar yaşayacağım."

Ben benim! Sen sensin! Ve Aşk;
Hepsi bu: Mesele Sadece Bu!
RİCHARD BACH, Sonsuza Uzanan Köprü

9

Bağımlılıktan Sevgiye Giden Yol

Uygarlığın en üstün ifadesi, sahip olduğu sanat değil, insanların birbirlerini hissedecek ve bunu gösterecek kadar güçlü olmalarını sağlayan yüce şefkatidir.

NORMAN COUSINS, İnsani Seçenekler

"Ne GERÇEK?" diye sordu bir gün tavşan. Fidanlıktaki korkulukların yanında yan yana uzanıyorlardı, Nana henüz odayı toplamaya gelmemişti. "İçinde vızıldayan bir şeyler olması mı?"

"Gerçek senin nasıl yaratıldığında değil" dedi oyuncak at. "Sana olan bir şeydir bu. Bir çocuk seni uzun, çok uzun bir süre sevdiğinde, sadece seninle oynamak için değil gerçekten sevmekten bahsediyorum, işte sen o zaman gerçek olursun."

"Beni incitir mi?" diye sordu tavşan.

"Bazen" dedi her zaman doğrucu olan oyuncak at. "Gerçek olduğun zaman incinmekten korkmazsın."

"Peki, bu birdenbire mi olur? Yoksa yavaş yavaş mı?" diye sordu tavşan.

"Birdenbire olmaz" dedi oyuncak at. "Dönüşürsün. Uzun zaman alır. Kolay kaçan, zırhlarına bürünmüş ya da özenle korunması gereken kişilere pek denk gelmemesinin sebebi de budur. Gerçek olduğun andan itibaren tüylerinin neredeyse tümü dökülür, gözlerin yerlerinden fırlar, eklemlerin gevşer ve oldukça paspal bir hâl alırsın. Ama bunların hiçbirisi önemli değildir, çünkü bir defa gerçek oldun mu bunu anlamayanlar dışında kimseye çirkin görünmezsin.

"Sanırım sen gerçeksin?" dedi tavşan. Sonra oyuncak atın hassas olabileceğini düşünüp bunu söylememiş olmayı istedi. Oyuncak at ise sadece gülümsedi.

"Beni gerçek yapan çocuğun amcası" dedi. "Bu uzun yıllar önceydi ama bir defa gerçek oldun mu bir daha gerçek dışı olamazsın. Sonsuza dek sürer."

MARGERY WILLIAMS, Kadife Tavşan

Viktor Frankl, 2. Dünya Savaşı'nda Auschwitz kampında esir olarak geçirdiği dönem boyunca ıstırap çektiği üzücü deneyimlerden sonra, varoluşçu psikiyatri okulunu kurdu. Toplama kampındaki karanlık günlerinde edindiği bir görüşü şöyle ifade etmişti: "Gerçeği, birçok şair tarafından satırlara dökülmüş ve birçok düşünür tarafından son bilgelik olarak ilan edilmiş olarak gördüm. Gerçek şu ki; sevgi, insanoğlunun en son ve en üstün amacıdır. İnsanlığın kurtuluşu sevgi aracılığıyla ve sevgide olacaktır. Hayatta hiçbir şeyi kalmamış ama hâlâ daha mutluluğu bilen bir insanı anlayabiliyorum... Sevdiğinin düşüncelerinde... Sevgi, sevilen kişinin fizikselliğinden çok daha öteye gider. Onun manevi varlığında, iç benliğinde en derin anlamını bulur."[1]

Başka bir insana duyulan saplantı sevgi değildir; ne aşka ya da sekse bağlılık sevgidir ne de gerçek sevginin bağımlılıkla bir ilgisi vardır. Sevgi ve bağımlılık birbirine benzeyen ve karıştırılan ayrı oluşumlardır. Zorlandığımız kısım, bağımlı sevgiden sağlıklı aidiyete geçebilmektir ki ancak burada, Frankl'ın açıkladığı anlamlı iç benliğimizi en derin şekilde deneyimleyebiliriz.

Çıkış Yolu

Eğer bağımlı bir ilişki içerisinde olduğunuzu ya da aşk veya seksin hazzına bağımlı hâle gelmeye başladığınızı keşfederseniz ne yapabilirsiniz?

İlk önce, birçok ilişkinin bağımlılığa ait öğeler ya da sağlıksız bağımlılıklar içerdiğini hatırlayın. Çocukluğumuzda hiçbirimizin tüm ihtiyaçları karşılanmamıştır. Anne babalarımız da insan ve bundan dolayı onlar da bize karşı hatalar işlediler. Onları suçladığımız ya da elde edemediklerimizi başkalarından talep ettiğimiz takdirde, ebeveynlerimizin yaptığı bu hatalar bizim zayıflıklarımız hâlini alır. Ve biz muhtemelen herhangi bir şekliyle travmayı deneyimleriz.

İkinci olarak, bağımlı sevginin hayatta kalabilmek için çok önemli bir şey olarak hissedildiğini aklınızdan çıkarmayın, bu sebepten dolayı bağımlı sevgiden vazgeçilmesi zordur.

Üçüncüsü sahip olduğunuz bağımlı sevginin psikolojik sebeplerinin tıpkı parmak izleri gibi size özel olduğunu unutmayın. Ne amaca hizmet ettiklerini ancak siz bulabilirsiniz; sizi ondan vazgeçmekten alıkoyan korkuları ancak siz keşfedebilirsiniz. Eğer sağlıksız ilişkinizden vazgeçemiyorsanız, bir aşk ilişkisinden diğerine koşmaktan kendinizi alıkoyamıyorsanız ya da cinselliği dürtüsel olarak kullanıyorsanız yardım aramanın vakti gelmiş demektir.

Dördüncüsü, kendi içtenliğiniz üzerine çalışın. Kendimiz olarak bir bütün olduğumuzu bildiğimiz zaman, sağlıklı sevgi ilişkileri için hazır oluruz. Kendinize yetebilmek ve kendinizi bilmek, sevgi ve özgürlüğün anahtarları olabilir.

Beşincisi, bağımlılıktan sevgiye geçişin bir süreç olduğunu unutmayın. Tıpkı bağımlı davranışların içine sürükleyen bir yol olduğu gibi bunun dışına çıkmaya yardımcı olacak bir yol da vardır. Ümit vardır. Bağımlı sevgi ve sağlıklı aidiyet arasındaki farkları bilerek, bu süreci anlayarak kendinizi ve diğerlerini kabul etmeyi öğrenebilirsiniz, böylelikle sevgideki başarı şansınız artar.

Bağımlılıktan Sağlıklı Sevgiye Geçiş Süreci

Evliliğimin sona ermesi 1980 yılına rastlar. O güne kadar hayatımda yaşadığım en anlamlı ilişkiydi ve bunu sonlandırmak çok zor oldu. Bunun benim başıma gelebileceğini asla düşünmemiştim. Hemen sonrasındaki kişisel yolculuğumda ve başkalarıyla olan terapilerimde, bu tip ilişkilerin içinde ve dışında tanımlanabilir aşamaları olan net bir süreç ortaya çıktı. İstikrarlı aşamalardan geçtik ve ben bu evreleri aydınlattıkça değişim daha az acı verici, kabul edilebilir ve hatta memnuniyetle karşılanır olmaya başladı. Bir kişinin sevgi ilişkisinde, doğru sebepler yüzünden mi yoksa yanlış sebepler yüzünden mi kaldığını ya da ilişkiyi terk ettiğini bilmek kolay bir hâle geldi. Bu ayrımı bilmek, ne yapılacağını ve ne zaman yapılacağını bilmek açısından önemlidir. Süreci tanımak ve olumlu bir sonucun hazırlığını yapmak bir rahatlık hissi ortaya çıkarır. Sürece güvenmek başarıyla sonuca varmak için bir gereklilikti r. Kişinin hâlen ilişki içerisinde olduğu ya da olmadığı önemli değildir. Kişi sürece dâhil olabilir.

Çiftlerle olan terapilerim değişti. Bireylerin içlerindeki inançları değiştirmeden bir ilişkiyi değiştirmeye çalışmak faydasızdır. Altında yatan travmayı iyileştirmeden bir bağımlılığı sonlandırmak, rahatsızlığın daha sık nüksetmesine sebep olur. Başlangıç terapi seansları güç savaşları üzerine kuruluydu ve ben hakim ya da bilirkişi olarak gerekliydim. Bu hiçbir zaman işe yaramadı ve kendimi bitkin hâlde bir kurban olarak buldum.

Kendi sağlıksız ilişkimden öğrendiğim şuydu ki; hayatıma belirli insanların girmesine izin vermiş ve öngörülebilir davranışlarda bulunmuştum. Ayrılık korkumu, ihtiyaçlarım olduğundan dolayı doğan korkumu, yakın olma korkumu sorgulamam gerekti. Kendimi değiştirme konusunda tek sorumlu kişinin ben olduğumu öğrendim. O zaman olduğum kişiye uygun olacak kişi ve durumları hayatıma dâhil etmiştim. Bazen başkalarının davranışlarını kabul edilemez bulduğum hâlde hangi tarafımın bu acıya ihtiyaç duyduğunu ve bunun sebebini merak etmiştim. Değişmeye başlamamla birlikte hayatıma sağlıklı kişileri ve ilişkileri davet etmeye başladım. Ve her zaman kolay olmasa da ihtiyacım olmayanların gitmesine izin verdim.

Çiftlerle daha verimli bir şekilde çalışmaya başladım. Bir ilişkide, her bir kişinin kim olduğunun çok anlamlı olduğunu gördüm. Her birinden, kim olduklarını keşfetmek ve ilişkilerindeki anlaşmazlıkların üzerlerindeki psikolojik etkilerinin nasıl olduğunu anlamak için, yollarına bir süre için yalnız devam etmelerini isteyerek güç oyunlarını dağıttım. Bu öneri karşısında kimisi sinirlenerek başı sıkıntıda olanın ilişki olduğu konusunda ısrar etti. Sorun partnerlerinin rol yapıyor olması ya da başka bir problemden kaynaklanıyordu. İçsel yolculuğu yaşama riskini alanlar ve süreçle birlikte ilerleyenler, sevme kapılarını açan anahtarın içşel özgürlük olduğunu öğrendiler.

Açıkladığım modelde, bağımlılıktan sevgiye doğru hareket ederken karşılaşılacak yedi evre bulunmaktadır.

1. İnkâr
2. Rahatsızlık
3. Yüzleşme
4. Psikolojik ayrılık
5. Benliğin çözünürlüğü
6. Aidiyet
7. Dışarıya açılmak

İnkâr

Bu aşamada ilişki genellikle normal görünür. Eğer bir aşk ya da cinsel bağımlılık mevcutsa, etkisi örtbas edilir. Örneğin, belki oldukça büyük duygusal, ruhsal ya da fiziksel şiddete ya da eşimizin ilgisizliğine katlanmış, sonrasında da bunu inkâr etmiş ya da mantıklı bir sebep uydurmuş olabiliriz. Bizi incitecek bir kişiye bağlanma yönünde bir eğilimimiz olabilir. Yeni ilişkide delicesine aşkın coşkusu tehlike işaretlerini gizler ama ilişki belli bir yol izler. Vermek, genellikle başkalarının ne beklediğiyle motive olur ya da kaybederek deneyimlenir. Gerçek içtenlik korkusu, gerçek yakınlığın yerine geçecek belirli miktardaki heyecanı sağlayarak melodramın üstesinden gelir. Bağımlı sevgi işaretlerinin birçoğu belki de hepsi mevcuttur ama yok sayılırlar ya da inkâr edilirler. Gizleme bu evrenin ayırıcı özelliğidir.

Bu evreyi destekleyen ve ortak sözlerle ifade edilen bazı inançları aşağıda görebilirsiniz:

"Bütün çiftler bu süreçten geçer."

"Hiç olmamasındansa kötü bir ilişkiye sahip olmak daha iyidir."

"Onunla hem iyilikte hem kötülükte birlikte olmak üzere yola çıktım."

"Hayat böyle."

"Her zaman insanların içindeki iyiliği gör."

"Hiç de o kadar kötü olmadığını düşünüyorum."

"Rol yapmak için haklı sebeplerim var."

Bağımlı sevgililer, kendileri hakkındaki doğruları duymaktan korkarlar. Bazen sadece bir bilginin eksikliği bir kişiyi ya da çifti bu seviyede alıkoyar. Ancak doğru bilgi ile eş ya da eşler bu evreden çıkmaya başlarlar.

Üzücü olmasıyla birlikte, birçok çift her şeyin bundan ibaret olduğunu ya da alabileceklerinin en iyisinin bu olduğunu düşünerek bu seviyede kilitli kalır. Ya da bu seviyede yerleşik hâlde değillerse, sağlıklı sevgi için gereken süreçteki zorluklarla yüzleşen birçok çift inkâr etmeye geri döner.

Rahatsızlık

Bu evrede eşlerden biri ya da her ikisi, ilişkide bir şeyin eksik olduğunun farkına varır. İç ses şöyle der:

"Bu yeterli değil."

"Burada doğru olmayan bir şeyler var."

"Bendeki sorun ne? Daha mutlu olmalıyım."

"Beni hâlâ seviyor mu acaba? Ben onu hâlâ seviyor muyum acaba?"

"Hepsi bu mu? Sıkılıyorum."

"Kendimi sıkışmış hissediyorum, bundan kurtulmam lazım."

"Ona hiç inanmıyorum."

İlk evrede sorunları gizledik ve ilişkiye uyum sağlamaya çalıştık. Ama ikinci evrede kışkırtma, bu gibi bir inkârı imkânsız kılar. Böyle bir kışkırtmaya, bağımlı sevgi içerisinde inkâr edilen içtenlik ve yaratıcılığın ifade edilmesinde ihtiyaç duyulan engellenen enerji sebep olur. İşte bu noktada problemi tanımlamak ve çözmek bir sorundur.

Çünkü bu evrede ilişkilerimiz öncelikli olarak bağımlı kalır ya da bağımlılığı sahiplenmek için hazır değilizdir. Birçok insan çözüm ya da rahatlamak için kendilerinden ve ilişkilerinden dışarı bakmaya başlarlar. Alkole, yemeğe, kaçamaklara, işe, egzersize, dine, kumara ya da saplantılı olma potansiyelini barındıran başka süreçlere yönelebilirler. Bu gibi saplantılar içsel rahatlık sağlasalar da kişinin bağlanma ihtiyacını tatmin etmez çünkü bunlar, özgüveni geliştirmek, hayatın anlamını bulmak ya da hissettiğimiz ama henüz ortaya çıkmamış acıyı örtmek için sapmış, bağımlı girişimler hâline gelirler.

Bir kişi tekrarlayan duygu, davranış ve sürekli mutsuz hislerin farkında olmaya başlar. Genellikle korku ve suçluluk içerisindeki bir kişi bağımlı ilişkiden çıkmaya başlar. Bu evrede problem henüz tanımlanmamıştır böylelikle düş kırıklığı, kafa karışıklığı, depresyon ve endişe yaygınlaşır. Sıklıkla görüldüğü üzere eş ya da eşler ilk evreye dönerek kendilerini korku ve suçluluk duygusundan kurtarmak isterler.

Yüzleşme

Gelişme arzumuz kabul edilebilir bir güdüdür. Hayat, bizi sarsacak ve uyandıracak bir olayla kapımızı çalar. Böylelikle artık sevgiye, aşka ve sekse karşı olan sağlıksız bağımlılığımızın yarattığı rahatsızlığı görmek isteriz. Hayata dair bu büyük olay bir depresyon, ayrılık, bir kitap, bir bağımlılık için görülen tedavi, ölüme yaklaşma, bir hastalık geçirme, büyük bir değişim, bir arkadaşla sevgi dolu bir karşılaşma ya da tecrübelerden edinilen bilgi olabilir. Birdenbire, ilişkideki sorunlarla bir ya da her iki birey yüzleşmeye başlar. Her ne kadar ilişkinin bağımlı karakteri korunsa da önem verilen şey, ilişkinin dengesini tekrar sağlamak üzere çiftlerin birbirlerini değiştirmesidir. Çünkü ortada terk etmeyle tehdit eden biri varken uyarı sinyalleri artar. Daha çok melodram, suçlama, inkâr ve öfke vardır ki bunların hepsi de korku ve utancı gizler. Her iki eş de tehdit, fiziksel şiddet ya da diğerini sakinleştirme çabası yüzünden gereğinden fazla uyum sağlama yollarıyla durumu kontrol etmeye çalışır. Daha çok sözlerle ve davranışlarla şekillenen itme ve çekme ortaya çıkar.

Bu noktada bir çift bir önceki evreye geri dönerek ayrılık ya da boşanma kararı alabilir ya da danışmanlığın yolunu tutar. Eğer terapiye giderlerse, çiftler terapistten genellikle diğer partneri değiştirmesini ya da cinsel problemler veya iletişim eksikliği gibi ilişkideki sorunların belirtilerinden bahsetmesini isterler. Nasıl seks yapmalı, nasıl iletişim kurmalı, nasıl kavga etmeli gibi sıradan psikolojik "nasıl yapmalı"lar işe yaramaz! Bunlar ana noktayı gözden kaçırırlar ki o da şudur: İlişkideki ya da var olan bağımlılıktaki sadece yüzeysel ya da davranışsal sorunlardan daha çok, psikolojik sorunlar üzerinde durulmalıdır.

Gizli bir şekilde bireyler başarısızlıktan ya da hata yapmaktan korkar, suçluluk ve umutsuzluk yüzünden acı çekerler. Bu üzüntü veren hisleri bastırarak suçu herhangi başka bir yere koyar ve öfkeli bir hâle gelirler. Böylelikle bu evre krizleriyle belirginleşir. Fazla, hatta çok fazla etkileşim içerir ve bu çok olumsuz olduğundan problemleri şiddetlendirir. Bu evre aile içi şiddetin ortaya çıktığı safhadır. Cinayet, intihar, tecavüz, hastalık ve diğer gerginlik verici davranışlar bu evrenin bir parçası olabilir.

Psikolojik Ayrılık

Eğer partnerler yeterli sezgiye sahipse ve ilişkilerine kendilerini yeterince adamışlarsa, eşlerden biri ya da her ikisi bu evreye ilerler. Bekâr bir kişi, gelecekte sağlıklı bir sevgi ilişkisi sağlamak istiyorsa bu evreyi deneyimlemesi çok önemlidir. Hiç şüphe yok ki bu evre çok çetindir, vakit alır ve genellikle engellenir.

Eğer kişiler saplantılı bağımlılıktan sağlıklı ve olgun ilişkiye geçmek üzereyse, psikolojik ayrılık gereklidir. Bu evrede, bağımlılığımızı ya da bir ilişkinin kişisel korku ve ihtiyaçlarımızı karşılama zorunluluğuna yönelik beklentimizi terk etmeyi, gönüllü bir şekilde isteriz. Artık benlik keşfi ve sevgi, aşk ya da cinsel bağımlılığa katkıda bulunan kişisel mitlerin, yanılsamaların ve kendimize verdiğimiz sözlerin ruhsal yolculuğuna başlamak isteriz. Benlik keşfi ya da terapinin yardımıyla, aşağıdaki gibi sorular sorup bu soruları cevaplamayı öğreniriz:

"Ben kimim?"

"Bugün olduğum yere nasıl geldim?"

"Gençken kendime hangi kişisel sözleri verdim?"

"Neden korkuyorum?"

"Ayrılıktan neden korkuyorum?"

"Yakınlıktan neden korkuyorum?"

"Korkularımı hafifletmek için hangi yanlış davranışlarda bulundum?"

"Kadınlar, erkekler, sevgi ve güç hakkında neye inanıyorum?"

"Bir dosta ne şekilde bağlanıyorum?"

Psikolojik ayrılık, bir süre duygusal açıdan bağımsız olma ihtiyacını içerdiğinden bireyler bencil gibi görünebilir; bu zorlu süreç bir ilişki esnasında yaşanıyorsa bireyler genellikle diğerine karşı sevgisini hissedip ifade etmekte aciz kalır. Ama bu geçici bir durumdur. Bu evre boyunca öz içtenliği tecrübe etmek çok önemlidir. Uzaklık ya da ayrılma bu evrenin en belirgin özelliğidir.

Bazen fiziksel ayrılığın ortaya çıkması gerekebilir. Gerçi bireyler birbirlerine, gerginliği yükseltmeden bu evrede yol alma özgürlüğünü tanıdıkları takdirde bu ayrılık gerçekleşmeyebilir. Eşin, sevgi kapasitesini geliştirme yolunda yapmak zorunda olduğu şeyi yaptığının anlaşılması ile birlikte, uzaklaşmayı kabul etmek daha kolaylaşır. Uzak durmanın, sürecin bir parçası olduğunun anlaşılması kendini suçlu hissetmeyi ortadan kaldırır.

İnsanlar, kim olduklarına yönelik düşünceleri oluşana, yaralarını iyileştirene ve korkularıyla ilgilenene kadar, kendilerini bütünüyle sevgiye vermek için psikolojik olarak özgür değillerdir. Bu süre içerisinde bir ilişki devam ederken, bir ya da her iki bireyin ilişkiyi yeni ve sağlıklı bir bakış açısıyla değerlendirmesine izin vermeye yönelik, kendilerini net bir şekilde anlamış olana kadar ilişkide bir taahhütte bulunmak önemlidir. Bir taraf bekârsa başka bir ilişkiye girmeden önce bu seviyeyi tamamlamak akıllıca olur. Kişilerin kendilerinin arkadaşı ve ebeveyni olmayı öğrenmeleri gerekir ki bu başkalarıyla iyi ilişkilere sahip olmanın ön koşuludur.

Sağlıklı destekçiler -arkadaşlar, aile ya da destek grupları- kişisel keşfi ve değişimi tasvip etmeye yardımcı olur. Çünkü bu süre esnasında eşler birbirlerinden psikolojik olarak uzaklaşırlar, çok zorlu bir süreçtir. Stres bu evreyi daha da zorlaştırır ve dışarıdan alınacak desteğe ihtiyaç vardır. Hatta bu süre boyunca bazı kişiler eski ve tanıdık yöntemlere geri dönerler çünkü kişisel keşif korkutucu olabilir. Eğer eşler; şefkat, sabır, hoşgörü, kabul etme gibi en güçlü oldukları duygulara başvururlarsa bu süreci başarıyla geçerler.

Benliğin Çözünürlüğü

Bu evrede, bireyler "Ben kimim?" sorusunun cevabını bulurlar. Uzun ve bazen zor olan süreçte bireyler öz kimlik, öz saygı ve "yalnızken de yeterliyim" tecrübesini kazanırlar. Ne istediklerini, kendileri için neyin önemli olduğunu ve olmadığını bilirler. Korkularını gün ışığına çıkarırlar, sevgi ilişkilerinde sorunlara sebep olan inançları çürütürler ve birçoklarında olduğu gibi bunları iyileştirir ya da değiştirirler. İnsanların bu büyük değişimleri hayatları ve kişilikleri ile bütünleştirmeleri için, ihtiyaç duyulan zamanı kendilerine tanımaları çok önemlidir. Örneğin sinir sistemindeki bir değişimin vücut tarafından benimsenmesi altı ay gibi bir süre alıyor.[2] Sonuçlanması gereken dürtüsel bir ihtiyacın, süreci etkileyecek bir şekilde akışını sürdürmemesi gerekir.

Bu evredeki kişiler yetenekleri, ilgi alanları, yaratıcı kapasiteleri, tutkuları ve işleri ile ilgili beğenilerini geliştirirler. Sağlıklı bir ayrılıkta bir anlam, içtenlik ve sevgi yetileri için bir farkındalık bulurlar. Yalnızken rahattırlar ve bir tür iç huzur yakalarlar. Diğerleri için daha olgun ve gerçeği kabullenmiş gibi görünürler. Hayatın birçok seçenek sunan yeni deneyimlerinden ve derslerden oluştuğunun farkında oldukları gözlenir. Hayat; seçim, eylem ve sonuçları içerir, bu da artık korkutucu bir durum değildir.

Dürüstlüğümüzü sınamak için sorulan sorularla ortaya çıkan direnç hiç de az değildir. Örneğin: "Değişmek istediğinden emin misin?", "Daha iyi olacağını nereden biliyorsun?", "Ya insanlar artık seni sevmezlerse?", "Hazzı özlüyor musun?" Bazen bu soruları cevaplamak için eski davranışlarımıza başvururuz ve tekrar bozulmaya, eskiye dönmeye başladığımızı hissederiz. Hatta bazen kişi eski hâline bile döner.

Eski ve yeni arasında gider geliriz ama geriye dönemeyeceğimizin farkına varmamız uzun sürmez. Çünkü artık farklıyızdır.

Birey bir defa iç sorgulamayı aşarak özgüvenini kazandığında, artık bağımlılığın ne kadar bencilce olduğunun farkına varılmasının ve ne şekilde devam edeceğine karar vermek üzere ilişkisini yeni bir bakış açısıyla değerlendirmeye başlamasının zamanıdır. Bir kişi ilişkisini sonlandırmış ya da terk edilmiş olsa bile, gelecekte karşısına sevginin çıkacağına inanmaya başlar. Hatta bazen acı verici dersleri öğrendiğimizde hissettiğimiz minnettarlığa şaşarız. Kendimize düşman olarak gördüğümüz kişi ya da bağımlılığı affetmeye hazır oluruz.

Aidiyet

Eğer bireyler bu evreye kadar ilerleyebilmişse bekâr ya da çift olsunlar fark etmez, sağlıklı bir şekilde sevmek üzere yeni bir özgürlük ve yeteneğe sahip olurlar. Bir sevgi ilişkisinin, ait olmanın tek yolu olmadığını keşfederler. Aynı zamanda ailelerinin bir parçası olurlar, arkadaşları olur, destek aldıkları gruplara ait olurlar. Ait olma hissi bir içsel inançtan doğar ve bu inanç şöyle der: "Bu hayata aidim ve bir anlamım var", "Kendim olmaya devam ederek de bir şeylere ait olabilirim", "Aynı anda hem tutkularım olabilir hem de ait olabilirim." Ayrılık ve sona erdirmek, bu evrenin karakteristik özellikleridir.

Eğer çiftlerin terapisi devam ediyorsa, artık "biz" üstünde yoğunlaşılır. Çiftler artık birbirlerinin özlerini tecrübe etmeye hazırdırlar ve bunu içtenlikle isterler. Kendilerini tek ve birbirlerinden farklı görseler de yaşadıkları yeni yakınlığın bireysel farklılıklara olanak tanıdığını, ilişkinin bireysel özgürlükle tamamlandığını ve bir arada var olduğunu bilirler. Vermek düşüncesi kendiliğinden ortaya çıkar; fiziksel, duygusal ve ruhsal bağlanma vardır. Sorumluluk sadece diğer eşe verme arzusuyla şekillenmez, aynı zamanda bir karşılık beklemeden ona hizmet etmekle de ilgilidir. Hata, yanlış ve hayal kırıklıklarına izin veren yeni bir gerçekçilik doğar. Eşitlik vardır ve güç oyunları azalır. Belirsizlikler ve bağımlılık mevcutsa, bozulmanın her zaman mümkün olabileceğini bilerek yaşama isteği vardır. Her ilişkideki ben, sen ve biz artık barış içerisinde birlikte var olabilirler. Her ilişkinin yaşayan bir süreç olduğu artık anlaşılmıştır.

Dışarıya Açılmak

Bu evrede, kişiler kendileri ve ilişkileri yerine daha *evrensel verme* ve deneyimleme üzerinde yoğunlaşırlar. Kendilerinden ve diğerlerinden memnundurlar artık vermelerine ve yanıtlamalarına yardımcı olacak daha fazla yaratıcı enerjileri, fiziksel dayanıklılıkları ve ruhsal güçleri vardır. Hayatlarına anlam katmak için sevgi ilişkilerine, aşk ya da cinselliğe bağımlı olmadıkları andan itibaren, hayatın farklı anlamlarını aramakta özgürdürler. Artık daha fazla kendin olmak ve daha fazla deneyimlemek için imkânları vardır. Olgun bir sevgi ilişkisi enerjimizi ve dünyaya olan ilgimizi geliştirmek için bir sıçrama tahtasıdır. Öncelikli sevgi ilişkilerimiz, hayatla eşsizliğimizi paylaşmak için bizi buna hazır eden enerji depolarımızdır. Ama bir kişinin kendini enerji dolu hissetmesi için illa da bir sevgiliyle olmasına gerek yoktur. Sevgi özel bir ilişkiden evrensel sevgiye doğru genişler ve işte bu, aslında dünyayı döndürenin sevgi olduğu inancını güçlendirir. Hepimiz sevgi ve gücü paylaşmakta özgür olsaydık, dünya nasıl bir yer olurdu bir hayal edin!

Birinci, ikinci ve üçüncü evreler bağımlı sevginin tipik özelliklerini içerir. Bu gerçeğin farkında olmadan bir ilişkiye son vermek, kendi içinde başlı başına bir bağımlılıktır ve bu ilişkinin artıklarını beraberimizde taşıyacağımız, geçmişin tekerrür edeceği ya da öfke ve acının yıllar boyunca taşınacağı anlamına gelir. Bu sebeplerden dolayı ortada bir cinsel bağımlılık mevcutsa, çiftlerden ilişkilerine bir yıl zaman tanıyarak ayrılmayı gündeme getirmeden önce dördüncü ve beşinci evreleri tamamlamaları istenir. Bir kişi sağlıksız bir birlikteliği sonlandırdığında ya da terk edildiğinde yeni bir ilişkiye girmeden önce sonraki iki evreyi geçmek üzere cesaretlenir. Dördüncü ve beşinci evreler bağımsızlık yansıtırlar. Bunlar sıklıkla narsistlik olarak görünen "Ben" evreleridir. Burada ergenliğin son dönemlerinde ve yetişkinliğin ilk dönemlerinde öğrenmemiz gerekeni öğreniriz: Otonomi, doğallık ve gerçek samimiyet kapasitesi. Altıncı ve yedinci evreler sağlıklı bağlanmayı yansıtır: Karşılıklı dayanışma, sağlıklı temel bağlılıkla değişir.

Bu evrelerden geçmek her zaman yumuşak bir şekilde olmaz. Bir gün altıncı evrede diğer gün ise ikinci evrede olabiliriz. Yukarı doğru çıktıkça üstteki evrelerde daha çok zaman harcarız. Şunu unutmayın ki, bir kişi aşağıdaki seviyelerde kaldığı süre zarfında diğer bir kişi yedinci seviyeye kadar ulaşabilir. Sadece hazır olduğumuz yerde bulunabiliriz. Yüksek evrede olanlar daha sabırlı olmak için mücadele ederler. Çiftlerin terapisinde en zorlu geçen evreler ilk üç evredir ama dördüncü ve beşinci evrelerde bireysel çalışmalar tamamlandıktan sonra altıncı evrede kişilerin karşılaştıkları durumlar çok benzerdir. Sonrasında ise birlikte olmanın yeni yollarının anlaşılması ve bunlara açık olmanın anlamı ortaya çıkar. Daha ileri boyuttaki karmaşık durumlarda bunu bir bütün olarak ele aldığımızda, aynı anda yedi evrenin de içinde olabiliriz. Evrelerin hepsini her an içimizde taşıyacak potansiyelimiz var çünkü. Bu nedenle sevgi ilişkilerinde yaptığımız seçimler fark yaratır. Bilgi ve deneyimle daha da ustalaşırız.

Bağımlılıktan Sağlıklı Sevgiye Giden Yolda Örnek Bir Hikâye

Carly ve Dave'in hikâyesinde, 30'lu yaşlardaki bu çiftin bağımlı bir ilişkiden nasıl başarılı bir şekilde sağlıklı ve daha olgun bir ilişkiye geçmeyi başardıklarını göreceğiz. Kurban ve üstün rollerden, karşılıklı alan ve veren pozisyonlarına geçişlerini göreceğiz. (Dördüncü bölümde ele almıştık bu konuları.) Bu çiftin durumunu izlemek bir terapist olarak bana ilham verdi ve eğitici oldu. Bazen ilişkinin bitmeye mahkûm olduğu ve terapinin işe yaramıyormuş gibi göründüğü zamanlar olur. Bu zorlu sınavlarında Carly ve Dave'in hissettiği acı ve yalnızlık, aynı zamanda aşk bağımlılığı unsurlarını da içeriyordu ve gerçekten de muhteşemdi. Hâlâ daha değişimin mümkün olduğuna güveniyorlardı ve evliliklerinin devamı için gerekli zamanı ve enerjiyi harcamaya hazırdılar.

Carly ve Dave'in Hikâyesi

Carly ve Dave'in birbirlerini bırakmaya ve birey olarak kim olduklarını keşfetmeye ihtiyaçları vardı. Sadece bunu yaptıktan sonra tekrar bir araya gelerek birbirlerini tercih edebileceklerdi. Ve bu tercih ihtiyaç kökenli değil yeni sevgi, saygı ve birbirlerine olan arzularından dolayı olacaktı. Dave ve Carly'yi gözlemlemek, bağımlılığa yönelik özelliklerin zarar verdiği olası iyi ilişkilerin çok erken bittiği inancımı doğruladı. Bazen sevginin sadece büyümeye ihtiyacı vardır.

Carly'nin Hikâyesi

"Dört yıl gibi bir süre boyunca eşimin kariyerini geliştirmesi için evimizi üç defa değiştirdik. Bu kararları alırken söz hakkım olmasına rağmen, özgür irademin yerine korku ve görev duygusuyla hareket ettim. Üçüncü taşınmamızdan sonra iş aramaya başladığımda sinirli ve depresiftim. *Dur Carly*, dedim kendime. *Hayattan beklentin ne? Eşinin isteklerine göre yaşıyorsun.* Daha önce hep çok mutlu bir insan olarak yaşadım ve bu memnuniyeti tekrar geri istiyordum artık.

Bir danışman buldum ve neden mutlu olmadığımı araştırmaya başladım.

Dave ve başkalarının his ve ihtiyaçlarının kendiminkilerden daha önce geldiğini öğrenmeye başladım. Aynı zamanda çocukken anne ve babama verdiğim güç gibi başkalarına da buna benzer bir güç verdiğimi fark ettim. Bu nedenle Dave ile hatalarımız birbirine uyuyordu çünkü o ihtiyaçlarının önce geldiğine inanıyordu ve bundan dolayı her türlü düşünme ve karar vermeyi ikimizin adına yapıyordu.

Her ikimizin ailesinde de kızgınlık pek gösterilmediğinden

dolayı bir problem ortaya çıktığında birbirimize gerçekten dürüst olmadığımızı da anladım.

Örneğin, herhangi bir şeyi berbat ettiğimde sorunun bende olduğunu düşünürdüm. Dave mükemmeliyetçi bir insandı ve yaptığım hataları acımasızca eleştirirdi. Dave'in bu tepkilerinden korunmak için hayatı yaşayamaz olmuştum.

Kendimle ilgili ulaştığım bu sonuçları Dave'le paylaştığımda, dinledi ama duyduklarının ne tümünü anladı ne de kabul etti. Aynı zamanda kendimi her geçen gün daha çok bu evlilikte sıkışmış hissediyordum. Eksik olan bir şey vardı. Eğer bekâr olsaydım arkadaşlarımla ve Dave'in sevmediği ama benim sevdiğim kişilerle daha çok vakit geçirirdim diye düşünüyordum. Daha fazla mahremiyete ihtiyacım vardı.

Beklenmedik bir şekilde hamile kaldım. Dave çocuk istemiyordu ve bana şunu söyledi: 'Sadece ikimizin birlikte yaptığı onca şeyden ve birlikte geçirdiğimiz onca zamandan sonra seni paylaşabilir miyim bilmiyorum.' Ama kürtaj benim için kesinlikle olmayacak bir seçenekti.

Hamileliğin devamı kararını aldıktan sonra, Dave bir iş gezisine gitti. Döndüğünde bana gezi esnasında tanıştığı bekâr bir kadının kendisine çok çekici geldiğini ve kendisinin de evliliğimizle ilgili tatminsiz ve huzursuz olduğu şeyler bulunduğunu söyledi.

On beş sene önce ilk çıkmaya başladığımız andan itibaren ilk defa ciddi olarak başka bir kadını beğenmişti. Sadece bir arkadaşlık olduğunu tekrarlayıp durdu. Rita'yla yani diğer kadınla arkadaşlık kurma yönünde güçlü bir isteği varmış gibi görünüyordu, benim içgüdülerim ise bana bunun sadece bir arkadaşlık ilişkisi olduğuna inanmamı engelliyordu.

Nihayet, Dave'e Rita'yla olan ilişkisini bitirmesini söyleyecek kadar gücümü topladım. Böyle bir şey yapmak istemiyordu ama ben kendisinden bunu istedikten yaklaşık bir ay kadar sonra kadınla bağlarını kopardı. Bana çok kızgındı ki, bu durum benim için çok yeni bir şeydi. Çünkü onun hislerini her zaman kendiminkilerin önünde tutmuştum, ondan bu ayrılığı istemekle yanlış yaptığımı düşünerek kendimi suçlu hissettim ama onun Rita'ya olan sevgisi evliliğimizi yaralıyordu ve ilişkimizde yapmaya çalıştığımız değişiklikleri engelliyordu.

Aylar geçti, Dave benimle ve evliliğimizle ilgili düşünceleriyle mücadele içindeydi. Bu duygusal karmaşa içerisindeyken bebeğimi kaybettim. Ve bir gece korkunç bir şekilde kavga etmeye başladık, Dave beni derinden incitecek şeyler söyledi. İçimde bir şeyler değişti. Dave'e bizimle ilgili kafasındaki bulanıklığı kabul edebileceğimi ama acı verici yorumları kabul edemeyeceğimi söyledim. Ve bunları bir daha duymak istemediğimi belirttim. Sanırım Dave'le ya da onsuz hayatıma devem etmeye hazır olduğum kararını aldığım nokta bu oldu. Dave'in sorumsuzluğundan yorulmuştum. Evliliğe devam edecek mi yoksa etmeyecek mi karar vermeye ihtiyacı vardı, buna göre evliliğimizi geliştirmek için beraber uğraşacak ya da ayrılarak kendi hayatlarımıza devam edecektik. Bu noktada Dave kararını verdi. *Bize* ilişkimizi geliştirmek için zaman tanıyacak kadar kendini sorumlu hissettiğine karar verdi.

Bütün bunlara rağmen sonraki altı ay boyunca aramızda büyük bir boşluk oldu ve Dave bana karşı kendini yakın hissetmiyordu. Oyunlarımız sona erdi. Yakın arkadaşlarımla daha çok vakit geçirmeye başladım ve danışman grubunda duyduğum bir şeyin çok doğru olduğuna kanaat getirdim: Sadece bir kişiye bağımlı olarak tüm ihtiyaçlarını tatmin edemezsin. Arkadaşlarımla beraberken gülüp eğlendiğimi fark ettim. Bu dönem boyunca aynı zamanda maneviyatımı güçlendirmek için yalnız da vakit geçirdim. Tüm bunlar tekrar dengemi kazanmama yardımcı oldu. Dave'den kendisi için terapiye gitmesini istedim ve gitti de.

Kendimizle ilgili öğrendiklerimizi birbirimizle paylaşmaya başladık. Açık ve dürüst paylaşımlardı bunlar. Bazen acı veren ve rahatsız edici bir şeyi büyütmek çok zordur ama acı ve öfkeye rağmen yakın olabileceğimizi öğreniyordum. Uzak hissetmenin, birlikte büyümenin en doğal parçası olduğunu söylediler bize ve bu durum bizi korkuttuğundan dolayı tüm bu zaman boyunca birbirimize tutunduk. Dave hâlâ bana neden kendini yakın hissetmediğini anladı ve onda iyiye doğru bir değişim görmeye başladım.

Terapist daha sonra 'Biz'le ilgilenmeye başlamamızı önerdi. Ona ve yaptığı işe çok güvensem de bunu yapmakta içgüdüsel bir direnç hissettim. Ama ilişkimiz üstünde çalışmaya, onu nasıl onaracağımızı sormaya ve onu sağlıksız bir bağımlılık olmaktan çıkarmak üzere çabalamaya başladık. Birbirimizle olan geçmişimizi nasıl sürekli tekrarladığımızı, birbirimizin hassas noktalarına nasıl dokunduğumuzu ve neden bu kadar savunmacı olduğumuzu teşhis ettik.

Şimdi aramızda her şey gelişmeye başladı. Aynen daha önce birçok defa duyduğum ama hiç tecrübe etmediğim gibi: Koşulsuz sevgiyi aramaktan vazgeçtiğim anda, orada, apaçık karşımda belirdi. Kendimi mutluluk hissediyordum ve mutluluğum ne Dave'e ne de başka birine bağımlı değildi. Dave açık yüreklilikle benimle hislerini paylaşmaya başladı ve benim düşünce ve hislerime daha önce hiç olmadığı kadar saygı duyduğunu hissettim. Gerçekten beni dinlemek için istek gösteriyordu. Artık hayır diyebileceğimi bildiğimden ben de ona karşı daha açıktım ve bundan dolayı öneri ve nasihatlerini daha istekle karşılıyordum. Benim için bir şey yapmaya ve en hoş yollarla bana iltifatlar etmeye başladı.

Evliliğimiz kusursuz değil, samimiyeti geri kazanmak uzun ve zorlu bir süreç. Birlikte gülebilmek, şakalaşmak ve eğlenmek çok heyecan verici geliyor, aynı zamanda sinirlenmekte de özgürüz. Öyle olmadığı hâlde her zaman doğru gitmeyen bir şeyi düzeltmek zorunda değiliz. Aynı zamanda birbirimizden ayrılabiliyoruz, eğer birimiz kendini iyi hissetmiyorsa diğerimiz ona destek oluyor ama bu durumun moralini bozmasına izin vermiyor. Yakın ve farklı arkadaşlarımız olduğunda bile birbirimize yakın olabileceğimizi biliyoruz.

Kendim için danışmanlık aldığım zaman, tüm bunların nereye varacağını bilmiyordum. Sadece tekrar mutlu olmak istiyordum. Kendim ve evliliğimle ilgili geçen tüm bu süreç bazen çok acı verici oldu. Ancak aynı zamanda heyecan verici ve ödüllendiriciydi de. Kendimle ilgili çoktan unutmuş olduğum birçok parçamı tekrar keşfettiğimi hissediyorum. Bunların yanında eksiksiz bir insan olabilmek için kendimde birçok yeni parça yarattım. Eşimle gerçek, gelişen, dürüst, doğal bir ilişkim var ve bu kendimi inanılmaz derecede iyi hissetmemi sağlıyor. Onu önceden olduğundan çok daha özgürce seviyorum. Bu noktaya ulaşabilmek için risk almaya, çabalamaya değer. Ve şu an ilk çocuğumuzun doğumunu bekliyoruz."

Dave'in Hikâyesi

"Şu an dönüp de geriye baktığımda, öyle görünmediği zamanlarda bile ortada bir kriz olduğunu fark edebiliyorum. Hareket edecek bir alan kalmayana kadar olaylar sürekli daha fazla karmaşık bir hâle dönüşüyormuş gibi göründü. Hâlâ danışmanlığı bir çözüm olarak gördüğümü düşünmüyorum. Bunu öneren Carly'ydi.

Carly'yle birbirimizi tanıdığımız ilk andan itibaren ilişkimiz pek de sağlıklı değildi. Biz bunun farkında değildik elbette. Her şeyin yolunda olduğunu düşünüyorduk, okulda bizi bir araya getiren düzene uygun şekilde davranmaya devam ettik."

Güçlü, kontrollü, özel ve bir adım önde olması gereken kişi bendim. Mesela, bir partiye gittiğimizde herkesi güldüren kişi ben olmalıydım. Hafta sonu için bir yere gideceğimiz zaman nereye gidileceğine karar veren kişi ben olmalıydım. O dönemlerdeki espri anlayışımın Carly'yi küçük düşürdüğünü hatırlıyorum.

Aynı zamanda barış sağlayan kişiydim, tıpkı büyüme çağımda ailem için yaptığım gibi (ya da yaptığımı düşündüğüm gibi). Çocukken hislerimi hep yok saydım. Hissetmek normal değildi. Büyük erkek çocuklar ağlamaz. Annemle ya da babamla hiçbir zaman samimi bir konuşmamız olmadı. Aile içinde olaylara güler geçerdik. Eğer olumsuz bir şey varsa bunu hemen gömerdik. Tüm bunların sonucu olarak en basit şey hakkında bile bir şey soramazdım; sırtımın ovulması, yalnız vakit geçirme ya da cinsel yakınlık gibi.

Ama sormama bile gerek kalmadan tüm bunlarla benim için ilgilenecek birini buldum. Bir akşam ya da hafta sonu için ne yapacağımıza karar vermeye çalışırken Carly benim ne yapmak istediğimi görmek için beklerdi. Sırtımı ovmayı teklif ederdi, gerçekten de benimle ilgilenmeye önem veriyordu. Elbette ben bunu bilmiyordum. Bildiğim tek şey büyülü bir sebepten dolayı benimle ilgilenildiğiydi. Ama ortada içtenlik ve hislerin paylaşımı yoktu.

Sonra işler değişmeye başladı. Sanırım bu tam da Carly'nin terapiye gitmeye başlamasıyla oldu. Oluşturduğumuz sistemde rolünü değiştirmeye başladı. Aşağılayıcı espriler artık yok dedi. Benimle o kadar çok ilgilenmekten vazgeçti. Kendi arkadaşları ve hayatı olmaya başladı. Artık kontrolü elinde tutan kişi ben değildim. Hatırladığım en canlı şey bana hayatında ilk defa deli gibi öfkelendiği o andı. Artık hiçbir şeyin aynı olmayacağını biliyordum.

Carly'yi bana bağımlı olmakla eleştirdiğimi hatırlıyorum, bu durum beni sinirlendiriyordu. Ama aynı zamanda artık bana bağımlı olmayacağından da korkuyordum! Benim için çok karışık bir dönemdi. Şimdi dönüp de geriye baktığımda kendimi Carly'den uzaklaştırmak istemiş olmam beni şaşırtmıyor.

Bir terapiste gitme kararını almamıza yol açan kriz, bir iş seyahatinde Rita adlı bir kadından oldukça kuvvetli bir şekilde etkilenmemle başladı. Bu kadına karşı olan hislerimle nasıl başa çıkacağımı bilemiyordum. Ondan çok etkilenmiştim ve bunu ilerletemeyeceğimi biliyordum. Aynı şekilde o da benden çok etkilenmişti ve ilişkimize arkadaş olarak devam etmeye karar verdik.

Bu iş gezisinden sonraki günlerde Rita için olan hislerimin arkadaşlıktan çok daha öte olduğunu ve bir şekilde gelecekte onunla beraber bir yaşam kurma hayali içinde olduğumu fark ettim. Ve ilk defa kendimi hayatımın geri kalanını Carly'yle geçirmek istediğimden emin olup olmadığımı sorgularken buldum. Onu gerçekten seviyor muydum? Onu hâlâ on beş yıl önce ilk âşık olduğum zamanki sebeplerle mi seviyordum?

Sonrasında ise kendimi tam anlamıyla ortada kalmış buldum. Aynı anda hem uzaktan Rita'yla yeni bir dostluk kurmaya hem de Carly'ye her şeyin yolunda olduğunu garanti etmeye çalışıyordum. Hayatımdaki en rahatsız dönemlerden biriydi. Beni en çok zorlayan şey ise Carly'nin dostluk için duyduğum arzuyu anlamamasıydı. Kısıtlayıcı ve kıskanç olduğunu düşünüyordum ve bununla ilgili oldukça fazla tartışma ve kavgamız oldu.

Carly ve benim için her şey daha da kötüye gitmeye devam etti. Sürekli ortada sıkışmış bir hâldeydim, Carly ve yeni arkadaşıma, diğerinin davranış şekillerinin altında yatan sebepleri açıklamaya çalışarak geçiyordu günlerim. Daha sonra öğrendiğim üzere bu 'aracı' pozisyonu benim için çok tanıdıktı çünkü bugüne kadar zaten herkesi mutlu etmeye çalışarak kendimi hep bu pozisyona koymuştum.

Carly'den ayrılmayı hatta boşanmayı düşündüm. Pek de kabul edilebilir bulmuyorum ama yine de ortada seçenekler vardı. Neden bunlardan herhangi birini denemediğimi bilmiyorum. Büyük olasılıkla bir şeyden korkmuştum. Tüm bu karmaşanın altında bir yerlerde vazgeçmekten çok, ileriye gittiğimize inandığımı düşünüyorum.

Haftalık terapi grubu seanslarına gitmeye başladım. Carly'yle neredeyse hiçbir duygusal yakınlığım yoktu. İlişkimize bağlı olduğumu söyledim ve öyleydim de. Bu ilişki için verebileceğim tek şeyi vermeye karar verdim: Zaman. Bir yandan da kendimle ve evliliğimizdeki rolümle ilgili çalışmayı kabul ettim. İlk başta, seanslarda sadece yeni arkadaşlığımı devam ettirememekten dolayı hissettiğim öfke ve üzüntüyle uğraştım. Ama bu durumu aşmak yerine, neden olduğum gibi bir insan olduğumu anlamaya başladım ve bu çok etkileyiciydi.

Hiç de kolay zamanlar değildi. Carly'yi kendimden uzaklaştırmak istiyordum ki kendimle ilgili bir şeyi keşfetmeye ve kendimi daha çok hissetmeye başladım. Carly'yle olan bütün hayatım boyunca hep 'biz' vardı. Terapiden önce Carly üzerinde yoğunlaşmıştım ve nasıl daha farklı olabileceğini düşünmüştüm. Ama artık tamamen kendimle ilgileniyordum. Artık tekrar 'ben' vardı ve bu hoşuma gitmişti. Bir tarafım her şeyi bırakıp kendi başıma kalmayı arzuluyor ve ilişkiyi tekrar ayağa kaldırmak için bu çamurun altında debelenmeyi istemiyordu.

Sanırım tek taraflı terapi zamanla bir şeylerin düzeleceğine olan inancımı artırdı. Birkaç hafta gibi bir süreden bahsetmiyorum. Bir yıldan fazla bir süredir grup terapisine gidiyorum. Nihayet çok yavaş bir şekilde Carly'ye yeniden kendimi yakın hissetmeye başladım. Ama gerçekten de çok yavaş oldu bu. Ona kendimi hiçbir zaman tekrar yakın hissetmeyeceğimi düşündüğüm dönemler oldu.

Tekrar hem de daha sağlıklı bir ilişkimiz olduğunu görmek şaşırtıcı. Bunun gençlik aşkı, delicesine bir aşk ya da bunun gibi bir şey olmadığı açık elbette. Ne Carly hemen başka bir kadına dönüştü ne de ben yeni bir erkeğe. Ama kendimizi daha önce hiç olmadığı kadar iyi tanıyoruz ve ikimiz de sağlıklı bir ilişkinin nasıl olması gerektiğini iyi biliyoruz. Artık kendimi bir şeyleri kontrol etmek zorunda hissetmiyorum, daha önce müdahale edeceğim birçok durumda işi oluruna bırakıyorum.

Tüm bu yaşanan süreç benim için çok şaşırtıcıydı. Tekrar sağlıklı bir çift olabilmek için iki insanın bir süreliğine de olsa ayrı bir şekilde yollarına devam etmesi gerçekten de ironik. Fiziksel olarak ayrı olmalarına gerek yok ki bizim durumumuzda ben böyle olmadığı için çok mutluyum. Ama tekrar bir araya gelmeden önce psikolojik olarak uzak olmaları gerekiyor. Her iki kişi de kenara çekilip ilişkide kendi rolünü incelemediği takdirde, değişimin neredeyse imkânsız olduğunu düşünüyorum. Ama bu ayrılığı ve içsel yolculuğu gerçekleştirip öğrendiklerimizi yeni ilişkimize taşımak, hayatımın en anlamlı ve değerli tecrübesi oldu. Yeniden kendimizi iyi hissediyoruz. Yakınlık geri geldi; sanırım artık yeniden birbirimize âşık olduğumuzu söylemek uygun düşer, hem de daha önce yaşadığımız aşktan çok daha farklı bir şekilde.

Bazen Gitmesine İzin Vermek Gerekir

Bazen ilişkilerimiz kurtarılamayacak bir duruma gelir ve bunları ardımızda bırakmak durumunda kalırız. Belli bir ilişki dışındaki hayatı düşündüğümüzde kendimizi savunmasız hissediyorsak, bunu kontrol etmeye çalışacağımız hâlde genellikle olduğumuz yerde asılı kalırız. Bu gibi durumlarda, bağımlı bir mecburiyeti tatmin etmek için mi ordayız yoksa derin gerçekliğimizden yani sekizinci bölümde bahsettiğimiz kalp, ruh ve beden ilişkisinden çıkan bir tutku için mi? İşte bunun ayrımını yapmak zorundayız. Tutku sağlıklı sevginin önemli bir parçası olsa da zorlayıcı bir haz bizi yolumuzdan alıkoymamalıdır. Cinsel ya da aşk cazibesinin çekimi o kadar güçlüdür ki apaçık olanı yani ilişkinin karşılıklı bağımlılık olmadan yürümeyeceğini inkâr etmeye başlarız. Çekim, ışık hızıyla davullarla zurnalarla gelir, bütün kelimelere meydan okur ve mistik bir birleşme sunar. Bazen öyledir de. Diğer taraftan kendini yok etme yönünde manyetik bir çekim de olabilir.

Dan'in Hikâyesi

Dan'in hikâyesi çok sık tanık olduğum bir tür. Görmeye ve gitmesine izin vermeye hazır olmadan, ihtiyacımız olanı görmeyeceğimizi ve gitmesine izin vermeye ihtiyaç duyduğumuz kişileri bırakmayacağımızı biliyorum. Bazen Dan'in durumunda olduğu gibi bir kişinin süreçte ilerlemeyi istemeden önce hasta düşmesi ve yorulması gerekir.

Dan başlarda bağımlı ilişkisi için yardım almaya istekli değildi çünkü başarılı bir danışmandı ve bütün cevapları bilmesi gerekirdi. Kendini güçlü, bağımsız, yakışıklı ve kendine saygısı olan bir erkek olarak görüyordu. Ve onu bunun tam tersini hissettiğine ikna etmek zordu. Oldukça uzun bir süre kendine güvendi. Ama sonra şunu öğrendi ki; gerçek kuvvet ruhsal yolculuktan ve onu sağlıksız bir ilişkide tutan şeyleri keşfetmekten geliyordu.

Dan ilk defa yardım aldığında hayatı tam anlamıyla kontrolden çıkmış gibiydi. Sinirlenince fiziksel şiddet uyguluyor, çok fazla içki içiyor ve yüksek tansiyonla migren ağrılarından acı çekiyordu. Değişmediği takdirde kendine zarar verenler için olan bir terapi grubuna katılması gerekecekti. Terapiye tekrar hayatının kontrolünü kazanmak için geldi.

Carly ve Dave'in aksine, Dan hayatına devam edebilmek için ilişkisini bitirmek zorundaydı ki bu onun başlarda yapmayı hayal bile edemediği bir şeydi. Onu bu bağımlı sevgide tutan ana fikir, tıpkı başka birçok kişide olduğu gibi "Onsuz yaşamayı hayal bile edemiyorum" düşüncesiydi.

"Başlamak için sanırım çocukluğuma ve babamla olan ilişkime geri dönmek zorundayım. Bunun için çok çaba sarf etmeme rağmen babam tarafından sevildiğimi hiç hissetmedim. Babamın beni sevdiğini artık biliyorum ama bunu ifade edecek kelimeleri bulabildiğini ya da hislerini kolayca yansıtabildiğini düşünmüyorum çünkü babamın bana bir kere bile seni seviyorum dediğini hatırlamıyorum.

Bu sevgi mücadelesini yetişkin ilişkilerime de taşıdım. Bunu yaşama hakkımı onaylamak için, başka birinin sevgisine ihtiyacım olduğuna inandım. Bu sevilme ihtiyacı sanırım çok erken bir yaşta, on dokuz yaşında evlenmeme de sebep oldu. Bu evlilik en başından bir hataydı ama buna rağmen on iki yıl sürdü. Böyle olmasının en önemli sebebi güvensizliğimdi; sevilmeye değer bir insan olmadığımı düşünüyordum.

Yıllardır içinde mutsuz olduğum evliliğim dayanılmaz bir hâl alınca boşanma davası açtım. Boşandıktan kısa bir süre sonra Ann'le tanıştım. O da yeni boşanmıştı. Kısa bir süre içinde önce dost sonra sevgili olduk. Ama bu ilişki hem romantik hem de cinsel olarak bağımlıydı.

Her ikimiz de diğerimiz olmadan yaşayamayacağımızı düşünüyorduk. Birlikte olmaya başladıktan kısa bir süre sonra aynı eve taşındık. İlişkinin daha en başında Ann ve ben bu ilişkinin bizi tüketmesine ve kontrol etmesine izin verdik. İlişki dışında çok az vakit geçiriyorduk ve dışarıda çok az sayıda ilgilendiğimiz şey vardı. Birbirimizi kaybetmekten korkuyorduk. İlişkimizi saplantı hâline getirmiştik ve bunun imkânsızlığını hiç düşünmeden karşımızdakinin tüm ihtiyaçlarımızı karşılamasını bekliyorduk.

Ann başka erkeklerle görüşmeye başladığında ilişki benim için son derece acı verici bir hâle dönüştü. Bu durum sevilmeye değer olmadığım yönündeki inancımı kuvvetlendiriyordu. Bu bana çok acı ve endişe verse de devam ettim çünkü ilişkiye bağımlıydım ve o zamanlarda söylediğim gibi 'ölmeden' bu işten nasıl kurtulabileceğimi bilmiyordum. İlişkimizin en bağımlı tarafı, davranışlarımız ne olursa olsun ve ilişkiyi yıkmak için ne kadar uğraşırsak uğraşalım birbirimizden karşılıksız sevgi talep ediyor olmamızdı sanırım.

O zaman kendime, eğer Ann'i yeterince seversem onu değiştirebileceğimi söyleyip durdum. Onu değiştirmek zorundaydım çünkü onsuz yaşayamazdım! Onunla ilişkim olmadan tamamlanmış olmuyordum. Bu oldukça bağımlı ilişki beni daha ve daha fazla yıkmaya başladı ve Ann'in adına düşünmeye başladım. Bağımızın yıkıcılığı beni etkiledi, içki içmem arttı ve davranışlarım her geçen gün daha da kendi kendime zarar verir hâle geldi.

Nihayet, çok saygı duyduğum bir kişi hareketlerimden dolayı nereye doğru gitmekte olduğum ve hayatımı kontrol altına almam konusunda beni uyardı. Bu noktada öfke patlamalarımın, kendimle ilgili kötü düşüncelerimin ve Ann'le olan sağlıksız ilişkimin kendi başıma sonlandıramayacağım şeyler olduğunu fark ettim.

Böylelikle bir terapistten yardım aldım. Sanırım hayatımla ilgili birçok şeyin farkına vardığım yer burası oldu. Ve sonunda mutsuz ve bağımlı ilişkimi bitirmem gerektiğini anladım. Birkaç terapi seansından sonra bunu başarabildim. Eğer terapiyi tamamlamasaydım bu bağımlı ilişkinin beni sonradan yıkacağına gerçekten eminim.

Kendime karşı iyi davranmaya başladıkça, değerimle ilgili inançlarımı değiştirmeye çalıştıkça ve ailemin beni ellerinden geldiğince sevdiğini kabul ettikçe, kendimi sevgi ve yakınlığa duyarlı kadınlara açmaya başladım. İncinmekten ve reddedilme acısından korkan, yakın olmanın güvenli olmadığına inanan ve samimiyeti, melodramlarla karıştıran kişinin kendim olduğunu anladım. Farkında olmadan beni içtenlikle sevemeyen Ann'le tanışmam, sevilmeye değer olmadığım inancımı desteklemişti. Bir seçeneğim olduğunu anlamak çok harikaydı.

O zamandan beri hayatımda büyük değişiklikler yaptım, mesela başka bir semte taşınmak gibi. Kuşkusuz bu aldığım en zor kararlardan biriydi. Ann'la ilişkimiz bittikten sonra onu tekrar görme şansım oldu ve bazen ona doğru çekildiğimi hissettim. Ama sonra bu yolu tekrar yürümek istemediğimi kendime hatırlattım. Madem bunu istemiyordum o zaman yapmayacaktım."

Carly, Dave ve Dan'in önlerinde hâlâ uzun bir yol var. Süreci, bu şekilde zaman içerisinde adım adım ilerleyerek yaşadılar. Eğer onların durumlarında kendinizden ufak da olsa bir parça bulduysanız okumaya devam edin. Siz de sevgi ve özgürlüğün hayatınızda eş zamanlı olarak nasıl çalışabildiklerini öğrenebilirsiniz.

Sahip olduklarınızı ortaya çıkarırsanız, bunlar sizi korur. Eğer sahip olduklarınızı ortaya çıkarmazsanız bunlar sizi mahveder.

St. Thomas İncil'i.

10

Bağımlı Sevgiden Kendinizi Kurtarmak

Bir terapistin hastalarına yönelik en büyük hedefi, onlara sorunların çözümlerinin kendi içlerinde olduğunu öğretmek ve sonrasında insanların içlerindeki bu güçlü cevapları anlayabilmesi yönünde onlara yardımcı olacak yöntemleri anlatmaktır. Bu bölüm size kendi kendinizin terapisti olmanızı sağlayacak kabiliyetlerinizi tanıtmak ve ilişkinize yönelik problemleri yapıcı ve umut verici bir şekilde ele almanıza yardımcı olacaktır.

Buraya kadar bağımlı sevginin köklerini gözden geçirdik, özelliklerini belirttik ve problemli bir ilişkiyi olgun ve tatmin edici bir sevgiye dönüştürme sürecini inceledik. Tüm bunlardan vardığımız sonuç, bağımlı sevginin köklerinin çok derinlere uzandığı ve dışarı çıkış yolunun uzun ve zorlu olduğudur. Hatta o kadar uzun ve zorlu ki kendinize şu soruyu sorabilirsiniz: *"Neden bu sıkıntıyı çekeyim? Hiç sevgi olmamasındansa sağlıksız da olsa bir sevgi yaşamak daha iyi değil mi?"*

Bağımlı sevgiyi neden hayatınızdan söküp atmalısınız? Bunun için son derece iyi bir cevap var ki o da şudur: *Bağımlı sevgi engelleyicidir.*

Kendinizi mutlu hissetme yeteneğinizi engeller.
Potansiyelinize uygun bir standarda ulaşmanızı ve hareket yeteneğinizi engeller.
Yeni deneyimlere açık olmanızı engeller.
Bugünü yaşama ve bunun tadını çıkarma yeteneğinizi engeller.
Yaratıcı uğraşlarınız için olan enerjinizi engeller.
Kişisel gücünüzü ve özgürlüğünüzü engeller.
Başkalarını oldukları gibi kabul etmenizi engeller.
Korkularınızla yüzleşmenizi engeller.
Doğallığınızı engeller.
Bilinç ve ruhsal düzeyinizin gelişmesini engeller.
İçten olmanızı ve gerçek sevgiyi yaşamanızı engeller.

Hayatınız için ne seçimler yapacağınıza kendiniz karar vermek zorundasınız. Kuşkusuz değişmek zorunda değilsiniz ama eğer değişmeye karar verirseniz bunu kendiniz için yaptığınızdan emin olun. Bir defa bağımlı sevgiden vazgeçtiniz mi ve hayatı siyah beyaz bir melodram olarak görmeyi bırakıp onu gerçek ve kendi renkleriyle gördünüz mü, eski düşünce ve davranış kalıplarınıza geri dönmek çok zor hatta imkânsız olacaktır. Size eşlik etmek üzere hayatınıza, zorlamadan başkalarını davet edebileceğinizi göreceksiniz. Karşı koydukları takdirde sabırlı ve şefkatli olmak en iyisidir. Bağımlı sevgiden vazgeçme kararınız problemli ilişkinizi tamamen bitirmenizi de gerektirebilir ki böyle bir karar sonucunda acı çekmeniz çok doğaldır.

Mutluluk asla kolay elde edilmez; değişim kararınızın size anında mutluluk getireceğinin garantisi yoktur. Bu kitaptaki hikâyelerin gösterdiği gibi değişim riskini alanlardan kimileri ilişkilerini daha sağlıklı sevgi ilişkilerine dönüştürebilmişken, diğerleri ilişkilerini bitirmek zorunda olduklarının, hayatlarında ve sevgide yeni başlangıçlar yapmaları gerektiğinin farkına varmışlardır.

Bir defa kendinizi bağımlı sevgiden kurtarmak istediğinizde, kontrol etme ya da edilme arzunuzdan vazgeçmeyi kabul etmelisiniz; istediklerinizi ve ihtiyaç duyduklarınızı elde etmek için başkalarını idare etmekten vazgeçmelisiniz. Başkalarını idare etme dürtüsü çok kuvvetlidir ve bundan vazgeçtiğinizde hiç şüphe yok ki biraz üzülürsünüz. Ama bu uzun yolda çekilecek böylesi bir acı, bağımlı ilişkide kendinize ya da bir başkasına çektireceğiniz acıdan çok daha azdır.

Bu bölüm daha sağlıklı ve mutlu bir sevgiyi tercih edenlere adanmıştır. Ne şekilde ilerleyeceğinizden emin değilseniz bu bölümde bulacağınız çalışmaları deneyebilir ve kendinizle ilgili neler öğrenebileceğinizi görebilirsiniz. Her ne sebep yüzünden olursa olsun eğer isterseniz, problemli ilişkinizi korumak için burada kitaba devam etmeyi bitirebilirsiniz. Dürüst olun ve şunu da bilin ki değişmeme kararını veren sizsiniz, bundan dolayı kendi ilişki sorunlarınız ve bağımlılığınız yüzünden başkalarını suçlamaktan vazgeçin. Unutmayın ki bağımlı sevgi için kişisel gücünüzden ve gelişiminizden vazgeçen kendinizsiniz.

Sizi en çok şüphede bırakacak durum, sevgi ilişkilerinin bazı bağımlı sevgi unsurlarını barındırıyor olmasıdır. Bunun doğru olmadığı kararını almadan önce, buradaki çalışmaları yapmanızı öneriyorum. Çalışmaların temeli şudur; kim olduğumuzun bilinçli olarak farkında değiliz ve değişim bu farkındalıktan sonra ortaya çıkar.

Değişim = farkındalık + eylem

Bu çalışmalar farkındalığı artırmak ve eylemi harekete geçirmek için oluşturulmuştur.

Psikoterapistlik deneyimlerimden yola çıkarak hazırladığım çalışmalar, kimi deneyimlerde benim kişisel bilgilerimle birleşti. Çalışmaların, hayatlarını bağımlı sevgiden kurtarmak isteyenler için faydalı olduğunu gözlemledim. Bu çalışmalar kişinin kendi kendisine uygulayabileceği bir terapi şekli olup genellikle bir uzman kontrolünde yapılmaktadır. Eğer bunları kendi başınıza yaparken zorluk çeker ya da vardığınız sonuçlar sizi rahatsız ederse lütfen profesyonel yardım almaktan çekinmeyin.[1]

Çalışmalardan bazıları oldukça zaman ve düşünce gerektirir. Acele edilmeden tamamlanması gereken bu çalışmalar için ayıracağınız zaman ve düşünce aylar sürecek bir kendini tedavi sürecine dönüşebilir. Bazı çalışmalar size diğerlerinden daha anlamlı gelebilir. Sahip oldukları ciddi amacın yanında eğlenceli ve uyarıcı olacak şekilde hazırlanmışlardır.

Kendinizi keşfedeceğiniz bu kişisel yolculukta sizlere bol şans diliyorum. Benim umudum, hayatınızı daha iyiye doğru götürecek en azından bir kişisel gizemi keşfetmeniz. Sizin için dileğim daha fazla neşe, özgürlük, bilgelik ve sevgidir.

Kendi Kendine Yardım Yöntemi

Aşağıda sıralanmakta olan yedi temel adım, bağımlı sevgiden sağlıklı sevgiye doğru ilerlemenizi kolaylaştıracaktır:

1. *Farkına varma:* Hayatınızda bağımlı sevginin yer aldığını kabul etmek.

2. *Değerlendirme:* Bağımlı sevginizin derecesini tespit etmek.
3. *Karar:* Bağımlılıktan kurtulmak için kişisel gücünüzü kullanmak.
4. *Keşfetme:* Kişisel korku, masal ve yaşadığınız travmaları incelemek.
5. *Yeniden Programlama:* Eskinin gitmesine izin vermek ve yeniyi kucaklamak.
6. *Yenilenme:* Olgun sevgiye doğru ilerlemek.
7. *Büyüme:* Kişisel özelliklerini, kendisini ve başkalarını gerçek anlamda sevme yetisini geliştirmek.

Farkına Varma Çalışması:

Hayatınızda bağımlı sevginin yer aldığını kabul etmek

Bu ve benzeri kitapları seçmeniz, sahip olduğunuz sevgi ilişkisinin bağımlılık özellikleri taşıdığını zaten bilmekte olduğunuzu gösterir. Bu tür bir kabullenme gerçekleşmediği takdirde, hâlen daha inkâr seviyesinde sıkışmış olabilirsiniz demektir ve burası değişim tohumlarının büyümesi için hiç de uygun bir zemin değildir. Bu kitapta verilen bilgilerin amacı bir problem olduğunun farkına varılmasından hareket ederek, sonraki önemli adımlara geçmeye yardımcı olmaktır. İlk adım: Bağımlılık probleminizi tanımak ve bunun üzerinde kontrol sağlamak.

ÇALIŞMA 1-A: Tanıma

Bağımlı sevgi ifadesini ilk duyduğunuz anı hatırlayın. Şimdi, aşağıdaki soruları okuyun ve sonrasında gözlerinizi kapatarak cevapları gözünüzde canlandırın.

1. Sevgi bağımlılığı ifadesini ilk duyduğunuzda ne düşünmüştünüz ve ne hissetmiştiniz?
2. Sizi bağımlı sevgi hakkında bir kitap okumaya iten nedir?
3. Okumaya başlamakla ilgili tereddütleriniz oldu mu?
4. Eğer tereddütleriniz olduysa bunlar nelerdir?
5. Bu kitabı okuduktan sonra ne yönde değişeceğinizi düşünüyorsunuz?

Değerlendirme Çalışması:

Bağımlı sevginizin derecesini tespit etmek

Bu çalışma kendinizi ya da ilişkinizi sevgi, aşk ve seks bağımlılığı açısından değerlendirmenize yardımcı olacaktır. Bağımlı özellikler ne kadar azsa, ilişki ve hayatınızın kalitesi o kadar yüksek olacaktır.

ÇALIŞMA 2-A: İlişkinizi Nasıl Değerlendirirsiniz?

Geçmişteki ya da şu anki ilişkinizi göz önünde bulundurarak, dikkatli bir şekilde önce sevgi bağımlılığının, sonrasında sağlıklı sevginin işaretlerini okuyun. Şu derecelere göre her iki kategori için değerlendirmenizi yapın: 0=Asla; 1=Nadiren; 2=Bazen; 3=Sıkça; 4=Neredeyse her zaman; 5=Her zaman.

Sevgi Bağımlılığı	**Sağlıklı Sevgi**
— Tamamen tükenmiş hisseder.	— Bireyselliğe izin verir.
— Benlik sınırlarını belirlemede sorun yaşar.	— Eşiyle beraber ya da ayrı olduğu zamanların tümünün tadını çıkarır.
— Sadomazoşist öğeler taşır.	— Her iki eşin de en iyi özelliklerini ortaya çıkarır.
— Oluruna bırakmaktan korkar.	— Sonları kabullenir.
— Risk, değişim ve bilinmeyenden korkar.	— Değişime ve keşfetmeye açıktır.
— Kişisel gelişimi sınırlıdır.	— Eşlerin gelişimini davet eder.
— Gerçek anlamda yakınlaşamaz.	— Gerçek yakınlığı deneyimler.
— Psikolojik oyunlar oynar.	— İstenilen şeyi dürüstçe talep etmekte kendini özgür hisseder.
— Karşılığını bekleyerek verir.	— Hem vermeyi ve hem almayı sever.
— Eşini değiştirmeye çalışır.	— Eşini değiştirmeye ya da kontrol etmeye çalışmaz.
— Kendini bir bütün hissetmek için bir eşe ihtiyaç duyar.	— Eşini kendine yeterli olmaya cesaretlendirir.
— Kendi dışında çözüm arar.	— Kendisinin ve eşinin sınırlarını kabul eder.
— Koşulsuz sevgiyi ister ve bekler.	— Koşulsuz sevgi için ısrar etmez.
— Sorumluluğu reddeder ya da istismar eder.	— Sorumluluk alır ve buna saygı duyar.
— Onaylanmak ve değer verilmek üzere bir eşe ihtiyaç duyar.	— Yüksek özsaygıya ve iyi olma hissine sahiptir.
— Günlük ayrılıklarda bile terk edilmekten korkar.	— Eşine güvenir ve yalnızlığın tadını çıkarır.
— Benzer olumsuz hisleri sürekli tekrar canlandırır.	— Hislerini doğal bir şekilde ifade eder.
— Arzu eder ancak yakınlıktan korkar.	— Yakınlığı davet eder; kırılganlık riskini alır.
— Eşinin duygularını üstlenmeye çalışır.	— İlgilenir ama bağımsız kalır.
— Güç oyunları oynar. (Üstünlük sağlama)	— Kendisinin ve eşinin eşitlik ve kişisel gücünü kabul eder.

Şimdi her iki listenin puanlarını toplayın ve her bir sütun için sayısal bir ortalama elde edebilmek üzere bu puanı yirmiye bölün. İlişkiniz, sağlıklı özelliklerden çok, sorun belirtilerine mi sahip?

Arkadaşlarınız, iş arkadaşlarınız ya da akrabalarınız ile sağlıksız ilişkiler üzerinde düşünün.

ÇALIŞMA 2-B: Aşk Bağımlılığının Değerlendirilmesi

Geçmişteki ya da şu anki aşk ilişkinizi düşünerek, dikkatlice aşk bağımlılığının belirtilerini okuyun, sonrasında puanlama cetvelinden yardım alarak ilişkinizin puanını hesaplayın. Puanlama şu şekildedir: 0=Asla; 1=Nadiren; 2=Bazen; 3=Sıkça; 4=Neredeyse her zaman; 5=Her zaman. Eğer bir aşk ilişkisi içerisinde değilseniz ve sadece bunun hayaliyle yaşıyorsanız, aşağıdaki belirtilere göre kendinizi değerlendirip puanınızı hesaplayabilirsiniz.

Aşk Bağımlılığının Belirtileri

— 1. Saplantı

— 2. Derin kıskançlık

— 3. Sahip olma isteği

— 4. Depresyon ve melankoli

— 5. Zehirli düşüncelere bağlılık

— 6. Yüksek endişe

— 7. Aşkın hayatın akışına engel olması

— 8. Mükemmelleştirilmiş aşkın sınırlarında yaşamak

— 9. Abartılı fantezi dünyası

— 10. Romantik, dramatik ya da coşku içeren eğlence seçimi

— 11. Aşk objesini takip etmek

— 12. Hayal peşinde koşmak
— 13. Sürekli baskılarla aklı çelinmek
— 14. Karşılık görmeye özlem duymak
— 15. Aşk objesi uzaklaştığında ortaya çıkan gerileme belirtileri
— 16. Arkadaşlar ve ailenin endişelenmesi.
— 17. Uygun olmayana ya da kötüye takılıp kalma
— 18. Hayal kırıklığı yaratan sonuçlar
— 19. Gerçeğin tahrif olması
— 20. Melodram

Şimdi puanları toplayarak yirmiye bölün ve bu şekilde sayısal bir ortalama elde edin.

Not: Eğer elde ettiğiniz aşk bağımlılığı ortalaması iki buçuktan büyükse bu kitaptaki tüm çalışmaları yaptıktan sonra bu testi tekrarlamanızı öneririm. Eğer yine puanınız 2,5'tan büyükse, aşk bağımlılığını anlayan bir danışmana başvurun. Eğer ortalamanız 2,4 ya da daha azsa bu bölümdeki çalışmalara odaklanın ve puanınızı düşürmeye çalışın.

ÇALIŞMA 2-C: Seks Bağımlılığının Tespiti

Cinselliğinizi kullanmaya, suiistimal etmeye ya da seksi dürtüsel bir şekilde kullanmaya yatkın olup olmadığınızı anlamak için aşağıdaki seks bağımlılığı belirtilerine puan verin. Eğer bir ilişkiniz varsa ve eşinizin seksi dürtüsel olarak kullandığını sorguluyorsanız, bu durumda eşinize puan verin. Bu gerçekten bir hayat kurtarabilir. Puanlama şu şekildedir: 0=Asla; 1=Nadiren; 2=Bazen; 3=Sıkça; 4=Neredeyse her zaman; 5=Her zaman.

Cinsel Bağımlılığın/Zorunluluğun Belirtileri

— 1. Düzeltmek, kaçmak ya da başa çıkmak için seksi kullanmak

— 2. Cinsel davranışlardan kaynaklanan negatif sonuçlar

— 3. Cinsel aktiviteye bağlı olarak ruh hâlinde meydana gelen değişiklikler

— 4. Olumsuz sonuçlara rağmen kendini durduramamak

— 5. Cinsel aktivitelere yönelik plan yapmak, elde etmek ve iyileşmenin hayatın büyük bir bölümünü alması

— 6. İlişki veya işin kaybedilme riski

— 7. Davranıştan dolayı suçluluk ve utanç duymak

— 8. Yüksek risk içeren ya da yıkıcı davranışlar sergilemek

— 9. Tahmin edilebilir döngü içine girmek

— 10. Aynı hazzı yaşamak için daha fazlasına ihtiyaç duymak

— 11. Ailevi ve manevi değerlere ters düşmek

— 12. Yalanlamak, özür bulmak, savunmak ve davranışı azaltmak

— 13. Cinsel özlemler

— 14. Kaygılanmak

— 15. Gizli ya da ikili bir hayat yaşamak

— 16. Geçmiş travmaları hissetmek ya da hissetmemek için seksi kullanmak

— 17. Diğerlerini cinselleştirmek

— 18. Başkalarının güvenine ihanet etmek

— 19. Yersiz cinsel davranışlarda bulunmak

— 20. Cinsel mutluluk için başkalarını kullanmak ve istismar etmek

Şimdi puanları toplayarak yirmiye bölün ve bu şekilde sayısal bir ortalama elde edin.

Not: Eğer elde ettiğiniz seks bağımlılığı ortalaması iki buçuktan büyükse bu kitaptaki tüm çalışmaları yaptıktan sonra bu testi tekrarlamanızı öneririm. Eğer yine skorunuz iki buçuktan büyükse seks bağımlılığını anlayan bir danışmana başvurun. Eğer ortalamanız 2,4 ya da daha azsa bu bölümdeki çalışmalara odaklanın ve puanınızı düşürmeye çalışın.

ÇALIŞMA 2-D: İlişki Bağları

Aşağıda sizi şimdiki eşinizle ya da daha önceki eşinizle birbirinize bağlayan farklı bağlantı bölgelerini gösteren listeyi inceleyin. En yüksek değer 10 olacak şekilde 0-10 arası bir puan vererek, aşk ilişkinizi derecelendirin.

Bağlantı Bölgesi	**Puan**
• *Fiziksel* (çekicilik ve sevginin derecesi; cinsel ilişkinin kalitesi, fiziksel beslenme)	———
• *Duygusal* (Dışa vurumun, iletişimin, eşler arası desteğin, duygusal güvenin derecesi)	———
• *Sosyal* (Arkadaşlar ve aile ile karşılıklı uyum, sosyal hayatın kalitesi)	———
• *Zihinsel* (Fikir/bilgi alışverişinin kalitesi; karşılıklı problem çözme; fikir ve görüşlerin paylaşılmasının kabulü)	———

- *Davranışsal*

  (Eşlerin birbirlerine davranışlarının kalitesi ve anlaşmazlıkların giderilmesi; bireysel farklılıkları destekleme) ______

- *Ruhsal*

  (Karşılıklı değer ve tutumlar; bireysel gelişimin desteklenmesi) ______

Eğer puanlamada bir ya da birden fazla sıfır varsa, ilişki büyük olasılıkla bağımlıdır; eğer tüm çalışmaya yönelik puanınız dört ya da daha azsa ilişkinin dikkatle değerlendirilmesine gerek vardır.

ÇALIŞMA 2-E: Kendimi Nasıl Seviyorum?

Özeleştiriniz, ilişkinizde çok anlamlı bir rol oynar. Kendinize olan saygınız ne kadar yüksekse, ilişkileriniz de bir o kadar sağlıklı olur. Bu çalışma içerisindeki soruları cevaplayarak, özsaygınızın seviyesi hakkında daha fazla bilgiye sahip olacaksınız. Sorulara en yüksek değer 10 olacak şekilde 0-10 arası bir puan vererek kendi puanınızı belirleyin:

1. Kendinizi ne kadar seviyorsunuz? ______
2. Çocukken, annenizin sizi ne kadar sevdiğini düşünürdünüz? ______
3. Çocukken, babanızın sizi ne kadar sevdiğini düşünürdünüz? ______
4. Büyürken arkadaşlarınızın sizi ne kadar sevdiklerini düşünürdünüz? ______
5. Kendinizi daha fazla sevmek ister misiniz? ______

6. Çevrenizdekilerin onayını almak sizin için ne kadar önemli? _____
7. Eşinizin sizi ne kadar sevdiğini düşünüyorsunuz? _____
8. Hiç kendinizi daha fazla sevdiğiniz oldu mu? Olduysa, sebep neydi ve ne zamandı? ____________________
9. Hiç kendinizi daha az sevdiğiniz oldu mu? Olduysa, sebep neydi ve ne zamandı? ____________________

ÇALIŞMA 2-F: Güç Oyunları

Aşağıda göreceğiniz güç oyunları genellikle bağımlı ilişkilerde ortaya çıkar. İlişkinizde bu belirtilerin olup olmadığını gözden geçirerek varacağınız sonuca göre, her bir güç oyununun yanına cevap olarak "evet" ya da "hayır" yazın.

Güç oyunları bağımlı sevginin bir özelliği olduğundan dolayı, sorulara vermiş olacağınız tek bir evet cevabı bile ilişkinizde ufakta olsa bir sorun olduğuna işaret eder. "Evet"lerin fazla olması ise ilişkinizdeki zararlı faktörlerin giderilmesi yönünde daha fazla özen göstermeniz gerektiğine dair bir uyarıdır.

Yaygın Güç Oyunları

— Öğüt vermek ama almayı kabul etmemek
— Destek ve sevgi istemekte zorluk çekmek
— Emirler vermek, başkalarından çok fazla şey talep etmek ve beklenti içinde olmak
— Sürekli "ödeşmek" istemek ya da başkalarının gurur ve güçlerini azaltmak
— Yargılayıcı olmak, başkalarının başarılarını sekteye uğratacak şekilde aşağılamalarda bulunmak, kusur bulmak, rahatsız etmek, cezalandırmak

— Başkalarından bir şeyler gizlemek, başkalarının istediği ya da ihtiyacı olan şeyleri vermemek

— Verdikleri sözü tutmamak, başkalarının önce bize güvenmesini sağlamak sonra da güvene ihanet etmek

— Başkalarını, gereğinden fazla ilgilenerek boğmak

— Bir partneri önemli, diğerini önemsiz olarak konumlandıracak, himaye edecek ve küçümseyecek davranışlarda bulunmak, korkutmak

— Başkaları adına karar vermek, problem çözmede başkalarının yeteneklerini yok saymak

— Başkalarını, içinden çıkılamayacak durumlara sokmak

— Başkalarını değiştirmeye çalışmak (ve kendini değiştirme konusunda isteksizlik)

— İnsanlara en savunmasız anlarında saldırmak

— Bağımlılık karşıtı bir durum sergilemek: "Sana ihtiyacım yok"

— Gözdağı ve şantajcı davranışları, tehditleri kullanmak

— Kaba ya da öfkeli tutumlar sergilemek, kin tutmak

— Diğer insanları sözlü, duygusal, cinsel ve fiziksel olarak taciz etmek

— Agresif olmak ve bunu doğal bir durum olarak tanımlamak

— Kazanma ya da haklı olma ihtiyacı

— Başka bir kişinin yolunu inatçı bir şekilde kesmek ya da engel olmak

— Hataları kabul etmede ve özür dilemekte zorluk yaşamak

— Sorulara direkt olmayan kaçamak cevaplar vermek

— Yukarıdaki davranışlardan herhangi birini savunmak

Karar Çalışmaları:

Bağımlılıktan kurtulmak için kişisel gücünüzü kullanmak

İlişkinizi değerlendirdiniz ve artık herhangi bir soruna yönelik belirtiye rastlarsanız nasıl bir karar alacağınızı biliyorsunuz. Az ya da aşırı boyutta olsun, eğer seks ve aşk yönünden bir bağımlılığınız olduğunu keşfederseniz, durumu aynı olduğu şekilde devam ettirme ya da değişmek için çabalama yönünde bir karar vermek zorundasınız.

Not: Eğer dürtüsel alışkanlıklarınızı bitiriyorsanız, başlangıçta kendinizi daha da dürtüsel davranıyor hissedebilirsiniz. Sağlıksız bir bağımsızlığı terk ederken ihtiyaç hissi artabilir. Bir aşk ya da seks bağımlılığını terk ederken ise gerileme belirtileri yaşarsınız. Bunlar sürecin yolunda gittiğinin işaretleridir.

ÇALIŞMA 3-A: Bağımlı Sevginiz Size Ne Veriyor?

Problemli ilişkilere ya da seks ve aşk bağımlılıklarına takılıp kalırız çünkü bize herhangi bir evrede bir şekilde hizmet ederler. Ya özsaygı ve güvenlik hislerini kazanmamıza yardımcı olurlar ya da bize aidiyet hissi; mutluluk, rahatlık ve başarı; korkudan kurtulma ya da hayatımıza bir anlam verirler. İlişkilerinizin ya da bağımlılığınızın size ne verdiğini ya da sizi nasıl koruduğunu dikkatli bir şekilde düşünün. Bu soruyu uzunca bir değerlendirme sonucunda cevapladıktan sonra, hayatınızdaki bir kişi, aşk ya da seksle olan mevcut ilişkinizden elde etmekte olduğunuz ikincil kazançların bir listesini yapın. Cevaplarınızda dürüst olmaya özen gösterin.

Şimdi bağımlı ilişkiniz ve özellikleri üzerinde yoğunlaşabilmenize yardımcı olacak bir takım alışkanlıklara yer vereceğiz. Bunlara, geçmişteki ilişkinizde nasıl davrandığınıza dayanarak cevap verin. İlişkinize ait bir sembolü önünüze koyun. Mesela sevdiğiniz kişinin fotoğrafı ya da bu kişiden bir hediye. Yavaşça şu sözleri tekrarlayın: "Ben (isminiz), sana (partnerinizin ismi) beni bir bütün yapacak gücü veriyorum. Ben sensiz yarımım. Sen bana (ikincil kazançlarınızı yazın) veriyorsun ve benim güvenlik, duyarlılık ve güç gibi ihtiyaçlarımı tatmin ediyorsun. Gücümü sana bırakıyorum, beni bir bütün yapman karşılığında sana istediğin her şeyi vereceğim. Eğer benden uzaklaşırsan, kalman için elimden gelen her şeyi yapacağım."

Şimdi, kişisel gücünüzü geliştirecek bir ritüel uygulayalım. Yine karşınıza sevdiğiniz kişiye yönelik bir sembol koyun ve şunları söyleyin: "Ben (isminiz), senden (partnerinizin ismi) Tanrı'nın bana bir hediyesi olan kişisel gücümü geri alıyorum. Artık biliyorum ki dolu, tam ve başarılı bir hayat yaşamak için gerekli her şey benim içimde mevcut. Artık inanıyorum ki hayatta ihtiyacım olan şeyler (tekrar ikincil kazançlarınızı listeleyin) benim için ilişkimizden bağımsız olarak varlar. Seni daha fazla bastırmaya çalışmayacağım. Kibarca ve çok kolay bir şekilde gitmene izin veriyorum. Ben gelişirken, öğrenirken ve doğuştan gelen haklarımı talep ederken, yaptığın beni tamamlama girişimlerine teşekkür ederim. Eğer seni hayatıma katmaya karar verirsem, bu seçimim sevgimden olacaktır, korkumdan değil."

Şimdi aynı çalışmayı son cümlesini çıkararak bağımlı seks ya da bağımlı aşk ilişkiniz için yapın. Hangi ritüel size doğru geliyor ve neden?

ÇALIŞMA 3-B: Bırakma Zamanını Nasıl Anlarım?

Aşağıdaki göstergelere bakarak, bunların içinde sizin mevcut ilişkinize veya zihinsel ya da duygusal olarak takılı kaldığınız ilişkiye uyanlar var mı, varsa belirleyin.

1. İlişkideki bir taraf kendini geri çekmeye başlar.
2. İlişkide kendinizi artık güvende hissetmemeye başlarsınız.
3. Kimyasal haz ya da heyecan geçtiğinde eşinizle kesinlikle uyumlu olmadığınızı görürsünüz.
4. Karşınızdaki kişinin daha derin bir arkadaşlık ya da ilişki isteği bulunmaz.
5. Yanlış insanı seçtiğinize dair birçok işaretin farkına varırsınız.
6. İlişkiye eşinizden daha fazla enerji harcarsınız.
7. Sorunları konuştuğunuzda karşınızdaki kişi savunmaya geçer ya da geri durur.
8. İlişkideki sorunlar yüzünden siz suçlanırsınız.
9. Durgunlaşırsınız.
10. Karşınızdaki kişiyi sıkıcı bulursunuz.
11. Sezgileriniz artık harekete geçmenin zamanı geldiğini söyler.
12. Karşınızdaki kişi size bittiğini söyler.

ÇALIŞMA 3-C: Bırakmak

Bırakmak, hayattaki en zor işlerden biridir. Eğer bir ilişkiyi bitirmek önemliyse, işte size yardımcı olabilecek bazı öneriler:

1. Size destek olabilecek insanlar bulun. Onlardan size, bu ilişkinin ya da bağımlılığın hemen bitmesi gerektiğinin neden önemli olduğunu hatırlatmalarını isteyin.
2. Bir gün boyunca kendinize şunu söyleyin: "Belki bir hayat boyu yapamayacağım bir şeyi bugün yapabilirim" ya da "Bugünü huzurlu geçireceğim."
3. Anında durdurma metotlarını kullanın, mesela kendi-

nize şöyle söyleyin: "Bu düşünce, his, davranış ilgimi çekmiyor. Bu saplantıdan hemen vazgeçeceğim."

4. Günde birkaç defa derin nefes alıp verin, fiziksel egzersiz ve meditasyon yapın.
5. Sizin için doğru olan kararı verdiğinizi ve dürtüsel davranan benliğinize yenilmeyeceğinizi kendinize hatırlatın. Şunu tekrarlayın: "Korkumu yenmek için ihtiyacım olan her şeye sahibim" ya da "Şu an beni ilgilendiren tek şey bu ilişkiye bir son vermek."
6. Size geçmişi hatırlatan boşlukları doldurmak için yeni alışkanlıklar yaratın.
7. Hevesli olduğunuz bir şey bulup bunu yapmaya başlayın.
8. Fotoğraf, hediye ve müzik gibi size o kişiyi hatırlatan her şeyden kurtulun. Bu gibi şeyler acı ve saplantıyı tetiklediğinden dolayı en azından şimdilik bunu yapmanızda fayda olacaktır. Seks bağımlıları tüm tetikleyicileri yok ederler ya da saklarlar.
9. Başkalarına verici olmak için yollar bulun. Farklı yerlerde çalışmak için istekli olun.
10. Birlikte olmaktan mutlu olduğunuz, sizi yargılamayan ve size öğüt vermeye çalışmayan aile üyeleri ya da arkadaşlarınızla vakit geçirin.
11. Eğer acı duyarsanız, inkârın sizi hasta edeceğini bilerek bu acıyı kabullenin. Kaybınızdan dolayı acı çekmenize izin verin ve bunu uzatarak geçmişe bakmayın. Acıyı akıllıca kullanmayı unutmayın ve kendinize şöyle deyin: "Bu iyileştirici bir acı ve beni daha iyi edecek."
12. Eğer daha kötüleşir ya da bu durum iki hafta gibi bir süreyi aşarsa hemen bir terapiste başvurun.

Keşfetme Çalışmaları:

Kişisel korku, masal ve yaşadığınız travmaları incelemek

Kişisel gücünüzü sağlıksız aşk ve seks bağımlılığından kurtarmaya ya da eşiniz üzerindeki sözde kontrolden vazgeçmeye bir defa karar verdiniz mi, bağımlılığınızın karmaşık nedenlerini incelemek önemlidir.

Sıklıkla bir şey istediğimizden bahsederiz ama bir yandan da başka bir şey yaparız. Bunun nedeni, yaptıklarımızın bilinçaltımızda bizim için anlam ifade etmesidir. Bundan dolayı, hiç kolay olmasa da bağımlı ilişkilerinizin altında yatan korku ve masalları keşfetmeli ve seçimlerinizdeki kişisel sebepleri ortaya çıkartmalısınız. Birçok bağımlı davranış, çocukluk ya da ergenlikte yaşanmış ve sonradan unutulmuş veya bastırılmış travmalardan kaynaklanır. Her ne kadar bu gibi deneyimler bilincimizden uzaklaştırılmış olsa da bunlar kararlarımızı ve geçmişe yönelik izlenimlerimizi büyük ölçüde etkilerler.2

Sıradaki çalışmalar kendinizi keşfetmeye itmek için hazırlandı. Bilinçli ve bilinçsiz inançlarımızı anlayana kadar, değiştirmeyi istesek bile alışkanlık hâline getirdiğimiz davranışlara duygusal olarak bağımlı kalacağız. Bir davranışı *durdurmaya* çalışmak bir şey, onu *anlamak* başka bir şeydir. Bu, davranışın nasıl ortaya çıktığının bulunmasını gerektirir.

ÇALIŞMA 4-A: Sonuçsuz Diyalog

Kişisel değişime yönelik çelişki, kendimizi geliştirmek için sahip olduğumuz kuvvetli arzuya rağmen değişimden korkmamız ve ona direnç göstermemizdir. En önemli ilişki içimizde kendimizle olandır. Bazen bilinçli olarak seçilmiş yeni bir karar, tasdik ya da davranış, eski ve bilinçsiz bir inancı kışkırtır ve iç çatışma ortaya çıkar: "Bu ilişkiyi bitirmek istiyorum ama değişmek istemiyorum." Eğer böyle bir durum ortaya çıkarsa, zihinsel bir çıkmazdasınız demektir. Bu, sorunun çözümüne imkân tanır. Kendinizi aklı karışmış, tedirgin ve kararsız hissedersiniz. Bu durum sonuçlanana kadar kendinize bir mektup yazmak harika bir çözüm yoludur. İşte bunu yapmanızda size yardımcı olacak bir yol:

1) İçtenlikten korkan ya da değişime karşı koyan tarafınızdan, sevgi dolu yakın ilişkileri arzulayan ve değişime hazır tarafınıza bir mektup yazın ve şunları söylemesine izin verin:
   a) Bu korkan ve direnen ben, neden burada
   b) Nereden geliyorum; hangi tecrübeler, travmalar ve dersler sonucunda şimdiki inançlarım ve davranışlarım ortaya çıktı.
   c) Bir arkadaş ve koruyucu olarak nasılım
   d) Değişmek için neye ihtiyacım var
2) Şimdi, değişime ve olgun içtenliğe hazır olan diğer tarafınızla cevap verin:
   a) Korkan ve bağımlı tarafınıza, size sağladıkları için teşekkür edin.
   b) Değişimin neden gerekli olduğunu söyleyin
   c) Eğer bu değişim olmazsa sonuçlarının neler olabileceğinden bahsedin
   d) İhtiyaçların sağlıklı yollardan nasıl karşılandığını anlatın

ÇALIŞMA 4-B: Öğrenilmiş Çözümler

Şimdi göreceğiniz sorular sosyal eğitiminiz ve bunun mevcut ilişkiniz üzerinde oynadığı rolü anlamanıza yardım edecek.

1) İlişkinizdeki en önemli sorunu yazın.
2) Aşağıdaki soruları cevaplayın:
   a) Anneniz aynı sorunu yaşadığında, bunu nasıl çözdü ya da çözerdi?
   b) Babanız aynı sorunu yaşadığında, bunu nasıl çözdü ya da çözerdi?
   c) Çözümleri etkili olur muydu?
   d) Ebeveynlerinizden daha çok hangisine benziyorsunuz?

ÇALIŞMA 4-C: Öğrenilmiş Cevaplar

Şimdi, hayatınızda sizin için önem taşıyan aile büyüklerinin içinde olduğu bir aile kutlaması ya da toplantısı canlandırın gözünüzde. Çocuk gözüyle büyükleri dikkatli bir şekilde inceleyin. Bu gözleme ve sezgilerinize dayanarak sevgi, ilişkiler, güç, erkek ve kadın ile ilgili düşünceleriniz nedir? Aşağıdaki başlıkları, bu deneyiminize dayanarak doldurun.

1. Sevgi ....dir.
2. İlişkiler .... dir.
3. Kadınlar ....dir.
4. Erkekler ....dir.
5. İlişkiler .... olmalıdır.
6. Güç...dir.
7. Seks ....dir.

Cevaplarınızı inceleyin. Sağlıklı sevgiyi mi yoksa bağımlı sevgiyi mi destekliyorlar? Bu inançlardan herhangi biri sizin yetişkin ilişkilerinizde ortaya çıktı mı? Sağlıklı sevgiyi desteklemek için bu inanç ya da yargıları nasıl değiştirirsiniz?

ÇALIŞMA 4-D: Biten İlişkilerle Başa Çıkmak

Bu çalışma derinliklerinizde yer alan masal ve inançları anlamanıza yardım edecek.

Anlayana kadar tüm çalışmayı okumaya devam edin. Birkaç kez derin nefes alarak rahatlayın. Gözlerinizi kapatarak çalışmaya başlayın. Zihninizde beliren görüntüleri zorlamaya çalışmayın, bırakın kendiliklerinden ortaya çıksınlar. Unutmayın bu görüntüler söz, resim ve his ya da aynı anda bunların üçü de olabilir. (Eğer isterseniz size bu çalışmada yol göstermesi için bir arkadaşınızdan yardım alabilirsiniz.)

Cevaplarınızı kafanızda görsel olarak canlandırdıktan sonra bunları yazın. (Eğer birden fazla kötü hissiniz varsa, her biri için çalışmayı ayrı olarak tekrarlayın.)

Mevcut ilişkinizde en çok tekrarlanan tatsız hissi düşünün. Bu; endişe, yalnızlık, korku, reddedilme, kızgınlık ya da sıkıntı olabilir mesela. Şimdi kafanızda, sizi böyle hissettiren anı canlandırın.

Zihin gözünüzle, bu görüntüyü sanki bir televizyon karesinden izliyormuş gibi inceleyin. İçinde kim var? Olan ve olmayan ne? Neler söyleniyor? Kendiniz, diğerleri ve hayatla ilgili ne düşünüyor ve söylüyorsunuz? Görüntü devam ederken olumsuz düşüncelerinize dikkat edin. Bu görüntüde sizin elde edemediğiniz şey ne? Bu durumun ortaya çıkmasıyla kendinizi nasıl avutuyorsunuz?

Şimdi, aynı kötü duyguyu hissettiğiniz çocukluğunuzda bir ana dönün (tercihen altı ve daha küçük bir yaşa dönün.) Görüntüyü canlandırın. Kendinizi zorlamayın, yavaşça ortaya çıkmasını bekleyin. Eğer canlandırmakta zorlanıyorsanız, içinde ebeveynlerden birinin ya da önemli bir aile büyüğünün bulunduğu başka bir görüntü yaratın. Görüntüyü inceleyerek detayları fark edin. Aynı şekilde görüntüde kimlerin bulunduğuna, neler olup olmadığına ve neler söylendiğine dikkat edin. Neden kendinizi kötü hissettiğinizi anlamaya çalışın. Bu hissinizle ilgileniyor musunuz? Tüm bu deneyim boyunca alamadığınız neye ihtiyaç duyuyorsunuz? Kendinizi korumak için ne yapıyorsunuz? Gizli cevabınız ne? Bu görüntünün ışığında kendiniz, diğerleri ve hayat hakkındaki düşünceniz ne?

Şimdi dikkatlice iki görüntüyü birlikte ele alın; benzerliklerini ortaya çıkarın. Eğer çocukluk görüntüsünü değiştirerek kendinizi, diğerlerini ve hayatı iyi hissetme imkânınız olsaydı, diğer görüntü nasıl değişirdi? Eğer çocukluk görüntüsü farklı olsaydı, diğer görüntü nasıl farklılaşırdı? Hepsini düşünerek bu soruların cevaplarını yazın.

ÇALIŞMA 4-E: Travma Çalışması

Üçüncü bölümdeki dört çeşit travmayı hatırlayın. Bunlara göre, yaşadığınız travmaları listeleyin. Kendinizi hatırlamaya zorlamayın. Her travmayı yazdıktan sonra size ne gibi bir etkisi olduğunu not edin; bununla başa çıkmak için ne yaptınız; bu mücadele kalıbı hayatınızda, ilişkilerinizde, dürtüsel alışkanlıklarınızda nasıl devam etti ve neyi değiştirmek istediniz? Eğer rahatsızlık hissi artarsa, bir terapistle görüşün.[3]

Çalışmaya nasıl başlayacağınıza yönelik örnekleri aşağıda bulabilirsiniz.

Eksiklik Travması:

Kim/Ne: Anne ve babam bana hayatı anlatmadı ve ben onlarla problemlerimi paylaşmak istediğimde beni dinleyemeyecek kadar meşguldüler.

Korkular/İnanç yapısı/Davranışlar: Güvenmekten korkuyordum. Her şeyi kendi başıma çözmem gerektiğine inanmaya başladım ve kendimi yalnız hissettim.

Başa Çıkma: Hayal kırıklıklarımı içime gömdüğüm için acılarımla başa çıkabilmek için içki içmeye başladım.

Bu travma ilişkilerde nasıl tetiklenir: Birisi benim ihtiyaçlarımı dikkate almadığında kendimi önemsiz hissediyorum.

Değişme İsteği: Alkol bağımlılığıma son vereceğim. Risk alarak hislerimle ilgili konuşacağım.

Eylem Travması:

Kim/Ne: İlkokul öğretmenim beni bütün sınıfın önünde azarladı ve hiçbir değerim olmadığını söyledi.

Korkular/İnanç yapısı/Davranışlar: Mevki sahibi insanlardan korkmaya başladım. Hayatta başarılı olamayacağımı düşünmeye başladım ve kendimi yetersiz hissettim.

Başa Çıkma: Sessizleştim, eğer hiç konuşmazsam aptalca bir şey söylemeyeceğim düşüncesini yarattım.

Bu travma ilişkilerde nasıl tetiklenir: Önemli biri söylediklerimi dinlemez ya da sözümü keserse kendimi aptal hissederim.

Değişme İsteği: Kişiliğimle ilgili kusurları yok etmeye çalışacağım ve üzerimde güç sahibi olmalarına izin vermeyeceğim.

Şok Travma:

Kim/Ne: Altı yaşımdayken bir ameliyat oldum, çok korkutucuydu. Kimse bana neler olduğunu açıklamadı.

Korkular/İnanç yapısı/Davranışlar: Kendimi korkmuş ve terk edilmiş hissettim. Güçlü olmak zorunda olduğuma karar verdim.

Başa Çıkma: Asla korkmadığımı söyleyerek cesur görünmeye çalıştım. İlişkilerde bir korku yaşadığım zaman bunu yoksaydım.

Bu travma ilişkilerde nasıl tetiklenir: Yaptığım bir şeyden dolayı birisi bana sinirlendiğinde kendimi zayıf hissederim ve ağzımı açamam.

Değişme İsteği: Korkularımı kabul etmek ve kendimi güvende hissedene kadar sorgulamak istiyorum.

Travma Sonrası Stres Durumu:

Kim/Ne: Okuldaki en yakın arkadaşımın araba çarparak ölmesine tanık oldum. Hâlâ daha o günle ilgili kâbuslar görürüm.

Korkular/İnanç yapısı/Davranışlar: Hiç başka yakın arkadaşım olmadı, böylelikle onlara bir şey olursa incinmeyeceğim. Hep mesafeli davranırım, sanki bir yabancı gibiyimdir.

Başa Çıkma: Soğuk dururum. O zamandan beri hiç başka yakın arkadaşlık kurmadım.

Bu travma ilişkilerde nasıl tetiklenir: Bana yakınlaşmak isteyen biri olduğunda kendimi köşeye sıkışmış ve gergin hissederim ya da kaçarım.

Değişme İsteği: Bu ıstırabıma bir son vereceğim ve onları bir gün kaybetme olasılığı olduğunu bilerek yeni arkadaşlıklar kurmaya çalışacağım.

Yeniden Programlama Çalışması:

Eskinin gitmesine izin vermek ve yeniyi kucaklamak

Bağımlı sevgiden kurtulmak için gerekli süreci aşağıdaki listede görebilirsiniz.

1. Hayatınızdaki olaylarla yüzleşin ve ilişkinizde sahip olduğunuz rolü dürüstçe değerlendirin.
2. Değişime direnç göstermek ikincil ihtiyaçlarınızın karşılanmayacağı korkusuna dayanır.
3. Sorunlarınızın çözümü için bir mucize ya da dışarıdan bir çözüm aramaktan vazgeçin.
4. Bağımlılığa neden olan inanç ve davranışları destekleyen korkularınızı, kendinize verdiğiniz sözleri ve eski düşüncelerinizi dikkatle yeniden inceleyin.
5. Olumsuz deneyimlerinizi tekrar programlayın.

Olgun sevgi için sizi bağımlı davranışlara iten içsel inançlarınızı değiştirmeniz gerekir. Davranış değişikliğinde kalıcı sonuçlar elde etmek için, içsel yasaklar ve yanlış inançlar kökten tersine çevrilmelidir. Mevcut ilişkinizin neden bilinçaltınıza bir anlam ifade ettiğini ve bu ilişkileri nasıl geliştireceğinizi öğrenirken, bütün bu düşünceler ve yaşadıklarınızın bir toplamı olduğunuzu unutmayın. Bu düşünce ve deneyimler siz farkında değilken bile sonuçlar doğurur. Bundan dolayı içsel programınız üzerinde biraz kontrol kazandığınızda, değişimler daha kolay ve kalıcı olur. Derin bir inançtan vazgeçmenin büyük üzüntüye sebep olacağını unutmamalısınız. Ama bu acı dinecek ve yeni inançlar bu boşluğu doldurduğunda, üzüntü geçecektir.

ÇALIŞMA 5-A: Kendi Anne Babanız Olmayı Öğrenmek

Kendi kendine ebeveynlik yapmak ne demektir? Kendi kendinizin içten, sevgi dolu, koruyucu rehberi olmak demektir. Artık büyüdüğünüze göre, çocukluk ve ergenliğinizde kaçırdığınız bilgi ve mesajları artık kendinize verebilirsiniz. Bu çalışma, size bu harika bağımsızlığı kazanma yolunda rehber olacaktır.

Çalışmayı dikkatlice okuyun. Kendinizi rahatlatana kadar birkaç defa derin nefes alın. Gözlerinizi kapatın ve yeni doğmuş bir bebek olduğunuzu düşünün. Sahip olduğunuz masumluğu ve korunmasızlığı hissedin. Vücut faaliyetlerinizin ne kadar doğal olduğuna dikkat edin. Şimdi bu görüntüye bir yetişkin olarak kendinizi ekleyin ve bebeği kucaklayın, kalbinize yakın tutarak ona yavaşça şunları fısıldayın: "Hoş geldin. Burada olduğundan dolayı çok mutluyum. Uzun bir zamandır seni bekliyordum. Sana nasıl bakacağımı biliyorum, bilmediklerimi ise öğrenmek istiyorum. Neye ve ne zaman ihtiyacın olsa bunu alacaksın ve yeterli gördüğünde durabilirsin. Bir ihtiyacın olduğunda tek yapman gereken şey bana haber vermek için gürültü çıkarmak. Seni seviyorum!"

Bebeğe (yani kendinize) hakkı olan şeyleri yani dolu, zengin bir hayat ve sizin bunu desteklemek için neler yapacağınızı anlatın. Bunu yaparken dilediğiniz kadar zaman harcayabilirsiniz, acele etmeyin.

Bebeğe (yani kendinize) çocuk istismarı için neler düşündüğünüzü söyleyin. Onu istismar ettiğiniz ya da başkaları tarafından istismar edilmesine izin verdiğinize ne kadar pişman olduğunuzu anlatın. Özellikle sevgi ilişkilerinizde ve bağımlılıklarınızda olmasına izin verdiğiniz tüm istismar ve şiddeti ele alın. Ve tüm bu pişmanlıklarınızı hissetmek için istediğiniz kadar vakit ayırın. Unutmayın; istismar duygusal, zihinsel, ruhsal, cinsel ya da fiziksel olabilir.

Bebeğe (yani kendinize) şu andan itibaren ona sağlıklı sevgi ilişkileri sağlamak istediğinizi söyleyin. Ve içinizdeki bebeği dinlenmeye bırakmadan önce her zaman sevgi dolu bir ebeveyn olarak onun yanında olacağınızı söyleyin ve emin ellerde olduğunu ona hissettirin.

Şimdi bırakın bebek dinlensin, unutmayın bu bebek sizsiniz ve o hep sizin içinizde. Artık bebeğin ihtiyaçlarını karşılamak sizin elinizde.

Çalışmayı yaptıktan birkaç gün sonra, etkiyi artırmak için görebileceğiniz bir yere bir çocukluk ya da ergenlik fotoğrafınızı koyun. Günde birkaç defa çocuğun içinizde olduğunu ve onun problemlerini çözmek üzere hazır bulunan ebeveynin kendiniz olduğunu hatırlayın. Kendinize iyi bakın. İçinizdeki çocukla konuşun ve ona kendini sevmesi, bağımsızlık ve içtenlik kazanması için ihtiyacı olan şeyleri söyleyin.

ÇALIŞMA 5-B: Gelecekteki İlişkileriniz

Bu çalışma gelecekteki ilişkilerinizi gözünüzde canlandırmanıza yardımcı olacak. Çalışmayı dikkatlice okuyun. Birkaç defa derin nefes alın. Nefes alın, yavaşça dörde kadar sayın ve nefesinizi verin. Bunu beş kez tekrarlayın. Nefes verirken rahatsızlık hissini ve gerginliği dışarı atarak tamamen rahatlamaya çalışın. Bu, canlı bir hayal gücü elde etmenizi sağlayacaktır. Canlanacak görüntüler; görsel imajlar, sözler ve hisler olabileceği gibi bunların hepsini de içerebilir.

Çalışmayı zihninizde canlandırmada zorluk yaşıyorsanız şunu unutmayın; insanlar birçok farklı şekilde hayal kurar: Dinleyerek, görerek ve hissederek. Bunlardan size en kolay gelenle başlayın. Zamanla ve çalışmayla bu üç farklı yolun hepsini kullanabildiğinizi göreceksiniz.

Gözlerinizi kapatın ve DVD'si olan bir televizyon hayal edin. DVD'de iki adet disk girişi var. İlki oynamaya başlıyor. Bu sizin beş yıl sonraki hâlinizi gösteriyor, ilişkilerinizde ve hayatınızda hiçbir değişiklik yapmamışsınız. Aynı sorunu zaten şu an da yaşıyorsunuz. Bu görüntünün zihninize işlemesi için istediğiniz kadar bakın. Nasıl göründüğünüze bakın. Kendinizle ilgili ne hissettiğinize ve kendiniz, başkaları ve hayatla ilgili ne düşündüğünüze dikkat edin. Hayatınızda kimin eksik ve kimin var olduğunu düşünün. Sağlığınızı kontrol edin; hayatınızda yanlış giden şeylerle beraber bedeniniz ne hâlde? Bu görüntüleri tekrarladıkça ne hissediyor ve düşünüyorsunuz?

Şimdi bu görüntüleri bırakarak ikinci diski hayal edin. Çok farklı bir geleceği gösteriyor bu disk. Beş yıl sonrası ve her şey farklı. Hayatınız ve ilişkileriniz bir uyum içerisinde. Hep arzuladığınız sevgiden sizi alıkoyan çocukluk inançlarınızdan kurtuldunuz, sizi geriye götüren yıkıcı davranışlara bir son verdiniz. Bu görüntülere istediğiniz kadar bakın ve içinize işlemelerine izin verin. Nerede olduğunuza, nasıl göründüğünüze, nasıl hissettiğinize ve kendinizle başkaları hakkında neler düşündüğünüze yoğunlaşın. Hayatınıza nasıl bir yön veriyorsunuz? Bu görüntünün içinde olan ve olmayan kişiler kimler? Bedeninizin ve sağlığınızın durumunu keşfedin.

Bu yeni imaja tekrar ve tekrar bakarken ne hissediyorsunuz? Zihnimizdeki hayaller ve bedenimizdeki enerji çok yakın bir şekilde bağlantılıdır. Farkında olarak ya da olmayarak beslediğimiz hayaller geleceğimize katkıda bulunur. Genellikle ne düşünürsek o oluruz.

Eğer ilişkiniz sorunlu ve bağımlıysa ilk diskteki görüntüler uyarınca hareket ediyorsunuz demektir. Bunlar hislerinizi, tercihlerinizi ve eylemlerinizi etkiler. İkinci diskteki görüntüleri elde etmek için bu imajları güçlendirmeniz şarttır. Günde birkaç defa bu görüntüleri düşünün, ancak bu şekilde zihninize kazınırlar ve buradan bedeninizin her bir bölümüne iletilirler.

Bu imajları dikkatlice inceleyin. Bunları olabildiğince net bir şekilde tanımlayın ve her tekrar edişinizde daha da belirgin bir hâl almalarına izin verin.

Şimdi kendiniz ve ilişkileriniz için istediğiniz geleceği size hatırlatacak bir sembol seçin kendinize. Bu, gün içerisinde görebileceğiniz ya da kullanabileceğiniz somut bir obje olmalı. Elde etmek için çalıştığınız parlak geleceği hatırlamak için bu objeye sıklıkla bakın. Unutmayın olumlu imajlara ne kadar çok konsantre olursanız, eski imajlarınız yok olup gider ve geleceğiniz üzerinde daha az etkiye sahip olurlar.

ÇALIŞMA 5-C: İçinizdeki Ruhsal Rehberi Bulmak

Bu alıştırma, hepimizin içinde sevgi, bilgelik, tarafsızlık, acıma ve manevi aydınlanmanın barındığı, yüce bir benlik olduğumuz görüşünden yola çıkar. İçimizdeki ruhsal güç hayat ve ilişki problemlerimizi çözerken bize büyük bir yardım sunar. Ne yazık ki bu yüksek farkındalık hâli, bağımlılık eğilimlerimizi artıran daha düşük içgüdülerin yanında arka sıraya itilir. Gerçek, olgun sevgi, yüce benliğimizden doğar ve ancak bu ruhsal rehberi geliştirerek kalıcı sevgiye ulaşabiliriz.

Çalışma içerisinde yer alan fanteziyi yavaş bir şekilde okuyun. Rahatlayana kadar birkaç defa derin nefes alın. Havayı burnunuzdan çekip ağzınızdan vererek masumluğunuzu ve savunmasızlığınızı hissedin. Bunu bütün vücudunuz tamamen rahatlayana ve gerginlikten kurtulana kadar tekrarlayın. Gözlerinizi kapatın.

Kendinizi hazır hissettiğinizde, acele etmeden kendinizi bilgili, ilgili ve şefkatli bir rehber ya da manevi bir öğretmenle beraber hayal edin.

Rehbere, tercih ettiğiniz geleceğe sahip olabilmek için ne yapmanız gerektiğini ya da neyi terk etmeniz gerektiğini sorun. Cevabı bekleyin; eğer cevap netse rehbere teşekkür edin. Eğer net bir cevap alamadıysanız bunu elde edene kadar rehberle konuşmaya devam edin. (Cevabın cezalandırıcı bir ebeveyn görüntüsünden değil, bilgili ve manevi bir rehberden geldiğine emin olun.) Rehbere yol gösterdiği ve anlayışından dolayı teşekkür edin ve bu bilge cevaplar için istediğiniz zaman tekrar ona başvurabileceğinizi unutmayın. Bu farklı ve şefkatli rehberin kendi içinizde olduğunun farkına varın. Rehberden ayrılmadan önce ona bir armağan verin, arzu ettiğiniz geleceğe sahip olmak için vazgeçmeniz gereken şeyden isteyerek vazgeçtiğinizi sembolize edecek bir armağan.

ÇALIŞMA 5-D: Olumluyu Telkin Etmek

Hepimiz olumlu düşüncenin değişime faydası olduğunu biliriz. Bu yeni bir görüş değil. Modern psikoloji bir yana, bu görüşe duaların yaratıcı bir şekilde görselleştirildiği antik manevi öğretilerde de rastlanır. Kişi, başarısızlık ve umutsuzluk duygularını önlemeyi ve bunların yerine inanca dayanan mesajları koyar: "Her şey senin" (1 *Cor.3:21), "İnsan kendini ne şekilde düşünüyorsa öyle olur" (**Prov.23:7), ve "Hiçbir arzu karşılıksız kalmaz." (Halil Cibran).

Bilimsel açıdan bakıldığında bu pozitif süreç etki ve tepki olayı olarak açıklanır. Birey, tüm düşüncelerinin bir toplamıdır. Farkında olmadığımız zamanlarda bile bu gibi düşünceler eylemi belirler ve sonuçları etkiler. Aynı merkezden yayılan düşünceler olumlu ya da olumsuz olabilir.

Aşağıdaki çalışma pozitif düşünce okullarından elde edilmiş bir sentezdir. Benim ve hastalarımın üstünde işe yaramış bir metottur. Şimdi telkini, bir ihtiyaç ya da hedefinize cevap olarak yarattığınız pozitif bir düşünce olarak tanımlayalım.

İşte telkin çalışmanız:

---

* Corinthians: Yeni ahitteki kitaplardan biri.

** The book of proverbs; book of the Hebrew Bible. (Proverbs of Solomon)

1. İsteğinizi tanımlayın. (Örneğin, ilişki isteği)
2. Çocukken böyle bir istek için ailenizden gelecek izin ya da telkini düşünün.
3. Bu telkini her seferinde adınızı içerecek şekilde on beş defa yazın: Beş defa birinci tekil kişi olarak, beş defa ikinci tekil kişi olarak ve beş defa da üçüncü tekil kişi olarak. (Örneğin: Ben, John, sevilmeyi hak ediyorum; Sen, John, sevilmeyi hak ediyorsun; O, John, sevilmeyi hak ediyor.)
4. Bunları yazarken herhangi olumsuz bir hisse kapıldığınız oluyorsa, bu hisleri bir kenara not edin.
5. Olumsuz düşüncelere son verene kadar telkine devam edin. Sizin istediğiniz şekle geldiğinde bunu on beş defa tekrarlayın.
6. Bu telkinin gerçekleşmesi durumunda hayatınızın nasıl olacağını hayal edin.
7. Düşünceyi serbest bırakın, enerjinizin bu düşüncenizi gerçeğe dönüştürecek şekilde akmasına izin verin.
8. Hayatınızı sanki bu telkin gerçekmiş gibi yaşayın. İsteğinizi gerçeğe döndürmenize yardımcı olabilecek durumlar yaratın ya da var olan bu gibi durumlara cevap verin.
9. İsteğiniz gerçekleşene kadar ya da yeni inançlar size olağan gelene kadar bu çalışmayı günde birkaç defa tekrarlayın. Telkini yazmakla başlayıp daha sonra bunu telkini söylemeye ya da sadece düşünmeye döndürerek devam edebilirsiniz.

ÇALIŞMA 5-E: Olumsuzluklardan Fayda Çıkarmak

Bağımlı ilişkiler, yaşanmış duygusal acılardan dolayı, çocuk benlik durumunda ortaya çıkan katı inançlarla desteklenir. Çocukken üzgün olduğumuzda kendimize şöyle şeyler söyleriz: "Kadınlar (erkekler) tehlikeli", "Hayatta hiçbir zaman istediğimi elde edemeyeceğim", "İnsanlar hep beni incitiyor", "Bir daha kimseyle yakınlaşmayacağım." Bu gibi mesajlar beynimize nörolojik olarak otomatik bir biçimde yerleşir ve gelecekteki gerçeklerimizi oluşturur. Bağımlı ilişkiler, eskiden yaşanmış acılarımızı tekrarlamamızı sağlar ve böylelikle eski duygular ve masallar tekrar tekrar su yüzüne çıkar. Böyle zamanlarda farkında olmadan çocukluğumuzdaki olumsuz kalıplara geri döneriz: "Bunun olacağını biliyordum", "Bu, bir daha kimseyi sevmemek gerektiğini ispatlıyor", "Bir daha asla beni incitmelerine izin vermeyeceğim."

İşte duygusal bir anınızda kendinizi böyle programladınız. Bundan faydalanarak, kendinizi olumlu ilişkilere programlamanın da derin hatta acı verici duygular hissederken olacağını düşünebilirsiniz. Ve eğer bağımlı bir ilişki ile mücadele içerisindeyseniz bu duyguları hissedersiniz.

İnançların derin duygusal durumlarda oluştuğunu bilerek, ondan korkmak yerine mevcut acınızı, kendinizi gelecek sağlıklı ilişkilere hazırlamak için kullanabilirsiniz. Kalbiniz kırıldığında kendinize şöyle söyleyin: "Acı bitecek ve ben daha sağlıklı bir şekilde sevmeyi öğreneceğim. Yıkıcı davranış kalıplarımı sonlandırmaya kararlıyım çünkü ben daha sağlıklı ve mutlu bir sevgiyi hak ediyorum."

ÇALIŞMA 5-F: Acınızı Akıllıca Kullanın ve Onunla Dost Olun

Bu çalışma, bastırılmış acı ve mutsuzluklarınızın üstüne yoğunlaştığından dolayı pek hoş olmayabilir ancak sonrasında gelecek rahatlama için bunu yapmaya değer. Aklınızdan çıkarmayın ki bu çalışma esnasında su yüzüne çıkacak olan kötü hisler genellikle bunların yok edilmesine yardımcı olur.

1. Size sorun yaratan bir acıyı, içinde bulunduğu bir durumla beraber kafanızda canlandırın.
2. Bu acıya eşlik eden olumsuz ve katı inançlarla davranışları dikkatle izleyin.
3. Acınızı hissederken kendinize şunu söyleyin: "Beni engelleyen bu eski inançtan artık kendimi kurtarıyorum."
4. Kendinize, olgun sevgiyi destekleyen yeni bir mesaj verin, telkinde bulunun.
5. Acınızın size bir iyileşme imkânı sağladığının farkına varın.
6. Acının sizi terk edeceğini bilin. Oluruna bırakın ve daha iyi bir geleceğe inanın.

Yenilenme Çalışmaları:
Olgun sevgiye doğru ilerlemek

Bağımlı sevgiye olan yatkınlığınızın kaynağını anlamaya başladınız. İçsel inançlarınızı keşfettiniz, yeni ve harika sevgi yollarını denemede kendinizi özgür bırakmaya başladınız. Sevgiden ne kadar az beklentiniz olursa, size o kadar çok vereceğini öğrendiniz.

Benliğinizi sınırlayan inançlardan kurtulduğunuzda, dış görünüşünüzü ve hayatınızı aydınlatacak müthiş bir enerji açığa çıkacaktır. Bu noktada artık sağlıksız ilişkileri ve kalıpları terk edip iyi ilişkilere doğru yol alırsınız.

ÇALIŞMA 6-A: Affetmek

I. Kendini Affetmek:

Bizi inciten insanları affedebilme yetisini kazanmak güzeldir ama bunun yanında başkalarının üstüne yıktığımız kendi gönül yaralarımıza da sahip çıkma isteğinde olmalıyız. Tıpkı kendimizi sevdiğimiz kadar başkalarını da sevebileceğimiz gibi ancak kendimizi affettiğimiz kadar başkalarına da affedebileceğimiz doğrudur. Hiç kimse, başkalarının kendisine davrandığı kadar saldırgan ve acımasızca davrandığını kabul etmek istemez. Her ne kadar iyi ve adil bir şekilde sevmeye çalışsak da yaralarımız ya da örnek modellerimiz yüzünden, kendimize hiçbir koşulda kesinlikle kullanmayacağımıza dair söz verdiğimiz şeyler söyler ya da yaparız. Bu gibi bir suçu kabul edene kadar bunu başkalarının üstüne atmaya devam ederiz.

Geri dönüp dürüstlükle kendi ilişkilerimizi gözden geçirerek, kendi istismar edici, acı verici ve yaralayıcı davranışlarımıza tanık olmalı, bunlardan kendimizi arındırmalı ve bunu iyileşmeye yardım edecek pişmanlık ve vicdan azabıyla ilişkilendirmeliyiz. Değişim ancak yaptığımız şeyden hoşnut olmadığımızda gerçekleşir.

İnkârı terk etmek, hayatımıza sağlıklı ilişkileri çağırma açısından en iyileştirici adımdır. Bu çalışma doğru yapıldığı takdirde, kişinin çok derin kalp yaralarını iyileştirmesine yardımcı olur. Kendine güven onarılır.

Çalışmanın adımlarını okuyun. Bu çalışmaya gerekli dikkati verebileceğiniz bir zaman ve mekân ayarlaması yapın. Bir seferde çalışmayı düzgün bir şekilde tamamlayacağınızı beklemeyin. Tam bir dürüstlükle yapıldığında çalışmayı tamamlamak saatler ve hatta günler alabilir. Genellikle en açık olanları ilk önce fark ederiz. Çok ince nüanslar ise daha sonra ortaya çıkar.

1. Derin nefes alarak rahatlayın. Zihninizi boşaltın.
2. 5-C çalışmasında anlatıldığı gibi yüksek benliğinize ulaşmak için zaman ayırın. Başkalarını incitmiş ya da onlara ihanet etmiş tanığınızı kendinizden ayırın.

3. Kalbinizden şefkatin yayılmasına izin verin. Bu hissi kusurlu tarafınıza doğru yayın.
4. Tanık yönünüzde kalarak, geçmişte geriye dönün ve tüm acı verici deneyimi yakalayın. Açık yüreklilikle başkalarını nasıl incittiğinizi ve bazen bundan nasıl zevk aldığınızı kabul edin.
5. Her seferinde sadece bir kişi üstüne yoğunlaşın. Bu kişinin sizin acı veren hareketiniz karşısında nasıl davrandığını not edin. Zihnen hazır olduğunuzda bu kişiye sevgi gönderin.
6. Kendinizi suçlamadan tüm bu davranışlarınız için pişmanlık ve üzüntü hissedin. Yargılamadan gözlemleyin ve bu deneyimlerden kendinizi kurtarın. Böyle bir deneyimde kapalı kalmış hayat enerjisinin size geri geldiğini bir düşünün.
7. Kendinizi affederek deneyimin karakterini değiştirin. Önemli bir ders aldığınıza güvenin. Artık hissetmekte olduğunuz özgürlüğü not edin.
8. Dersin öğrenilmesiyle yaşanılan deneyime izin verin. Bu gibi incitici davranışları sonlandırmak için ne yapmanız gerekiyorsa, bunu yapacağınıza söz verin.
9. Doğru olduğunu hissettiğiniz takdirde ve karşınızdakiler de buna uygunsa özür dilemekten çekinmeyin. Eğer bir kişiden direkt olarak özür dileyemiyorsanız, kendinizi ve bu kişinin yüksek benliklerinizi gözünüzde canlandırmaya çalışın. Ya da daha sonra yakacağınız veya imha edeceğiniz bir mektup yazın.
10. Öğrendiğiniz dersler ve gelişme imkânı için minnet duyun. Hayat oyununda hepimizin birer oyuncu olduğunun farkına varın.

Artık başkalarını affetmeye hazırsınız. Sizi incittiğini reddeden ya da hâlâ da inciten kişileri bile affedebilirsiniz.

II. Başkalarını Affetmek

Bizi, eski ve sağlıksız davranışlara bağlayan şeylerden bazıları kızgınlık, suçlama, kabahat ve öfke gibi hisleri barındırmamızdır. En iyisi, bu gibi düşünceleri terk etmek, geçmişte yapılan hatalar ve yanlışlıklar için kendimizi ve diğerlerini affetmektir. Bunu yapmak genellikle zordur. Kişinin hatalı davranışıyla kişinin karakterini birbirinden farklı tutmak buna yardımcı olacaktır. İnsanların davranışlarını kabul etmeseniz de onları affedebilirsiniz. Affetmeyi öğrenmek, öfke ve kızgınlığın giderilmesi sürecinde çok gereklidir.

1. Affetmeniz gereken kişilerin bir listesini yapın, özellikle eski sevgililerinize yer verin.
2. Listeyi gözden geçirirken, bu kişilerden hâlâ sinirli olduklarınızı seçin. (Burada dürüst olun, kendinizi aldatmak gelecekteki ilişkilerinizi zedeleyebilir.)
3. Bu kişilerin hepsine birer mektup yazın. Bu mektupları göndermeyeceğinizden, tüm öfkenizi rahatça dile getirebilirsiniz. Bu noktada öfkenizin mantıklı olmasına gerek yoktur. Öfkenin, sizi başkalarından ayıran bir zehir olduğunu aklınızdan çıkarmayın. Siz öfkeyi sadece kendinizi temizlemek, kabullenmek ve affetmek için kullanıyorsunuz. Boşlukları doldurmak doğanın işidir; öfkeye özgürce karşı koymadan önce onu özgürce kabullenmeyi bilmemiz gerekir.
4. Geçmişte olanları değiştiremeyeceğinizi kabul edin. Öfke ve kızgınlığın sizi, sağlıklı ilişkileri dışarıda tutan bağımlı bir döngünün içinde tuttuğunu kabul edin. Eski öfkenizden kurtularak, yeni ve güzel duygularla yer açarsınız.

5. Gerçeği kabul etmeye çalışın. Olan oldu. Kabul etmek bir kişiden ya da bu kişinin davranışından hoşlandığınız anlamına gelmez. Bu deneyimden sizin ne öğrendiğiniz önemli. Ne öğrendiniz?
6. Ve şimdi artık affetme zamanı. Her gün sakin bir şekilde oturup, geçmişte uyumsuzluk yaşadığınız her bir insanı affetmek için zaman ayırın
7. Mevcut ilişkilerinizde affetmeyi günlük bir alışkanlık hâline getirin.

(Not: Eğer bir kişiyi affetmede zorluk çekiyorsanız, sadece şunu söyleyin: "Bu kişiyi affedemiyorum ama yüksek benliğim onu affetmeme yardımcı olacak ve kızgınlığımın geçmesini sağlayacak.")

ÇALIŞMA 6-B: Yeni Bir Aile Ağacı

Bağımsız ilişkilerden kurtulduğumuza göre, artık bir insanın tüm ihtiyaçlarının tatmin edilemeyeceğinin farkındayız demektir. Başkaları tarafından kusursuz bir şekilde destekleniriz, bu büyük ve geniş bir aile gibidir. Destek ağınızı değerlendirmek için kendinize yeni bir aile ağacı yaratabilir ve hayatınızda var olanla bunu karşılaştırabilirsiniz.

1. Sizin için anlamı olan akrabalarınızın ve arkadaşlarınızın bir listesini yapın.
2. Hepsinin karşıladığı ihtiyaçları ya da sizin onlardan karşılamalarını beklediğiniz ihtiyaçlarınızı yazın.
3. Bu kişi ve rollerin hangilerinin gerçek hayatta var olduğunu görebilmek için mevcut durumu değerlendirin.
4. Şu anki hayatınızda bu rolleri tamamlayan kişileri seçin.

(Erkek kardeş ya da kız kardeş gibi rollere ihtiyaç varsa, akraba olmayan kişileri sembolik olarak bu roller için kullanabilirsiniz.)

5. Aile ağacınızı bu şekilde doldurarak destek ve sevgi ağınızı genişletebilirsiniz

ÇALIŞMA 6-C: İyilik Telkini

Sağlıklı bir sevgi ilişkisi kurmak ya da cinsel sınırlar çizmek için, öncelikle kişinin kendi içinde bir bütünlük arz etmesi ve iyilik içeren bir hayat sürüyor olması gerekir. Burada bahsettiğimiz iyilik, kendi ihtiyaçlarını nasıl karşılayacağını bilmek ve bütünlüğü dışarıda aramamaktır.

Aşağıdaki telkinleri, isminizi yazarak kişiselleştirin ve yavaşça okuyun. Eğer telkinlerden biri uyumsuz geliyorsa, bu uyumsuzluğun sebebini keşfetmeniz gerekiyor demektir. Çünkü bu, ilişkinizde ya da hayatınızda zayıf bir nokta olduğunun ipucunu verir.

Ben ______, artık ihtiyaçlarımın neler olduğunu ve bunları nasıl tatmin edeceğimi biliyorum.

Ben, ______, artık özgür ve etkili bir şekilde duygularımı başkalarına ifade edebiliyorum.

Ben, ______, iddialı bir şekilde ve başkalarının duygu ve özgürlüklerini göz önünde bulundurarak hareket ediyorum.

Ben, ______, iyi beslenerek, spor yaparak bedenime iyi bakıyorum.

Ben, ______, değer yargılarımı yansıtan ve bana anlamlı gelen aktivitelere katılıyorum.

Ben, ______, başkalarıyla yakın ve özel ilişkiler yaratıyor ve bunun tadını çıkarıyorum.

Ben, ______, hayattaki zorlukları, daha güçlü ve olgunlaşmak için imkânlar olarak değerlendiriyorum.

Ben, ______, ne olursa olsun tepki vermek yerine istediğim hayatı yaşıyorum.

Ben, ______, hayatımda gelişme sağlayacak ve bilgimi yükseltecek bedenimin fiziksel işaretlerini kullanıyorum.

Ben, ______, sıkıntılı anlarda bile kendimi iyi hissetmekten zevk alıyorum.

Ben, ______, içimdeki duygusal ve fiziksel kalıplarımı biliyorum ve bunların içsel benliğimin mesajları olduğunu anlıyorum.

Ben, ______, kişisel kaynaklarımın yaşamak ve gelişmek için en büyük güç olduğuna güveniyorum.

Ben, ______, kendimi harika bir insan olarak görüyorum.

Ben, ______, kişisel değerimi fark etmeme yardımcı olacak durumlar yaratıyorum.

Ben, ______, hayatta beni refah ve bereketin beklediğine inanıyorum.

Ben, ______, hayata minnettarım.

ÇALIŞMA 6-D: Maksatlı İlişkiler

İlişkilerinizden edindiğiniz derslerinizi ve bu kitaptan öğrendiklerinizi ele alarak şimdiki ya da gelecekteki arkadaşlarınız ve eşinizden neler istediğinizi yazın.

1. İki farklı liste yapın; bir tanesi en iyi arkadaşlarınız, diğeri özel dostlarınız için.
2. "Kesinlikle olması gereken özellikler"i listeleyin. (Örneğin: O, dürüsttür.)

3. "Önemli özellikler"i sıralayın. (Örneğin: Telefonlarıma hep cevap verir.)
4. "Hoş ama gerekli olmayan özellikler"i yazın. (Örneğin: Kedileri sever.)
5. "Alt sınır özellikleri"ni yazın. (Örneğin: Öfkenin kontrolü altında olan biriyle bir şey paylaşmam.)

Listenizi güvendiğiniz bir rehberle paylaşın ve eksik bir şey kalmadığından emin olun. Eğer eksikler konusunda rehberinizin önerilerine katılıyorsanız, bunları da listenize ekleyin. Şimdi kendinizi, listelerinizi yansıtacak konuma yerleştirin.

ÇALIŞMA 6-E: İlişkinizi Geliştirmek

Bu çalışma, ilişkilerini devam ettirmeye karar verenler için hazırlanmıştır. Sorunlu bir ilişkideki eşler, durumu keşfetmek üzere çalışmaya başlayarak, ilişkilerini devam ettireceklerine söz verdiklerinde, ilişkilerini hemen geliştirmeye yardımcı olmak için yapabilecekleri birçok şey vardır. Bunlar eşlerin yeni bireysel bağımsızlıkları ve öz saygılarıyla yakından ilişkilidir.

Unutmayın, kendinizdeki, başkalarındaki ve hayattaki olumlu yöne yoğunlaşmak, bir ilişkideki iyi bir şeyin üstüne yenilerini eklemek çok önemlidir. Elbette bu var olan sorunların örtbas edileceği anlamına gelmez. Birbirinize sizin için neyin önemli olduğunu belirtmeniz, sizin ve eşinizin daha iyi olacağı ve belki de bazı sorunları hafifleteceğiniz anlamına gelir. Aşağıda, ilişkinizde uygulayabileceğiniz bazı çalışmalar listelenmiştir.

1. Eksik olduğunu düşündüğünüz şeyi yapın. Sürekli eksik olandan şikâyet etmek yerine bu boşluğu doldurmaya, değer ve arzularınızı eşinizle paylaşmaya çalışın. İşe yaraması için bunu beklenti içerisinde olmadan yapmanız gerekir; karşılıksız vermenin zevkini öğrenin.
2. Eşinizin gelişmesini destekleyin. Eşinizin sizi destekleyici yolları bilmesine ve sizin gelişmenize yardımcı olmasına izin verin. Eşinizin size verdiği tüm güzellikleri takdir edin. Ona nasıl daha çok yardım edebileceğinizi ve destekleyici olabileceğinizi sorun.

A. Kendinizi ihmal edilmiş hissediyorsanız, bunu kendiniz ve eşinizle paylaşın.
B. Eğer bir armağan istiyorsanız önce eşinize özel bir şey verin.
C. Sırtınızın ovulmasını istiyorsanız önce siz bunu karşı tarafa yapın.
D. Eğer kendinizi yalnız hissediyorsanız, eşinize ve etrafınızdaki diğerlerine ulaşın.
E. Heyecan istiyorsanız heyecan verici olun.
F. Destek istiyorsanız destek verin.

3. Kendinizi olumlu değişime adayın. Eşinize ilişkinizin iyiliği için değişmeye ne kadar istekli olduğunuzu söyleyin. (Bu değişimlerin zorla verilmiş bir sözden değil, kendi özgür iradenizden kaynaklandığından emin olun. Özgür irade uysaldır, zorlama ise ileride isyana sebep olur.)
4. İçimizdeki çocuğa güvenlik ve zemin sağlayacak alışkanlıklar oluşturun, semboller kullanın ve tekrarlanan dav-

ranışlarda bulunun. İlişki alışkanlıkları, bağınızın önemini kanıtlamanızı sağlar. Mesela işleri gereği çok seyahat eden bir çiftin, seyahatte oldukları zaman geride kalan eşin okuması için mektuplar yazması gibi. Bu çift ayrı olduklarında yaptıkları böyle bir alışkanlığın ilişkilerine anlam kattığını düşünerek davranır.

A. Çocukken size anlamlı gelen bir alışkanlığınızı düşünün ve bunu yetişkin hayatınıza adapte edin.
B. Mevcut ilişkinize bakın. Hangi alışkanlıklar var? Eğer size kendinizi iyi hissettiriyorsa, bunları yapmaya devam edin.
C. Eşinizle bağınızı pekiştirecek yeni alışkanlıklar yaratmaya çalışın.

5. Vermeyi özel kılın. Beklemek ve istemekten vazgeçtiğinizde, size verilen hediyeler ve yapılan iyilikler daha özel bir değere sahip olur. Aşağıda birçok çift için işe yaramış bir çalışma bulabilirsiniz.

A. Eşinizden istediğiniz şeylerin bir listesini yapın. Bu liste cinsel istekler dâhil olmak üzere her türlü isteği kapsar.
B. Listeleri eşinizle değiştirin.
C. Haftada bir defa, eşinizin listesinden bir şey seçin ve doğal bir şekilde bunu ona verin.

6. Özel zaman yaratın. Gerçek içtenlik çiftlerin duygularını, hislerini, rüyalarını, oyunlarını, sevgilerini ve cinsel isteklerini paylaşmak üzere kesintiye uğramadan baş

başa geçirdikleri vakitlerde ortaya çıkar. İşte size bir altın kural: Günde bir saat aralıksız içtenlik, sorunları uzak tutar!

7. Birbirinize yardım edin. Gerçek sevgiyi yaşamaya karar verenler, kendi ihtiyaçlarını ertelemek uğruna sevdiği kişiyi geliştirmek için manevi bir söz verir adeta. Eşinize şunu sorun: "Sana nasıl yardım edebilirim?" Alacağınız cevap bağımlı ilişki içindeki birçok insanın yapmayı tercih ettiği gibi, karşınızdakinin düşüncelerini okumaktan çok daha açık bir cevap olacaktır. İlgi görmek ve ilgi göstermenin farkını anlayın.

8. İlişkinizi besleyin. Duygusal açıdan sağlıklı bir insan, çevresindekilerle iletişim kurabilen, onların içindeki güzelliği kucaklayabilen ve zamanı geldiğinde onlarla yollarını ayırabilen kişidir. Aşağıda sıralanmış yetenekleri geliştirmeye çalışın.

A. Takdir ve teşekkür edin.
B. Kendiliğinizden verin.
C. İsteklerinizi talep edin.
D. Dinlemeyi öğrenin.
E. Esnek olun.
F. Hayal kırıklığını ve hayır cevabını kabullenin. Gerektiğinde bitmesine izin verin.
G. Anlaşmazlıkları mümkün olduğunca açık ve sakin bir şekilde çözüp yönetmeye çalışın.
H. Dürüst bir şekilde iletişim kurun.
I. Gerçekleri kabul edin.

J. Alçakgönüllülüğü, tarafsızlığı ve hayata duyulan saygıyı geliştirmeye çalışın.

9. Aşk, tutku ve heyecanı geri kazanın. 8. bölümdeki 233 ve 246. sayfalardaki listeleri hatırlayın.

10. Kalpten kalbe bağ kurun. Çok derin ve basit bir çalışma olsa da birçok partner için yapılması pek de kolay değildir. İlişki problemlerinin temelinde güven istismarının yattığı görüşüne dayanır. Bir çocuk olarak tamamlamamız gereken ilk görev kendimize, başkalarına ve hayata güvenmekti. Bu güvene ihanetten dolayı kalbimiz kırıldığında, bir tarafımız bunu gerçekten istese de kalbimizi tekrar tam olarak paylaşmaya gönülsüz bir hâle geliriz. Ancak tekrar savunmasız olmayı isteyerek bu ihaneti iyileştirebiliriz.

Bu çalışma, birçok incinme ve güven sarsılması yaşamış çiftlerin, gönül bağlarını yenilemek istediği durumda önerilir. Birçok iyi çift sayılabilecek bireyin bu çalışmayı yapmamak için direnmesine şaşırarak tanık oldum. Öğrendiğim şu ki, eğer bir çift duygusal olarak savunmasız olmak istemiyorsa, ilişkilerinde ortaya çıkacak duygusal içtenlik ve iyileşme sınırlıdır. Bu çalışma aynı zamanda cinsel bağımlılıktan kurtulma sürecindeki çiftler için de uygundur. Bu durumda kalplerimizi rahat bir şekilde paylaşabilmemizden, cinsel içtenlik doğar.

A. Size mahremiyet ve aralıksız vakit geçirebilmenizi sağlayacak güvenli bir ortam yaratın. Bu, üstünde düşünülmüş ve ortak karar alınmış bir yer olmalı.

B. Kalp atışlarınızı birbirinizin kalbinde hissedecek şekilde göğüs göğse oturun.

C. Derin nefes alın ve rahatlayın. Konuşmayın, bunun yerine sevginizi kalplerinizle paylaşın.

D. Eşinizin kalp atışlarını hissedin ve sadece bunu deneyimleyin.

E. Korkutan, uzaklaştıran ya da sınırlayan duyguları yargılamadan gözlemleyin. Kırık bir kalbin iyileşmesi zaman alır.

F. Doğal ve rahat bir hâl alana ve kalpler uyum içinde olana kadar bu çalışmayı yapın.

G. Ve sevgi hislerinizi kalpten kalbe paylaşın.

ÇALIŞMA 6-F: Güvenli İletişim ve Anlaşmazlıkların Çözümü

Nasıl ve ne zaman iletişim kurduğumuz ve sorun çözdüğümüz, ne hakkında konuştuğumuzdan çok daha önemlidir. İşte kendi durumunuza göre uyarlayabileceğiniz bir iletişim anlaşması örneği.

1. İletişim kurma ve anlaşmazlık çözme ihtiyaçlarının hayatın bir parçası olduğunu kabul ediyorum.
2. İletişim kurmak ve anlaşmazlıkları gidermek için güvenli bir ortam hazırlayın. Bu, asla yatak odasında, bir taşıtta, topluluk içinde, çocukların ya da aile üyelerinin karşısında olmamalıdır.
3. Eğer yatak odasında bir tartışma çıkarsa yatak odasının savaşma değil sevişme yeri olduğunu kabullenin.
4. Her hafta açık bir tartışma yapmak üzere bir zaman belirleyin. Eğer böyle bir zaman ayırdığınızı bilirseniz, uygunsuz zamanlarda konuşmaktan dolayı kendinizi kötü hissetmezsiniz ve duygusal ihtiyacınızın yok olmadan dinlenileceğini bilirsiniz.

5. Aşağıdakine benzer saygı çerçevesinde bir anlaşmazlık çözümü oluşturun ve bunu takip edin:

- Aynı amaç için çabaladığımız konusunda hem fikiriz.
- Sır tutacağımız konusunda hem fikiriz.
- Söylenen şeylerin daha sonra birbirimize karşı kullanılmayacağında hem fikiriz.
- İsimle hitap etmeden, utandırmadan, suçlamadan, saldırgan ve tehdit eden bir dil ve davranışta bulunmadan tartışacağımız konusunda hem fikiriz.
- Her defasında bir kişinin konuşmasında hem fikiriz.
- Birbirimizi bölmeden ve savunmaya geçmeden dinleyeceğimiz konusunda hem fikiriz.
- "Ben" kelimesini "Sen" kelimesinden daha çok kullanacağımız konusunda hem fikiriz. (Örneğin: "Geç kaldığın için kendimi ______ hissettim ve şöyle düşündüm. Ve bir dahaki sefere şu şekilde yapmaya karar verdim.")
- Birimizin söylediğini onaylayacağımızda hem fikiriz. Sadece "seni dinliyorum" demek yeterli.
- Tartışmanın zaman kısıtlaması olmasında hem fikiriz.
- Gerekli durumlarda tartışmayı sonlandırmayı kabul ediyoruz. Açıkça şu şekilde belirtmek yeterlidir: "Hemen döneceğim."
- Büyük sorunları tartışmama ve birimiz aç, sinirli, enerjisi düşük, yorgun ya da stresliyken tartışmaya zorlamayacağımız konusunda hem fikiriz.
- Şimdiki zamandan bahsedip geçmişi gündeme getirmeme konusunda hem fikiriz.
- Yetişkin benlik durumunda kalacağımız ve karşımızdakinin söylediklerini kişiselleştirmeyeceğimiz konusunda hem fikiriz.

- Eğer hiçbir şekilde bir yere varamıyorsak, yardım almak konusunda hem fikiriz.[4]

6. Yargılamaktansa merak ve şaşkınlık hissi geliştirmek: “Beni zorlukla dinlemesine sebep olacak ne yaşıyor olabilir merak ediyorum.” (Aksi takdirde bir şeyler tetiklenebilir ya da karşı taraf kendini suçlanmış hissedebilir.)
7. Tartışmaya tarafsızlık, şefkat ve tevazu katın.
8. Kişinin kim olduğuyla duygularını birbirinden ayırın: “Seni sen olduğun için seviyorum ama benim söylediklerime gereğinden fazla tepki verdiğinde hayal kırıklığına uğruyorum.”
9. Kaygı ya da şikâyetinizi belirtirken sandviç yaklaşımını kullanın: Olumluyla başlayın, olumsuzu ekleyin ve tekrar olumluyla bitirin. “Seni seviyorum. Kendine hiç bakmadığın için sana kızıyorum ve daha uzun bir süre benim etrafımda benimle birlikte olmanı istiyorum.”
10. İlişkinize içtenliği sarsacak herhangi bir şey dâhil ettiyseniz bunun sorumluluğunu alın ve içtenlikle özür dileyin.
11. Eşinizin ve kendi hareketlerinizin pozitif yönlerini sözlü olarak takdir edin.
12. Tartışmayı bir alışkanlık ile bitirin: Kucaklama, dua, öpücük, el sıkışma gibi.

ÇALIŞMA 6-G: Seks, Aşk ve Sevgi Bağımlılığında İyileşmenin Dört Ayağı

Kendinizi desteğe ihtiyacı olan bir masa olarak düşünün. Masaya destek olan tek bir ayak var ve bu sizin bir kişiye, aşka ya da sekse olan sağlıksız bağımlılığınız. Masanın iyileşme olarak adlandırılan dört adet ayağı var: Davranışsal, zihinsel, duygusal ve ruhsal. İşte masanızın her bir ayağını sabitlemenize yönelik öneriler:

Davranışsal: Kişi sorunu sahiplenir ve bunu sonlandırmak için söz verir. Kaybetme ya da tekrarlama olmayacağına dair bir garanti olmadığının farkındadır.

- Bir destek grubuna katılmak.
- Kaybolmuş tutkuları canlandırmak.
- Size ihtiyacı olan birisine rehberlik etmek.
- Yazı yazmak, resim yapmak, şarkı söylemek, bahçeyle uğraşmak.
- Tamamen yeni bir şey denemek.
- Bir kutlama partisi düzenlemek.
- Vücudunuzu çalıştırmak.
- İlişkilerinize odaklanmak.
- Eğlenmek için kitap okumak.
- Ziyaret etmeye hiç zamanının olmadığı yerlere gitmek.
- Eski arkadaşlıklarınızı yenilemek.

Zihinsel: Kişi sorunla ilgili olarak kendini eğitir. Sağlıksız inançlar, bahaneler, yanlış düşünme kalıpları ve bağımlı sevgiyi destekleyen karmaşık bağlar üstüne eğilir.

- Bağımlı sevgiyi güçlendiren inançları temizlemek.
- Kişinin kendisiyle olan negatif iç konuşmaları dinlemek.
- Negatif iç konuşmaları onaylayıcı mesajlarla değiştirmek.
- Kendi kendine yardım sağlayan şeyler okumak ve dinlemek.
- Üzüntüyü bırakmak.

- Zihni açık tutmak.
- Yolunuza çıkan mesajları alabilmek.
- Bahane uydurma, irdeleme ve kişiselleştirmeye son vermek.
- Analiz ve güven sezgilerini durdurmak.
- Zihninizi aktif ve öğrenmeye meraklı tutmak.

Duygusal: Kişi, davranışlarına sebep olan psikolojik etkenleri inceler ve bunların arkasındaki ilişkiyi keşfeder. Masanın bu bacağı belki de sabitlenmesi en zor olandır.

- Bağımlılığa hangi duygusal ihtiyaçların hizmet ettiğini bulmak.
- Bu ihtiyaçların karşılanması için sağlıklı yollar bulmak.
- Sizi tetikleyenin ne olduğunu belirleyip kaynağına inin.
- Bağımlılığınızın başladığı ana dönün ve o yılları yeniden değerlendirin.
- Kendinizin en yakın arkadaşı olun.
- Vücut algılarınızın ve heyecanınızın farkına varmayı ve anlamayı öğrenin.
- Duygularınızı akıllıca kullanın. Başkalarına ne istediğinizi ve ne hissettiğinizi söyleyin.
- Görebileceğiniz bir yere çocukluğunuzdan bir fotoğraf koyun ve her gün bu çocuğun bakım ve güvenliğini yapacağınıza söz verin.
- Gülün, eğlenin ve olumlu duygular hissedeceğiniz yollar bulun.
- Şu anda bir işe yaramayan, geçmişinizdeki kişi, yer ve eşyalardan kurtulun.

Ruhsal: Kişi, kişisel ve ruhsal dürüstlüğünü yitirdiğini fark eder ve ruhsal bir iyileşme programı ile gönül merkezli ruhsal çalışmalar hazırlar.

- Yüksek gücün sizin için ne anlam ifade ettiğini belirtin.
- Size uyan bir ruhsal hayat geliştirin.
- Meditasyon yapın, doğada vakit geçirin ya da aktif olarak her gün dua edin.
- Zararsızlığı deneyimleyin.
- En büyük amacınızı belirleyin.
- Kendinizi iki yıl sonra amacınızı gerçekleştirmiş olarak hayal edin.
- Kendine güveni hissedin. Sonuçlarla ilgili üzüntü duymaktansa bunları merak edin.
- Korkunun değil sevginin enerjisiyle çalışın.
- Doğallık, istikrar, zarafet ve sükûnet içerisinde davranın. Bunlar güveni getirecektir.
- Fark ettirmeden başkalarına verin.
- Bir hizmet planı oluşturun.

Büyüme Çalışmaları:
Kişisel özelliklerini, kendisini ve başkalarını gerçek anlamda sevme yetisini geliştirmek.

Yaşamak için bir "neden"i olan, her türlü "nasıl"a katlanır.

FRIEDRICH NIETZSCHE

Kendinize koyduğunuz sınırlar, ilişkinizi sabote etmekle kalmaz sizi de kişisel potansiyelinize ulaşmaktan alıkoyar. Kendinizi iyi hissederek ilişkinizin sağlıklı olmasına da katkıda bulunmuş olursunuz. Ve ilişkiniz size, insanlarla karşılıklı ilişki kurmanın mutluluğunu sağlarken, daha önce yaşamadığınız yeni farklılıklar, anlamlar ve yaratıcılığı deneyimlemeye başlarsınız.

Hayatın iki yönü vardır: Gelişme ve gerileme. Bunlardan birisi ileriye doğru olan bir hareketken, diğeri geriye doğru olan bir harekettir. Birçoklarının düşündüğünün aksine çok az insan ileri ya da geri gitmeden olduğu yerde kalır, çoğunluk ise bir ileri, bir geri giden bu döngünün içindedir.

Nasıl çözüleceğini bilmediğimiz bir sorunla karşılaştığımızda, yönümüz geriye doğrudur. Sorun her ortaya çıktığında ikilemimiz derinleşir. Ama eğer sorunu çözmek için uğraşıyorsak yönümüz ileriye doğru olur. Aynı sorunla tekrar karşılaşsak bile, onu anlayarak ve güven duyarak yaklaşırız ve bundan dolayı da sorunun üzerimizdeki duygusal etkisi daha az olur.

Kontrolü sorunlarımıza değil kendimize verirsek enerjimizi, ilişkilerimizin bizi götüreceği yere değil, gerçekten kendi istediğimiz yere gitmek üzere kullanabiliriz. Hepimiz hayata katkıda bulunacak farklı özelliklere sahibiz. Ancak ne yazık ki, insanların kendilerine ve başkalarına getirdiği sınırlamalar yüzünden bu yeteneklerimiz genellikle yok sayılıyor ve kaybolup gidiyor.

Bağımlı olma durumu, dışarıya dönük olduğumuz, kendi gücümüzü inkâr ettiğimiz, bastırdığımız ve hayatın bize bir anlam vermesini beklediğimiz anlamına gelir. Bir kez bağımlılıktan kurtulduğumuzda görürüz ki, aslında hayatın bize borçlu olduğu bir şey yoktur; aksine hayata anlam kazandırmak bizim görevimizdir. Hayatımızı eski bağlardan kurtarmak bize gerilimsiz bir hayatı garanti etmez, ama kendi ideallerimiz doğrultusunda ilerlemeye zemin yaratır. Umutsuzluğun yenilmesi ki buna filozoflar "varoluşsal boşluk" der, ancak kendi hayatlarımızı yarattığımızda, en yüksek potansiyelimize ulaşmak için kendimizi şekillendirdiğimizde ve hayata katkıda bulunduğumuzda gerçekleşir.

Aşağıdaki çalışma, gerçek amacınızdan kaynaklanan yüksek bilinç seviyesine ulaşmanıza yardımcı olacaktır. Unutmayın ki, ulaşmak istediğiniz bu yüksek bilinç, kendisini oluşturan parçalardan daha büyüktür.

ÇALIŞMA 7-A: Kişisel Görev:

Kendinizi, evrende bir yerde çok gelişmiş bir varlık olarak hayal edin, dünya gezegenine bir seyahat yapmayı düşünüyorsunuz. Göreviniz ise, dünyadaki hayatı değerlendirmek, bilgi ve yeteneklerinizi kullanarak kalitesini artırmak. Tüm bunları iyice düşündükten sonra aşağıdaki konularla ilgili hedeflerinizi yazın:

Dünyadaki görevim ______________________ olacak.
Bu görevi ____________________yaparak yerine getireceğim.
Bunu, ______________________yaparsam başarabileceğim.

Cevaplarınız üzerinde çalışın. Derin hedefleriniz ve hayalleriniz ile ilgili size ne söylüyorlar?

ÇALIŞMA 7-B: Bilinçli Yaşamak

Yaşam, nihai amaçlarımızı keşfetme konusunda bize olanaklar sunarken aynı zamanda bizi sürekli zorlayıcı durumlarla karşılaştırarak bu amaçlara anlamlar yüklememizi sağlar. Hayatı tam anlamıyla yaşamak isteyen kişi, yüksek bilinç seviyelerine ulaşma imkânı sağlayacak bu durumların, acı verici olanlar da dâhil olmak üzere, hepsini heyecanla bekleyecektir.

Daha bilinçli yaşamanıza yardımcı olması için yapılacaklardan bazılarını aşağıda bulabilirsiniz:

1. Ortaya çıkan durumları kabul edin, onlardan kaçmayın ya da inkâr etmeyin.
2. Durumlara düşünce ve hislerinizle olabildiğince açık karşılık verin.
3. Bir soruna karşı nasıl bir rol oynamış olursanız olun, bunun sorumluluğunu üstlenin.
4. Bu onaylamanın sizin için taşıdığı doğruları değerlendirin.
5. Seçeneklerinizi değerlendirin.
6. Soruları cevaplayın: Bu deneyimden ne öğrenebilirim? Bu sorunun tekrarlanmasını nasıl önleyebilirim?

ÇALIŞMA 7-C: Günlük Telkin

Her gün bu telkini beş defa tekrarlayın. Tekrarladıkça bunun gerçek olduğunu kafanızda canlandırın: *İlahi bir başarı yaşıyorum. Emeklerimin meyveleri ve hayatımın amacı çok net ve uyum içinde beliriyor. Üzerime düşeni yapacağım.*

Hayatta kontrol edemeyeceğimiz çok şey var; birini bizi sevmeye zorlayamayız. Ama hayatın büyük bir kısmının kontrolü bizim elimizde; ne yapacağımız, kimi seçeceğimiz, nasıl düşüneceğimiz. Benliğinizi keşfetmek, onaylamak ve gerçek sevgiyi bulmak için çıktığınız bu yolculukta size bol şans diliyorum. Kendinizi tanımak, ilişkilerinizin ve hayatınızın kalitesini artırmak için çok çabaladınız. Sevgiyi ve yaşamı hak ediyorsunuz.

Notlar

BÖLÜM 1:

Sevginin Gücü

1. Erich Fromm, *Sevme Sanatı* (New York; Harper and Row, 1956), 59-60.
2. Brenda Schaeffer, *Sevginin Yolu* (Center City, MN: Hazelden, 2001), 35-36. Sevginin Yolu, sevginin ne olduğu ve olmadığı hakkında detaylı açıklama veriyor, sevgi ve sağlık, sevginin çeşitleri ve beden, ego, ruh ve maneviyatın sevgiyi nasıl gösterdiğine yönelik güncel araştırmaları içeriyor.
3. Andreas Capellanus'un eseri *Kibar Aşk Sanatı* gibi ortaçağ yazmaları, romantik sevginin mistik formunun arayışında, kadın ve erkek karakterlerin nasıl denge içinde olduklarını gösteriyorlar.
4. Charlotte D. Kasl, *Kadınlar Seks ve Bağımlılık* (San Francisco; Harper-San Francisco, 1990), 41.
5. Stanton Peele, Archie Brodsky ile birlikte, *Sevgi ve Bağımlılık* (New York: Signet, 1975).
6. *Ruhsal Bozuklukların Tanısal ve İstatistiksel El Kitabı,* revize edilmiş üçüncü baskı (DSM-III-R) (Washington, DC: Amerikan Psikiyatri Derneği, 1987), kimyasal bağlılığın

teşhisinde gerekli dokuz kriteri verir, teşhis bunlardan üç tanesinin varlığının olmasıyla konulur. Kriterlerin çoğunluğu davranışsaldır. DSM-IV'te (Washington, DC: Amerikan Psikiyatri Derneği, 1994), her bir mental bozukluk; net bir davranış, psikolojik sendrom ya da acı çekmek, ölüm, eksiklik yüzünden acı çekmede belirgin artış ya da önemli bir özgürlük kaybı ile kavramsallaştırılır. Sevgi bağımlılığı, aşk bağımlılığı ve cinsel bağımlılığın tanımları DSM-IV'te yer almaz. Farklı teşhis kategorileri ve gerekli değerlendirmeler tam ve kapsamlı olarak dahil edilmiştir. Bunlarla birlikte basit bir bozukluğun teşhisi için, bir teşhis kategorisine uyması yeterlidir. Tecrübelerime dayanarak gördüğüm, sağlıksız ya da zarar verici şekilde sevgi objelerine bağımlılık gösteren kişilerde depresyon ve endişe; kişisel bozukluk ve fiziksel hastalık; önemli ilişkisel, maddi ya da diğer problemlerin belirtileri sıkça ortaya çıkabiliyor ki bunlar tedaviye ve genel işleyişe engel oluyor. Ariel Goodman, bağımlı bozukluk kriterleri listesinde (1989), memnuniyet yaratan ve iç rahatsızlıktan kaçış sağlayan her türlü davranışın dürtüsel olarak kullanılmaya başlanabileceğini ve bağımlı bozukluğa dönebileceğini belirtmiştir. Jennifer P. Schneider, bir gazetedeki *Cinsel Bağımlılık ve Kompülsiflik* adlı makalesinde (1994), bağımlılık rahatsızlığının anahtar öğelerini şöyle sıralamıştır; kontrol kaybı, olumsuz sonuçlara rağmen devam etme ve kaygı ya da saplantı. (Ayrıca bknz. Schneider and Irons [1996])

7. Harvey Milkman ve Stanley Sunderwirth, *"Bağımlılıkta Davranışsal ve Nörokimyasal Ortaklıklar"*, *Çağdaş Aile Terapisi 13*, no. 5 (1991): 431.
8. Helen E. Fisher, *Aşkın Anatomisi* (New York: Fawcett Columbine, 1992), 57.

9. Dorothy Tennov, *Sevgi ve Limerence* (New York: Stein and Day, 1979), kitabında limerence teriminin açıklamasını romantik olarak zoraki bir haz içerisinde bulunmak olarak yapar.

10. Mark R. Laaser, *Cinsel Bağımlılığın Yaralarını Sarmak* (Grand Rapids, MI: Zondervan, 2004) Hıristiyan toplumunun yüzde onunun cinsel olarak bağımlı olduğunu, bu sebepten dolayı artık bu sorunun adının konulması gerektiğini ve ancak bu şekilde gerçek manevi iyileşmenin oluşacağını belirtmiştir.

11. Patrick Carnes, *Bu Aşk Değil* (New York: Bantam Books, 1991). Bu klasik kitap cinsel bağımlılığın birçok farklı yönünü ve iyileşme sürecini açıklar. Kitap bin kişinin hikâyesine dayanmaktadır. Hastalığın pençesindeki bu insanların ve ailelerinin süreçten nasıl etkilendiklerini ve tedaviye karar verişlerini anlatmaktadır.

12. Kenneth M. Adams, *Silently Seduced* (Deerfield Beach, FL: Health Communications, 1991) ve *When He's Married to Mom* (New York: Fireside, 2007). Kitaplarında gizli ensestin anlaşılmasına değinmiştir. Kapsamı, farklı cinsiyetteki ensest mağdurları ile sınırlamıştır fakat bununla birlikte aynı cinsiyetteki ensestin de paralel bir hasar verdiğini kabul etmiştir.

BÖLÜM 2:

Bağımlı Sevginin Kökleri

1. Helen E. Fisher, kitabı *Seks Sözleşmesi*'nde (New York: William Morrow and Co. 1982), kadınların östrus* döngüsünün insan ilişkilerini nasıl etkilediğini antropolojik bir bakış açısı ile vermektedir.

* Kızgınlık döngüsü

2. John Bowlby, *Bağlanma ve Kayıp: Ayrılık* vol. 2 (New York: Basic Books, 1973, Helen E. Fisher, *Neden Severiz* (New York: Henry Holt and Company, 2004), 166.
3. Daniel G. Amen, *Beyindeki Seks* (New York: Three Rivers Press, 2007), 68-69.
4. Patrick Carnes, *Bu Aşk Değil* (New York: Bantam Books, 1991), 31-32.
5. Michael Liebowitz, *Aşkın Kimyası* (Boston: Little, Brown, 1983).
6. Helen E. Fisher, *Memelilerin Üremesinde Şehvet, Sevgi ve Bağlanma, İnsan Doğası* 9, no.1 (1998): 23-52.
7. Amen, *Beyindeki Seks,* 58-63.
8. Fisher, *Neden Severiz,* 212-13.
9. Amen, *Beyindeki Seks,* 73-78.
10. Al Cooper, David Delmonico ve Ron Burg, *"Sanal Seks Kullananlar, İstismar Edenler ve Kompülsifler: Yeni Bulgular ve Yansımalar," Cinsel Bağımlılık ve Kompülsiflik* 7, no.1-2 (2000): 5-30. Eserin tüm konuları sanal seks bağımlılığına ayrılmıştır.
11. Robert Weiss ve Jennifer Schneider, *Web'i Çözmek* (New York: Alyson Books, 2006).
12. Patrick Carnes, *Gölgelerin Dışında,* 3. baskı (Center City, MN: Hazelden, 2001).
13. Jennifer Schneider, *"Sanal seks Bağımlılığının Aile Üzerindeki Etkisi: Bir Araştırmanın Sonuçları," Cinsel Bağımlılık ve Kompülsiflik* 7, no. 1-2 (2000): 31-58.
14. Al Cooper ve L. Sportolari, *"Sanal Alemde Aşk: Online Çekimi Anlamak," Seks Eğitimi ve Terapisi Günlüğü* 22, no. 1 (1997): 7-14, Milton S. Magness, *"Sanal Seks: Bağımlılık ve Tedavisi Üstüne Kesit,"* bir araştırma belgesi (2004), 5

15. Abraham Maslow, *Bir Varolma Psikolojisine Doğru* (Princeton, N): Van Nostrand Reinhold, 1968) ve *The Father Reaches of Human Nature* (New York: Viking, 1971).
16. Jacquelyn Small, *Transformatörler* (New York: Bantam Books, 1992), 2, 193.
17. Erich Fromm, *Sevme Sanatı* (New York: Harper and Row, 1956), 18.

BÖLÜM 3:

Bağımlı Sevgi Psikolojisi

1. Bu bölümde birçok transaksiyonel analiz belgesinden faydalanılmıştır: Eric Berne, *Merhaba Dedikten Sonra Ne Dersin?* (New York: Grove Press, 1972) ve *Hayat Denen Oyun* (New York: Grov Press, 1964); Muriel James ve Dorothy Jongeward, *Kazanmaya Doğmak* (Reading, MA: Addison Wesley, 1991); Stanley Woolllams ve Michael Brown, *Etkileşimsel Analiz* (Dexter, MI: Huron Valley Institute Press, 1978); Claude Steiner, *Yaşanan Senaryolar* (New York: Grove Press, 1974). Transaksiyonel analiz teorisi karmaşık psikolojik bilgileri, hastaları güçlendirecek ve anlamalarını sağlayacak, daha açık ve anlaşılır bir dille sunar. Basit dili ve jargon kullanımından dolayı eleştirilmiştir.
2. Berne, *Hayat Denen Oyun*, 23-28.
3. Berne, *Merhaba Dedikten Sonra Ne Dersin?* 2. bölüm.
4. Robert D. Philips, *"Yapısal Simbiyotik Sistemler"*. (Chapel Hill, NC, 1975)24-29.
5. Yazarın Düzeltici Ebeveyn Grafiği; gelişim aşamaları, her aşamada ihtiyaç duyulanlar ve görevler, ebeveynlerin yapması ve yapmaması gerekenler; ihtiyaçlar/görevler karşılanmadığında çocukluk ve ergenlikte yaşanan problemler ve yapılabilecek düzeltmeler hakkında bir özet niteliği ta-

şır. Freud, Erikson, Piaget ve Berne'in gelişim teorilerinin bir birleşimidir.

6. Paul MacLean, *Üçlü Beyin Evrimi* (New York: Plenum, 1990).
7. Peter Levine ve Ann Frederick, *Kaplanı Uyandırmak* (Berkeley, CA: North Atlantic Books, 1997), 19.

BÖLÜM 4:

Sevgi Bağımlılığı

1. Robert D. Phillips, *"Yapısal Simbiyotik Sistemler"* (Chapel Hill, NC, 1975), 6-22.
2. Sınır koyma ve sağlıklı sevginin özellikleri hakkında daha fazla bilgiye yazarın *Kendimi Sevmek, Seni Sevmek* (Center City, MN: Hazelden, 1991) adlı eserinin 8. bölümünden ulaşabilirsiniz.
3. Stanley Woollams ve Michael Brown, *Etkileşimsel Analiz* (Dexter, MI: Huron Valley Institute Press, 1978), 84-92.
4. Stephen B. Karpman, *"Peri Masalları ve Drama Analizi", Etkileşimsel Analiz* Bülteni 7 (1968): 39-43.

BÖLÜM 5:

Güç Oyunları

1. Yazarın *Kendimi Sevmek, Seni Sevmek* (Center City, MN: Hazelden, 1991) adlı eserinin 5. bölümünde, gücü somut bir madde olarak deneyimleme sorununa yönelik derinleştirilmiş tartışmalar yer almaktadır. Aynı kitabın 2. bölümünde kültürel olarak kadın ve erkeklere tahsis edilmiş güç temellerinden bahsedilmekte ve bunların bizleri nasıl güç mücadelelerinin içine hapsettiği anlatılmaktadır.

BÖLÜM 6:

Aşk Bağımlılığı

1. Dorothy Tennov, *Limerence Hâlinde Mektuplar* (Greenwich, CT: The Great American Publishing Society, 2007), 2.
2. E. Hartfield ve G. W. Walser, *Aşka Yeni Bir Bakış* (Lanham, MD: Univercity Press of America, 1978) Referans gösterildiği yer: Helen F. Fisher'in *Neden Severiz* (New York: Henry Holt and Company, 2004), 25.
3. Tennov, *Limerence Hâlinde Mektuplar*, 4, 5.
4. Andreas Bartels ve Semir Zeki, *"Romantik Sevginin Nöral Temeli," Neuro Report* (2000): 3829.
5. Fisher, *Neden Severiz*, 9.
6. Ibid, 21-22; 173-177.
7. Ibid, 179.

BÖLÜM 7:

Seks Bağımlılığı

1. Patrick Carnes, *Bu Aşk Değil* (New York: Bantam Books, 1991), 31-32.
2. Patrick Carnes, *Gölgelerin Dışında*, üçuncü baskı. (Center Cty, MN: Hazelden, 2001), 66-67.
3. Bu yüzde, Cinsel Sağlık Gelişme Derneği (SASH)'nden alınmıştır. Web sitesi 2008 Ağustos itibariyle www.sash.net. Bu rakam tedavi gören seks bağımlıları sayısına göre verilmiştir. Problemden utanç duyulması ve gizleme gereği yüzünden bazı uzmanlar bu yüzdenin 6'dan 10'a kadar değiştiğini tahmin etmektedir.

4. Al Cooper, David Delmonico ve Ron Burg, *"Sanal Seksi Kullananlar, İstismar Edenler ve Kompülsifler: Yeni Bulgular ve Sezgiler"* *Cinsel Bağımlılık ve Kompülsiflik* 7, no. 1-2 (2002): 5-30.
5. Bu işaretlerin bir çoğu ilk olarak Dr. Patrick Carnes tarafından geliştirilmiştir. Daha derin bir inceleme için Gentle Path Press yayınevinden çıkan *Cinsel Bağımlılık* dokümanına başvurulabilir. www.gentlepath.com
6. SASH, www.sash.net
7. Daniel G. Amen, *Beyindeki Seks* (New York: Three Rivers Press, 2001), 125.
8. Carnes, *Gölgelerin Dışında*, 26
9. Ibid., 19-23.
10. M. Deborah Corley ve Jennifer P. Schneider, *Açığa Çıkan Sırlar* (Carefree, AZ: Gentle Path Press, 2002), 43-47.
11. Bessel A. van der Kolk, *"Nöroloji Bilimi Araştırmalarının Klinik Anlatımı,"* New York Academy of Science (2006): 1-17. Duygularıyla ilgili sorunlar yaşayan, gereğinden fazla ya da az tepki gösteren travma mağdurlarına verilen teknik isim aleksitimidir (Duygu sağırlığı).

BÖLÜM 8:

Sağlıklı Aidiyet

1. Erich From, *Sevme Sanatı* (New York: Harper and Row, 1956), 53.
2. Richard Bach, *Sonsuza Uzanan Köprü* (New York: William Morrow and Company, Inc., 1984), 210.
3. Stephen A. Mitchell, *Aşk Sürebilir mi?* (New York: Three Rivers Press, 2007), 169.

4. Eric Berne, *Merhaba Dedikten Sonra Ne Dersin?* (New York: Grove Press, 1972), 137-39. Raketler artık, iç inançlar tarafından desteklenen ve dışarıya yapılan davranışlarla ifade edilen bozulmuş hislerin birleşimi olarak düşünülmektedir. Richard Erskine ve Marilyn Zalcman'ın eserinde bu şekilde tanımlanmaktadır. *"Raketler ve Diğer Tedavi Kalıpları", Etkileşimsel Analiz Bülteni* 9, no. 1 (Ocak 1979): 51-59.

5. Nörokimyacılar, his ve duygu arasında teknik bir ayrım yaparlar. Bir duygu; hayatta kalmak için gerekli ihtiyaçların sinyallerini veren sinir sistemidir. Bir his ise bizim bu duyguları bilinçli olarak algılamamızdır. Burada duygu olarak kastettikleri terimi ben tepkisel his olarak nitelendiriyorum.

6. Fromm, *Sevme Sanatı*, 112

BÖLÜM 9:

Bağımlılıktan Sevgiye Giden Yol

1. Viktor E. Frankl, *İnsanın Anlam Arayışı* (New York: Pocket Books, 1963), 58-60.

2. C. Norman Shealy, *90 Günde Kendi Kendine Sağlık* (New York: Bantam, 1978), 36, 45. Merkezi sinir sistemimiz, hipotalamus ve limbik sistemler, bu alışkanlıkları bir düzene sokup, bilincin alt seviyelerine ulaşmak üzere programlar.

BÖLÜM 10:

Bağımlılıktan Sevgiye Giden Yol

1. Burada verilmekte olan kendi kendine yardım çalışmaları yazar tarafından, belirli grup çalışmalarından faydalanılarak, hastaların istek ve ihtiyaçları göz önünde bulundu-

rularak hazırlanmıştır. Her ne kadar bu çalışmaları sesli dinleyerek yapmak daha etkili olacak olsa da çalışmalar okuyucular için hafifletilerek değiştirilmiştir. Çalışmalardan kendinizi iyi hissettiğiniz süre boyunca istediğiniz miktarda yapın. Gerekli olduğu durumda psikolojik yardım isteyin.

2. Geçmişte her ne olduysa, bu geçmişteki olaylarla ilgili izlenimleriniz, vardığınız sonuçlar ve inançlarınız olmuş olan olaylar kadar önemlidir. Geçmişteki olaylar değiştirilemezler. Buna rağmen bu olaylarla ilgili hissettiklerimiz, bu olayları nasıl yorumladığımız ve hayatımıza nasıl uyarladığımız değişebilir.
3. Charles L. Whitfield'in *Hatıra ve İstismar* (Deerfield Beach, FL: Health Communications, 1995) adlı kitabında çocukluk travmasından kurtulmak üzere temel sarsıcı çalışmalar belgelenmiştir. Hatıra psikolojisini, çocuk istismarının tarihçesini, hatırayı tetkik etme ve güçlendirme yolları ve gerçek olmayan hatıralardan gerçek olanları ayırma metotları hakkında bilgiler yer almaktadır.
4. Sağlıklı sorun çözümü listesindeki kimi maddeler, RCA (Anonim Çiftlerin Tedavisi) listesinden adapte edilerek kullanılmıştır.

Detaylı Bilgi İçin Kaynaklar

- Brenda Schaeffer: www.loveaddiction.com
- American Foundation for Addiction Research - Amerikan Bağımlılık Araştırmaları Kurumu (AFAR) (Cinsel bağımlılık hakkında detaylı bilgi için): www.addictionresearch.com
- Peter Levine and the Foundation for Human Enrichment - İnsani Kuvvetlendirme Kurumu: www.traumahealing.com
- The International Transactional Analysis Association - Uluslararası Etkileşimsel Analiz Derneği: www.itaa-net.org
- Hazelden: www.hazelden.org
- Daniel Amen, M.D.: www.amenclinics.com
- CyberSexualAddiction.com (Sanal seks hakkında daha detaylı bilgi için): www.cybersexualaddiction.com
- Jennifer P. Schneider, M.D., Ph.D.: www.jenniferschneider.com
- Patrick Carnes, Ph.D., ve SexHelp.com: www.sexhelp.com
- Helen E. Fisher, Ph.D.: www.helenfisher.com
- Robert Weiss and the Sexual Recovery Institute (SRI) - Cinsel Tedavi Enstitüsü: www.sexualrecovery.com
- The Society for the Advancement Sexual Health (SASH) - Cinsel Sağlık Gelişme Topluluğu: www.sash.net

HAZELDEN, 1949 yılında kurulmuş, kâr amacı gütmeyen bir organizasyondur. Amacı, insanların hayatlarından bağımlılık bozukluğunu çıkarmaya yardım etmektir. Hazelden, başta bağımlı kişi ve ailesine, tedavi de dâhil olmak üzere gerekli tam desteği sunar. Bu destek hizmetleri içinde; genç ve ergen sorunları, araştırmalar, geniş eğitim, toplum eğitimi, yaklaşım ve yayınlar da yer almaktadır.

Bir ömrü kurtaracak tedavi, bazen bir günlük bir sürede gerçekleşir. Hazelden yayınları, hayat boyu tedavi imkânı sunan eğitimsel, ruhsal destek ve güçlendirme hizmetleri vermektedir. 1954 yılında Hazelden yayınları tarafından çıkarılan *Günde Yirmi Dört Saat,* alkoliklere yönelik ilk günlük meditasyon kitabıdır. Hazelden hâlen daha, eğitimdeki ve tedavideki bireyleri bilgilendirmek ve rehberlik hizmeti vermek için yayınlarına devam etmektedir. Bağımlılık üstüne eğitim veren profesyoneller, bilgi verici materyaller, okullarda ve eğitim programlarında kullanılacak videolar gibi gereksinimleri için Hazelden'e başvurmaktadırlar.

Yayınlarının yanında Hazelden; daha çok bireye, aileye ve topluluğa ümit, destek, cesaretlendirme ve yardım hizmetlerini ulaştırmak için çabalamaktadır.

Hazelden Yayınları ile ilgili sorularınız için lütfen 800-328-9000 numaralı telefondan irtibata geçin ya da internet sitesini ziyaret edin: www.hazelden.org/bookstore